U0025236

天下文化
BELIEVE IN READING

The Net and the Butterfly

The Art and Practice of Breakthrough Thinking

突破性思考

22 項實作練習、3 種超級工具
打造脫穎而出的構想

奧麗薇亞・福克斯・卡本尼 Olivia Fox Cabane、
朱達・波拉克 Judah Pollack ── 著

李芳齡── 譯

原書名：創意天才的蝴蝶思考術

獻給馬克斯・瑞可（Marcus Raichle），
是他發現大腦網絡的預設模式，
因為這項突破，我們才能寫成這本書，
他的科學研究是這本書的基礎，
我們衷心感謝他的指導。

▓ 目錄

Part 2　天敵

前言

創意來自突破

　　1905 年一個晴朗春日，瑞士某處小鎮，一位年輕的專利局人員把妻子和一歲大的兒子留在家裡，去找最要好的朋友討論一道難題。他們喜歡交流思想，話題從哲學到物理學、從藝術到電學，無所不談。就在那天早上，這位年輕的專利局人員想討論一個讓他煩惱好久的問題。

　　這一年來，他一直聚焦在一項十年前就開始構思的物理理論。他把這道難題的所有細節都列出來，兩個人花了整整一天分析概念，修改難題的每一個環節。隨著夕陽西下，這位年輕人得出結論：他奮鬥十年的理論完全行不通，宛如用力撞到一堵牆上。沮喪氣餒下，他宣布放棄所有探索的過程。於是，這位名叫阿爾伯特・愛因斯坦（Albert Einstein）的年輕人拖著腳步返家，倒頭就睡。

　　隔天早上，他的朋友聽到一陣急亂的敲門聲，打開門看到愛因斯坦的時候，你可以想像他的朋友有多麼驚訝。愛因斯坦連禮貌性的問候都省了，脫口就說：「謝謝你，我已經完全解

開問題了！」然後，他回到家，開始動筆。接下來六週，愛因斯坦寫出人類史上極為重要的科學貢獻之一：狹義相對論。[1]

那晚愛因斯坦的腦袋裡究竟發生什麼事？努力這麼多年，為何在他已經放棄的當下，解答突然就出現了呢？

愛因斯坦的經歷，是典型的「突破性思考」案例，這時我們的大腦會以嶄新且創新的方式來解決問題與看待世界。信不信由你，假如你曾經出現突破性思考，你的大腦肯定發生過相同的流程。

事實上，畫家薩爾瓦多‧達利（Salvador Dali）與發明家湯瑪斯‧愛迪生（Thomas Edison），都會精心安排、刻意運用這種思考流程。達利打盹時，會把手肘靠在桌面，以手掌心托著下巴，在手掌與下巴之間夾住一支湯匙，才進入夢鄉。當他的肌肉變得鬆弛，湯匙掉到桌上，發出聲響把他吵醒，他就會把當下浮現在腦海中的概念草繪下來。愛迪生也有相當類似的習慣，每當他坐在椅子上打盹，會在手裡握著一些彈珠，彈珠落地吵醒他時，他就立刻把當時浮現在腦海的東西寫下來。[2]

對許多人來說，突破就像蝴蝶，美得讓人驚嘆，但飄忽不定、難以捉摸。有人認為，突破來自努力與專注，當你愈專注於所追求的突破，就愈有可能獲得突破。也有人認為，突破是自發的現象，難以解釋、無法預測。我們把這種靈感出現的時刻稱為「尤里卡」（eureka）或「啊哈」（aha）時刻，或形容它是「燈泡亮了」，純屬意外，無法誘發。還有人認為，只有

幸運或非凡的人，才能獲得突破。事實上，我們全都可以產生突破性思考。

　　其實，突破並非意外，而是可以被誘發的成果，我們將會告訴各位要怎麼做。拜神經科學的新研究所賜，我們現在知道突破流程的運作方式，也有工具可以進入這個流程。[3] 突破就像蝴蝶，飛舞的路徑或許無法預測，但是如果我們製作出正確的捕蝶網，就可以捕捉到牠們。

　　先進的神經科學發現，這些看似無法預測、突發、奇異的閃現，其實是整體心智流程當中可以預測的一個部分。[4] 愛因斯坦形容突破時刻是：「以一種相當直覺的方式突然到來。也就是說，它不是透過有意識的邏輯結論而企及。」[5] 但是，這種突發閃現的思維，其實只是更長期的思考過程中引人注目的一步。而且，愛因斯坦也知道這一點，他說：「事後回想，總是可以發現緣由……直覺其實是早期智識經驗所產生的結果。」

　　世界上每一個人都有能力在大腦中產生有創意的突破性思考，這是人們與生俱來的能力。我們都有創造蝴蝶的天分，但是，你可能不知道如何將這種能力發揮到極致，或是甚至不知道如何使用這種能力。你需要技巧與練習，才能打造並且揮動捕蝶網。

　　路易・巴斯德（Louis Pasteur）、史帝夫・賈伯斯（Steve Jobs）、聖雄甘地（Mahatma Gandhi）都是對世界做出重大貢獻的突破性思考者。突破性思考推進了科學與文明，帶來現代

醫療，從魔鬼氈[6]到心律調節器[7]都是突破性思考的產物。在家裡，突破性思考同樣很有幫助：你可以利用突破性思考找出阻擋你和人交往、建立關係的原因，或是發覺修補婚姻的關鍵。

在企業裡，突破性思考也很重要：創新的突破價值數百萬，甚至數十億。現今許多公司都會花費時間與心力，在員工的工作環境中營造創新突破的文化。那麼，員工的腦袋呢？事實上，就算員工身處在創新的組織或文化裡，如果他們的心智文化無法讓他們創新，他們就永遠不會實現潛在的突破。

在工作上，你是否被要求展現更多創意？你的職涯前途是否突然變得和創新能力脫不了關係？突破性思考是否變成你預期應該有的能力，而不是渴望要有的能力？無論你是經常產生突破性思考、想要學會掌控這項能力，或者你自認為就是沒那種腦袋，我們都有好消息要告訴你：突破性思考是每個人都可以習得並運用的技巧。

在本書中，你將得知大腦的突破性思考流程如何運作、如何進入流程、可能阻礙流程的東西是什麼，或是如何增強效果。

不過，我們想要澄清：我們不會提供神奇處方。只擁有捕蝶網不足以捕捉到蝴蝶，你還需要練習、耐心、技巧，以及一些運氣。突破的體驗因人而異，因此，沒有萬無一失的步驟程序。突破的面貌也不會一模一樣，全都是經由獨特的思考過程才浮現。因此，突破體驗並不是可以用指令控制、可複製的線性流程，而是經由演進、漸漸拓展、具備眾多不同元素的創意

流程。

　　我們要為你提供的是增加突破機會的架構與工具。俗話說：「幸運是準備遇上機會。」在本書中，你將學習如何讓自己做好準備，以便善加利用浮現出來的機會。我們提供的工具與技巧來自眾多學科，從行為與認知心理學，到神經科學與靜坐冥想，從巔峰表現運動訓練，到好萊塢的方法演技（Method acting）。由此看來，突破性思考就像綜合格鬥，從任何領域取用最有效的工具，重視效果更勝風格。本書將幫助你把科學轉化為實踐，加快學習曲線。

　　我們知道，使用正確的方法，可以增進一個人的突破能力，因為我們已經使用這些方法幫助無數客戶。我們把這些突破性思考工具帶到美國陸軍特種部隊，以及位於矽谷心臟地帶的史丹佛大學創業育成中心 StartX。

　　我們的客戶運用這些工具在各個不同的領域獲得突破，例如預測阿拉伯之春的政治結果、發展出新的醫療技術器材，或是打破主管團隊面臨的僵局。他們獲得驚人的成果，改變實務做法，你將會在本書裡看到其中幾則故事。

　　我們著迷於突破性思考的研究已經有數十年了，在這條追尋探索的路上，我們嘗試過一些很瘋狂的做法。我們研究運動心理學、榮格的原型分析、深度催眠、剝奪感知、認知行為治療（cognitive behavioral therapy，縮寫為 CBT）、正念認知療法（mindfulness-based cognitive therapy，縮寫為 MBCT）、接

納與承諾療法（acceptance and commitment therapy，縮寫為
ACT），以及其他各種可以用英文字母縮寫為名的治療或體
驗，都可以湊出一碗字母湯了。我們把最佳的洞察思維與工具
傳授給客戶，現在，我們要傳授給你。

　　在本書中，你將會看到汲取自各個科學領域的獨特知識，
以及應用這些知識所需的技巧。你的生活將變成你的實驗室，
有無限機會可以進行實驗。想要成為突破性思考者，勢必得付
出相應的努力，去應對困難、不自在與衝突。然而，你也能獲
得非常值得的收穫。

　　請務必認真執行書中的練習，此外別無他法。不能想著
「改天」再好好去做而匆匆略過，也不能只做看起來輕鬆或有
趣的部分。當某項練習要求你閉上眼睛、想像場景的時候，你
必須確實閉上眼睛去想像；要是我們要求你寫出一個情境，請
確實拿出紙筆開始寫。我們要求你去做某件事，都有充足的理
由，可以對你的突破性思考能力產生實質的幫助。

　　本書第一部將探討什麼是突破，哪些則不算是突破，並且
探索大腦內突破流程的運作方式。如此一來，你將感覺到突破
性思考的網絡正在運轉，學習大腦可以切換成哪幾種運作模
式，並且分辨它們之間的差別。

　　接著，我們要為你安排突破體驗，你將會知道如何讓自己
進入正確的心智狀態，蒐集事實、故事、知識與經驗，點燃你
的創意流程。

　　你還會學到如何提升神經可塑性，每次產生新想法時，大腦會不斷重新建構線路，你可以運用這項能力來增強突破的力道。

實作練習：三十秒提升神經可塑性

　　每當你產生新想法的時候，你的大腦到處都在形成全新的結構。沒錯，這是真的！

　　想知道那是什麼感覺嗎？試試看。

　　請在腦海裡回想上班的路線，要盡量回想細節：想像沿途的招牌、地標、路燈與交通號誌；想像你都會在哪些地方轉彎，會經過哪些建築、商店或餐廳。

　　那種嘗試在腦中組裝圖像的感覺，以及按照正確順序排列的感覺，就像是第一次做某件事覺得不太熟練的感覺，對吧？那就是神經可塑性正在運作，你的大腦實際上正在形成全新的結構。

　　在第二部中，我們會探討蝴蝶的天敵，也就是妨礙你產生突破性思考的阻力。你知道蝴蝶的三大死因是蜘蛛、黃蜂與寒冷嗎？你的大腦也有同樣的天敵：編織畏懼心網的蜘蛛、放大失敗負面印象的黃蜂，以及用不確定性來凍結一切的寒冷。畏懼、失敗與不確定性都是突破性思考的阻礙，會蒙蔽你的洞察

力，限制你的潛能。此時此刻，或許正有個突破性思考被困在你的大腦裡，等著你釋放它。學會正確的技巧，你就可以抵銷這些阻力，讓蝴蝶高飛。如果你已經等不及展開行動，請直接翻到第七章。

最後，在本書最後一章，我們會討論超級工具，它們將大幅增強你的突破流程中所有領域。針對喜愛鑽研知識的讀者，「科學附錄」可以提供更多關於突破的大腦科學資訊。

運用本書提供的工具，你就能開啟大腦潛能之門，穿透各種雜訊，看見自己漂亮的突破構想。這些突破可以改變你的事業、個人生活、身心幸福、學習靈敏力、世界觀以及自我認知。和你有關的一切事物，或是你的身分與認同，都將大幅、漸進式的徹底改變。你不需要是個奇人，也能產生突破性思考；你不需要聰穎過人、家世顯赫，甚至不需要具備高等教育程度，也能產生突破性思考。你只要知道自己在追求什麼，並且知道如何去尋找就夠了。

第一部

蝴蝶

01
翅膀：關於突破的一切知識

又一滴墨水從鋼筆溢落紙上，拉斯洛・比羅（László Bíró）厭煩的甩動手上的筆。這位匈牙利報社編輯靠搖筆桿賺取薪資，但對他的生財工具感到非常氣惱，他的時間似乎都花在填充墨水、或是清理墨水的汙漬上。[1]

他當然感謝鋼筆的發明，比起羽毛筆，這可是一大進步！但是，墨水仍然時常留下汙漬、弄髒紙面，讓他必須整張重寫。為什麼鋼筆墨水不能像印刷報紙的油墨那樣方便呢？比羅早就知道答案：印刷報紙用的油墨太黏稠，無法用在鋼筆上。對的墨，錯的筆。決定改用報紙油墨是一個很好的構想，但這不是突破。

突破是用新方法來輸送墨水。比羅沒有設法讓黏稠的油墨通過鋼筆筆尖，反而和弟弟一起想出辦法，在球座裡嵌入一顆金屬滾珠，讓筆管裡的黏稠油墨通過滾珠流出來。

我們必須先說清楚的是，在此之前，並非沒有人嘗試過發明原子筆，只是都沒有成功。早期的原子筆無法均勻輸出油

墨，還有許多問題造成它無法使用，墨水溢流與堵塞只是其中兩個問題，而比羅成功發明的原子筆則是突破。

在商業界，突破通常會被形容為「以全新方法解決一個問題，或是滿足一項需求」。突破並沒有單一的定義，不過我們在這裡可以提出一個簡單的定義：突破就是當你打破原先讓你受限的東西；不論這個限制來自於無法找出特定問題的解決方法、無法理解的某個狀況，或是舊有的做事方法與看待事物的舊觀點。

社會學家暨作家瑪莎・貝克（Martha Beck）這樣形容突破的體驗：「你對世界的理解改變了，因為你觀看世界的透鏡發生驟變。啊，突破的感覺真是太棒了！」[2] 突破是你的知識或理解突然推進，讓你通過阻礙，並且以新的方式看待事物、理解事物。雖然所有突破都會在大腦中經歷相同的流程，但並非所有突破都是以相同的方式顯現。

突破可以分成兩大類：「刻意突破」與「偶然突破」。在進行這兩種突破的過程中，將會遭遇一些相同的阻礙，然而這些阻礙會以不同的方式產生作用。舉例來說，刻意突破與偶然突破都會被畏懼心理所阻礙，但是這項阻礙會在這兩種突破過程的不同階段探出醜陋的面貌。在刻意突破中，畏懼心理的干擾發生在突破出現之前，增加失敗的可能性。

在偶然突破中，畏懼心理則發生在突破出現之後，環繞在執行解決方案時會遭遇到的挑戰四周。例如，你突然意識到

（突破）自己必須離婚。當你預見那些經常伴隨離婚流程（執行）
而來的不愉快，可能會因此感到焦慮。

　　或者，你突然意識到（突破）自己愛上一個關係親近的朋
友。你可能害怕向對方表白（執行）之後會被拒絕，或者，你
的感受可能更複雜，還會擔心對方一旦接受表白，往後的生活
將會改變。

　　在偶然突破的狀況中，找到解決方法並不是最終目的，因
為你必須根據解決方法來採取行動。誠如貝克所言：「獲得突
破並不是目的，實踐突破才是目的。用新的視角來看待事物只
是第一步。」在實踐突破的過程中，畏懼心理是一股強大的破
壞力。

　　雖然所有突破都會在大腦中經歷相同的流程，但並非所有
突破都是以相同的方式顯現。以下是我們辨識出的四種突破類
型：尤里卡突破、隱喻型突破、直覺型突破、典範型突破。了
解這四種不同類型的突破，能幫助你有所察覺，以免錯過任何
一個突破。同時，這也能幫助你發現最適合自己的（幾種）突
破類型，讓你聚焦在對自己最管用的方法。

　　最重要的是，你必須了解，這幾種類型的突破之間沒有優
劣之分，或是生產力高低的區別。只不過最好的做法是，了解
哪一種（或哪幾種）類型的突破，對你來說可以最自然而然的
實踐。

尤里卡突破

「尤里卡」是古希臘語，意思是「我知道了」或「就是這個」。在流行文化中，這個詞被用來形容某人經歷一個突然、出乎意料的頓悟時刻。

最早喊出「尤里卡！」的是古希臘數學家暨科學家阿基米德（Archimedes），他生活在西元前 3 世紀的古代西西里島。有一天，城邦統治者希羅王（King Hiero）要求阿基米德辨識一座王冠是不是純金打造。由於當時人們已經知道黃金的密度，所以他只要測量王冠的密度是否和黃金的密度相同即可。

測量密度的第一步很簡單：測量王冠的重量。但是，第二步卻必須測量王冠的體積。如果是測量方塊這類物體的體積，那就很簡單，但是王冠這種不規則形狀的物體，要如何測量體積呢？

這個問題讓阿基米德苦思許久，直到某天洗澡的時候，他踏進裝滿水的澡盆，看著水面升高，他的腿取代原本洗澡水占據的空間。他發現到，為了容納腿的體積，水位會上升；同理，為了容納王冠的體積，水位也會上升。因此，他只要把王冠放進水裡，再測量上升的水量，就可以得知王冠的體積，並且測量出密度了。阿基米德興奮大喊：「尤里卡！」接著跳出澡盆，裸身奔跑穿越希拉丘茲城的街道，還邊跑邊喊。

我們往往會在思考一個問題好些時日之後，突然獲得這種

尤里卡洞察。舉例來說，美國陸軍後備隊的兩名直升機維修員，因為非常喜歡全美運動汽車競賽協會（National Association for Stock Car Auto Racing，縮寫為 NASCAR）的賽事，因而幫軍隊省下好幾千萬美元。[3]

伊拉克戰爭期間，沙漠的沙塵會迅速磨損直升機的擋風玻璃，陸軍根本來不及更換，而且每個月還得花費數十萬美元的成本。直升機擋風玻璃使用的是防碎的聚碳酸酯（Lexan）材質，但這種材質很容易產生刮痕。

碰巧，NASCAR 賽車的擋風玻璃也是採用聚碳酸酯製成。不過，為了解決刮痕問題，賽車手學會利用透明、輕薄、俗稱麥拉膜（Mylar film）的聚酯薄膜來覆蓋擋風玻璃；他們把這層薄膜稱為「易撕膜」。比賽結束後，賽車手會把用過的薄膜撕掉，包在下層的聚碳酸酯擋風玻璃就不會留下任何刮痕。

在維吉尼亞州（Virginia）直升機維修隊裡工作的兩名國民兵，正好是 NASCAR 賽事的狂熱粉絲。他們在調查直升機聚碳酸酯擋風玻璃的刮傷程度時，靈機一動想到，或許可以運用 NASCAR 賽車的解決方法來解決軍隊的問題。創意應用既有的解決方法，是一種常見的尤里卡洞察。事實上，全美運動汽車競賽協會採用的麥拉膜解決方案，也是仿效摩托車賽車手用來保護安全帽的方法。

尤里卡突破發生時，顯現的速度非常快，就像俗話說的：「被閃電打到頭。」很多人都說，那種感覺就像是接收到來自

「上方」的資訊，像這樣突然發現可以立即應用的解決方法，是一種非常令人興奮的體驗。

　　本書作者奧麗薇亞最常獲得的就是這種尤里卡洞察（她是個超級實用主義者）。這些構想會伴隨清晰的心智景象而來，你會知道如何執行，也會有信心相信這些方法絕對可行。

　　當你被一個問題或障礙困擾時，最有可能發生尤里卡突破。這個問題會干擾你內心的平靜，讓你每天經常去想它。但是，當你不再思考這個問題的當下，真正的突破才最有可能發生。

　　蒸汽引擎並不是詹姆斯・瓦特（James Watt）發明的。[4] 1764 年，他在格拉斯哥大學（The University of Glasgow）修理一台紐科門蒸汽引擎（Newcomen steam engine），不過他覺得這種引擎的效率相當低。他開始研究這個問題，直到 1765 年春季的某一天，他散步穿越公園的時候，突破浮現在大腦裡：應該要用兩個汽缸。尤里卡！[5] 瓦特的突破讓引擎的功能與效率大幅提升，人們迎來真正的蒸汽引擎時代。

　　一個世紀後，下一個動力大突破也以非常類似的方式出現。尼可拉・特斯拉（Nicola Tesla）研究交流電馬達已經好幾年。有一天，他走過布達佩斯一座公園時，腦海出現一個令人興奮的景象：利用三個稍微不同步的磁場來驅動傳動軸的交流電馬達。[6] 解決方案就這樣完整浮現。尤里卡！

　　突破性思考有許多弔詭的地方，其中一部分就是：為了產

生一個尤里卡突破，你必須深深沉浸在一個問題當中；但是，接下來，你必須放下，讓心思脫離，去做別的事。當你改做別的事，沒有專注在問題上的時候，就會得到尤里卡突破作為獎賞。本書將要教各位的其中一項重點，就是如何在「專注」與「漫遊」這兩種模式之間切換。

奧麗薇亞喜愛的一個客戶，知名義大利麵製造商百味來集團（Barilla）前技術長維多利亞・斯帕達洛格蘭特（Victoria Spadaro-Grant）說：「根據我的經驗，尤里卡時刻會在我們面臨高度壓力的時候出現，不管這股壓力是自我挑戰造成的影響，還是來自外在環境。」[7]

當時，世界衛生組織的報告指出，全球飽和脂肪使用量持續增加，引起百味來執行長克勞迪歐・科爾札尼（Claudio Colzani）關切，下令降低公司全系列義大利麵產品的飽和脂肪含量，這讓斯帕達洛格蘭特面臨「巨大挑戰」。身為研發部門主管，她必須在五個月之內重新調配產品成分，讓新產品上市。她回憶道：「當時，我們不知道該如何解決技術面的挑戰，在減少飽和脂肪含量的同時，仍然帶來相同的飲食體驗，更別說我們還得改用新製程，面對數百萬歐元的成本與獲利衝擊。」

在時間緊迫下，她決定：「組成一支六人的『特種部隊』，成員都是樂於嘗試、測試、打破規則、做出大膽決策的人才。我們知道，在這麼短的時間裡，我們必須完全丟開舊的規章，這個認知讓我們擴大容許範圍，在技術解方、製程安排、配方

成本與行銷宣傳上都提出新做法。這聽起來似乎很簡單，但這就是我們在脂肪成分使用上改變技術典範的方法。」尤里卡！

隱喻型突破

　　早在 1782 年，子彈還沒有發明出來的時候，槍枝發射的不是錐形的小型發射物，而是名為「散彈」（shot）的大量鉛塊。許多人製造散彈的方法是先將熔鉛鋪平成片狀，等待冷卻後再裁切，這種方法很難製造出圓滑的球體，因此這些彈丸形狀不一、坑坑疤疤，甚至完全是空心的。

　　結果，沒有人可以射得準。因為鉛塊形狀不規則，發射出去的散彈就會像紙飛機那樣隨風行進，彈道軌跡總是無法預測。在 1782 年，想要射中目標，運氣成分更甚於瞄準功力。由於當時英國正一邊享受制霸世界的地位，一邊和惱人的美國殖民地打仗，槍枝能不能射準就成為攸關重大的要務。

　　製造散彈也是昂貴、費時、勞力密集的工作。除了用裁切的方式製造彈丸，也有人試著把熔鉛倒入球體的鑄模裡，不幸的是，冷卻過程往往會讓球體的重心偏移，此外，氣泡也導致表面留下陷落、隨機出現的凹痕。

　　這時，威廉・華茲（William Watts）登場。他是一位富有的水管工，住在英格蘭布里斯托市（Bristol）的三層樓房。某週，他睡得特別不安穩，每晚都作同一個怪夢，讓他十分困

惑：他走在街道上，天空開始下雨，但是天上落下的不是雨滴，而是鉛粒；鉛粒在他腳邊聚集成堆，他俯身拾起一顆鉛粒，看到的是完美的球體，人人夢寐以求的鉛彈丸。華茲夢到從天而降的夢幻產品，但是這有什麼含義？他天天思索這個疑問，卻百思不解。[8]

幾天後，因為夜裡睡眠不足，白天又不斷苦思夢境，華茲覺得很疲累，便決定去散步。在街上走著走著，洞察閃現，他突然理解夢的含義。他立刻跑回家，馬上開始工作。

華茲把家裡加蓋成六層的樓房，並且在每一樓的地板上切割出孔洞，每一層的孔洞位置相對應，形成井狀的通道裝置，最底層則擺上水槽。然後，他帶著銅篩與熔鉛液，站到最上層，把熔鉛液倒進銅篩，再看著鉛液從六樓一路通過各樓層的孔洞，墜落到一樓的冷水槽裡，發出嘶嘶聲響。

他跑下樓，往水裡一撈，滿手都是漂亮渾圓的鉛散彈！熔鉛液穿越通風井的過程中，受到重力均衡拉扯而創造出完美的球體。華茲發明出一個製程，如同降下鉛彈雨一般，將夢境化為現實。他於 1783 年申請專利，這些人稱「散彈塔」的建築物如雨後春筍，遍布英國、歐洲與美國。

華茲的大腦間接向他展示解決方案：想出一個類比後，透過夢境和他分享。華茲夢見自己走在街上，天上降的是鉛粒雨，而且同樣的夢作了整整一週，他卻不知道夢境的含義。最後，他才終於得到啟示，大腦試圖傳達的洞察變得清晰無比。

　　隱喻型洞察沒有尤里卡洞察那麼直接，答案最初會以隱喻或類比的方式呈現，你必須解開其中的含義，才能完成突破。阿基米德的尤里卡洞察則是已經完全成形的解答，不需要解讀任何隱喻，因為他把腿浸入水中，和他把王冠浸入水中，兩者的關聯非常直接。

　　如果華茲的洞察是尤里卡洞察，他應該會看到具體的解決方案：景象中有一座塔、金屬熔液從高處降落，經由空氣摩擦形塑成球體，最後掉進水中冷卻，每一項元素都有直接的關聯。但是，他夢到下雨，接著看到的雨滴其實是鉛粒，天上落下鉛粒雨。一切元素俱在：鉛、降落、水。但是，這些元素之間並沒有直接的關聯，還必須經過解讀。

　　有時候，大腦需要歷經各種層級的理解，才能把隱含的直覺和實際生活中的問題連結起來。隱喻的運作方式就像蟲洞，可以把看似相隔甚遠的東西連結起來，也可以把看似無關的東西歸類、理出型態。不同於尤里卡突破，隱喻型突破可能會發生在我們根本不熟悉的領域，例如水管工華茲獲得的是和彈藥相關的洞察。

　　這種洞察往往鑲嵌在奇異的夢境裡。知名發明家艾萊亞斯・豪維（Elias Howe）夢見自己被一支原始部落抓走，他們用長矛指著他，夢中的豪維非常鎮定，還注意到矛尖上有孔洞。這個夢境讓他發現平車縫紉機的祕密：在車針的尖端加上針孔。就這樣，豪維大幅改善縫紉的速度，為製衣產業帶來

革命。[9]

　　這種隱喻型洞察也是仿生學的基礎。在仿生學領域，人們會尋找已經存在於大自然中、但可以用於人類環境的設計。你可能聽說過，魔鬼氈的發明就是源於模仿附著力強的芒刺；但是，你知道牡蠣與藤壺用來附著在岩石上的不透水強力黏膠，讓外科醫生找到縫合傷口的新方法？[10]

　　萊特兄弟（Wright Brothers）起初研究的是鳥類的飛行原理，想從中得知控制動力飛行的方法。他們注意到，鳥類藉由彎曲翅膀尖端的角度來保持平衡。但是，要在他們的輕型飛機上讓機翼尾端可以轉動，機翼結構會太脆弱。有一天，經營腳踏車店的哥哥威伯爾·萊特（Wilbur Wright）在手中把玩用來裝內胎的長型紙盒，心不在焉的扭動紙盒時，突破立刻浮現。如果讓整個機翼都轉動，就能控制飛機了。這項發現被稱為「機翼翹曲」（wing warping），而這項突破也啟動飛航時代的進展。[11]

　　我們發現，和領導者共事的時候，隱喻型突破是很有用的工具。矽谷一間小有成就的公司的主管團隊邀請我們參加會議，討論公司遭遇的難題。他們的核心產品非常成功，卻感受到財力雄厚的競爭者緊迫盯人、虎視眈眈。他們應該加倍投入資金到現有市場提高市占率？還是擴張到比較不熟悉的鄰近領域？

　　主管團隊討論再討論，用上邏輯與線性引數，不斷激烈的爭辯。有人主張繼續深耕熟悉的事業，因為投資人信任他們，顧客信賴他們，公司已經花很多時間與金錢朝著這個方向打造品牌。有人則說，這是不創新就等死的時代，他們別無選擇，必須展翅飛向未知的領域，才是卓越公司應有的作為。這等於暗指另一方陣營缺乏追求卓越的勇氣，自然惹得他對方不太開心。主張固守現有產品的人深入探究，更強烈捍衛自己的論點。雙方就這樣不斷的你來我往，衝突、爭論不休。

　　這時，本書作者朱達走到會議室前方，在巨大的白板上畫了兩個大方格，接著，他把主管團隊根據立場分為兩個陣營，再拿筆給他們，要求他們描繪未來的願景。起初他們咕噥抱怨、提出異議，說他們不曉得該怎麼畫。另一位作者奧麗薇亞安撫他們，就算畫火柴人也沒關係。於是，他們開始下筆。

　　雙方陣營畫完之後，有些地方相當引人注意，那就是這兩幅畫差異並不大。他們兩方都畫了一條蜿蜒朝向地平線延伸的道路，沿路都是快樂的面孔，每隔一段會有路標，走得愈遠，快樂的面孔就愈多。起初，所有人都很困惑，既然他們畫的圖如此相似，為何會爭論不休呢？

　　當兩個陣營各自說明圖畫的含義時，差異就變得很明顯了。一個陣營說，他們在路上畫的彎道代表他們如何對

市場做出反應；另一個陣營則說，他們畫的彎道則代表他們如何超前市場。會議室頓時安靜下來，眾人的思路逐漸清晰。在這個案例中，隱喻突破了歧見，顯露出問題的本質。想要固守核心產品來對市場做出反應的陣營清楚看見，他們是出於害怕而做出反應。最終，主管團隊決定進軍鄰近領域。三年後，事實證明決策非常成功。

　　「視覺化思考」是突破性思考者的共通特質，我們訪談過的許多人總是隨身攜帶小本的速寫簿。他們剛開始在紙上描繪構想的時候，通常都只有一幅或連續的幾幅畫面。視覺化思考使用的大腦部位和語言與邏輯思考使用的大腦部位不同，所以如果你不是那麼擅長畫圖，視覺化思考甚至可能更有效，因為這會迫使你減少用文字描繪，更著重隱喻式的表達。

直覺型突破

　　想像加州高地沙漠區有一座乾涸的湖床，這片只有硬紅土、沙塵與炎熱的遼闊荒漠，在 1947 年被美國軍方選為高度機密的超音速飛機的飛行測試地。用來測試的 Bell X-1 超音速飛機，機翼很薄，機身形狀像是子彈。當時，美國空軍實驗中的火箭動力飛機才終於突破音障。

不幸的是，當飛行員駕駛的飛機接近音速時，機身總是變得無法控制，方向舵動彈不得，飛機就像是行經暴風一般遭到猛烈拋擲震盪。情況相當慘烈，有一架測試機甚至完全解體。工程師只能緊擰雙手乾著急。目前為止的試飛只達到必要速度的 85％，而且沒有一位飛行員能在這個速度下生還，犧牲者人數不斷攀升。[12]

出身西維吉尼亞州（West Virginia）鄉下地區的查克・葉格（Chuck Yeager），是美國空軍最優秀的一位飛行員，他還不到二十四歲時，就已經是傳奇人物。二戰期間的輝煌戰績，使他成為家喻戶曉的王牌戰鬥機飛行員，他似乎是天生的飛行好手。

在無數次試飛中，當飛機接近音速時，葉格遭遇種種不尋常的困難：機身失去掌控，劇烈震動搖晃，整架飛機像布娃娃一般在強風被猛烈拋擲。儘管如此，葉格仍然深信，只要愈接近音障，飛行就會變得愈容易。

為什麼他能夠如此斷定？當時，「航太工程學」這個名詞都還沒出現呢！葉格的觀點與一眾博士相反，那些博士成功把冰凍至零下 297 度的液態氧與乙醇混合，並且設法將混合後產生的爆炸力變成推進力。他們相當確信，這已經達到物理限制的極限，試圖超越音障根本是自殺性的任務。

但是，這個天然氣探勘工的兒子葉格，僅憑高中學歷就確信自己能夠做得到。他完全仰賴直覺，這股預感強烈到讓他願意拿命去賭，他就是知道這樣做行得通！

　　1947 年 10 月 14 日，在這個決定性的早晨，葉格爬上 Bell X-1，滑進座艙，和他的飛機一起被掛在改裝過的 B-29 轟炸機機腹上，升空後，他的飛機脫離轟炸機，快速衝入雲霄。

　　在飛行速度接近 0.9 馬赫、達到必要速度的 90% 時，飛機被拋擲、在空中翻滾，完全無法控制。但是，當速度到達 0.96 馬赫時，葉格通知地面，說他再度掌控了飛機。這個鄉下男孩已經超越眾多博士的預期。

　　接著，馬赫數表上的指針開始亂跳，然後破錶。地面上的人聽到那一聲著名的「音爆」（sonic boom）後，飛機不僅變得更容易飛行，而且，愈接近音速，基本上更是輕而易舉躍過音障。

　　葉格怎麼會知道呢？他怎麼能如此確信，甚至願意賭上性命？直覺型突破無法用邏輯說明或解釋，很多時候，歷經直覺型突破的人不知道為什麼解決方法會奏效，只知道它一**定會**奏效。

　　當工作或技能達到一定程度的熟稔，將開啟深層洞察的大門。研究人員泰咪・桑德斯（Tammy Sanders）形容直覺是「模糊朦朧、無法言明的確知感，會從專業知識當中浮現，並受到環境線索的指引」。[13] 工匠、模式創建者、產品設計師等，他們獲得的就是這種洞察。在不知不覺之間，你已經在人生中裝載無數的事實、經驗、案例研究，就囤積在你的腦袋裡。

　　超級發明家愛迪生就是以直覺型突破發明出留聲機。某

天，他正在調整一台原型電話機，一時興起便去觸碰振膜上的一個針頭。他表示他當時直覺認為，針頭會在振膜下方的錫箔留下凹痕，接著當針頭劃過錫箔上的凹痕軌跡來重播音樂時，會振動這根針，重現原音。他的直覺對了！[14]

尤里卡突破與直覺型突破都有「確定感」的特質，但尤里卡突破具備終結性，表示已經達到目標；直覺型突破往往會帶來一個開端，引領你走在可以抵達目標的途徑上。直覺型突破不會有突然閃現的洞察，但是，你的身心都會感到相當鎮定，彷彿你站在交叉路口，而你就是知道該走左邊那條路。

如果你現在正搖頭疑惑，覺得直覺型突破聽起來一點也不像突破，那麼，這大概不是適合你的突破類型。如果你讀到這裡，反而非常能理解這樣的狀況，那麼，這可能就是天生適合你的突破類型。

相較於尤里卡突破，你是否需要更多信心來掌握直覺型突破呢？沒錯。你必須接受那種無法說明、合理解釋或證明的感覺其實很正常。

> 領導者必須清楚、具體的傳達自己的直覺型突破，才能夠在組織中獲得充分的支持。但是，直覺可能很難說清楚。
>
> 二星少將達納‧皮塔德（Dana Pittard）是德州艾爾帕

索縣（El Paso）布利斯堡（Fort Bliss）美國陸軍第一裝甲師師長，領導四萬名美軍、管理龐大戰力。因此，當朱達和這位少將與他的幕僚共事，聽到人們竊竊私語說這位將軍在軍事基地各地種植「查理布朗聖誕樹」*的時候，不由得覺得納悶。出於直覺，朱達直接詢問皮塔德少將。

尷尬沉默片刻後，少將解釋，他有一個目標，要把這個位於德州沙漠地區、面積比羅德島州（Rhode Island）更大的布利斯堡變成零荒地軍事基地。種樹來保持水土、創造樹蔭，是達成這項目標的部分做法。此時，作戰參謀說：「長官，這些樹在路邊看起來很可憐，就像一排又一排的查理布朗聖誕樹。」

朱達問皮塔德少將，看著路邊成排的可憐小樹，他預見什麼景象。少將移開目光思考了一會兒，彷彿認知到沒有人看見他所看到的未來，他需要向大家溝通，他的直覺讓他看見哪些事。

「我看到三十年後這些樹木的樣貌：枝葉繁茂，延伸到馬路上形成樹蔭，粗大的樹根深入地底。鳥兒與松鼠在樹枝上築巢，樹葉散發水氣，讓人行道涼快宜人，愈

---

* 編注：查理・布朗（Charlie Brown）是《史努比》（Snoopy）裡的角色，在一部以聖誕節為題的電視特輯中，他買下一棵枝葉稀疏的可憐小樹，當作節慶用的聖誕樹。

來愈多人願意在這條路上步行。」

　　少將在描述軍事基地的未來景象時，幕僚雖然邊聽邊點頭，但是仍然不太能理解與認同。朱達可以從少將的堅信的態度、還不怎麼清晰的說明看出，他獲得的是直覺型突破。他對未來有某種了解，超越他對環境的認知，只是他不知道應該如何向別人說明。這正是直覺型突破弔詭的地方。除了和樹木相關的說明，皮塔德少將看到的未來景象還有更多內容，但到底是什麼呢？

　　大家再次聚在一起開會時，朱德問皮塔德少將，為什麼他這麼著重在把布利斯堡變成零荒地軍事基地。這位少將變得很激動，對他的幕僚說：「理由很簡單，軍隊需要能源，現在，我們的能源來自石油，這樣的依賴關係會形成安全性風險，對國家與環境來說都是危險。你們看不出來嗎？這和樹木無關，只要改變我們從世界上汲取能源的方式，三十年後，我們將能擁有更和平、更安全的世界，種植樹木不過是我們朝著那個方向邁進的第一步。」

　　皮塔德少將試圖幫軍方覺察，走向綠化環保的必要性與智慧。這是一種直覺性的構想，我們或許不知道未來三十年後他的做法能否發揮作用，但是他的解釋幫助幕僚了解他從直覺中看到什麼。不過，查理布朗這個綽號倒是一直跟著他。

　　切記，這幾種類型的突破之間沒有優劣之分。有些人經歷過許多種類型的突破，有些人則是只和某一種類型的突破特別有緣。

　　重點在於，你必須知道自己適合哪一種或哪幾種類型的突破，並致力培養它（們）。

典範型突破

　　和典範型突破有關的人名多半是名聲響亮的傳奇人物：牛頓（Newton）、愛因斯坦、海森堡（Heisenberg）、達爾文（Darwin）。這種類型的突破影響全人類，改變我們看待世界的方式。

　　典範型突破是思想體系的深層洞察，徹底改變我們對這套體系的認定法則。當牛頓看到蘋果從樹上掉下來，並認知到把蘋果拉下來的那股力量同樣主宰著天體運行的時候，他就改變了一整套思想體系。

　　尤里卡突破與典範型突破都是以清晰、明瞭的形式顯現，但兩者的內容有所不同。典範型突破揭示的是一項重大的理論、通則，或是針對許多現象的解釋，但是沒有任何立即、具體的應用方法；而尤里卡突破則是對某個問題提供具體、立即可以應用的解答。

　　這兩種突破帶來的身心感受也不同。尤里卡突破會帶來一

陣興奮情緒，以及一股不同以往的新幹勁。我們聽過一則故事如下：一位科學家正驅車離開 NASA 園區時，困擾他的棘手問題突然浮現出解答，這是尤里卡突破！他把車子停在路中央，打開車門跑回辦公室。

當天下午，他的 NASA 同事離開園區時只能繞過他的車子，而且還得繞一大圈，因為他根本沒關車門。就算你平時很有責任感，碰上尤里卡突破，可能也會變得少一根筋。

典範型突破的影響雖然比其他類型的突破大很多，但是碰上的人感受相對比較鎮靜，可能會感到敬畏與驚奇，而不是興奮。典範型突破也許會帶來極大的智識滿足感，但未必有財務或實用性質的價值。而且，這種突破通常需要更進一步研究，才能發展得更充分。舉例來說，愛因斯坦的相對論就因為太複雜，無法一次完整呈現在腦袋裡，他實際上花費整整六週才寫出理論。這樣的經歷比我們一般認為的突破更冗長乏味，彷彿概念大到讓人無法一次消化。

典範型突破是最少出現的突破類型，也是影響力最大的類型。但是，這種突破類型不僅仰賴突破者的能力，很大一部分也取決於運氣與時機。愛因斯坦的典範型突破歷經一連串更小的突破後才出現，這些小突破至少可以回溯到一百年前，從亞歷山德羅・伏特（Alessandro Volta）發現並敘述電氣的特性，到詹姆斯・克拉克・馬克士威（James Clerk Maxwell）提出更精準的定義，接著阿爾伯特・邁克生（Albert Michelson）與艾

德華・莫利（Edward Morley）共同推翻以太存在的假設，並且更精準的測量到光速，以及路德維希・波茲曼（Ludwig Boltzmann）捍衛原子的理論概念，再到馬克斯・普朗克（Max Planck）發現量子的定律。

這些發現、這些比較小的突破，每一項都是讓愛因斯坦實現典範型突破的先決條件。當愛因斯坦談到他的「早期智識經驗」，[15] 指的就是這一系列的突破。愛因斯坦生活在典範轉移時機成熟的時節，他是真的「站在巨人的肩膀上」。

我們這樣說並不是在否定愛因斯坦的才能，而是要讓各位知道，在創造典範型突破時，外部因素也扮演相當重要的角色。在各種類型的突破當中，典範型突破看起來像是人人夢寐以求的聖杯，但是，我們不應該著重它，或是奮力追求它。

典範型突破固然誘人，一旦到手就能名揚四海，你的照片將使宿舍的牆壁生輝。但是，典範轉移者並不是一開始就立志改變典範，這是許多創新者應該牢記的要事。

很多人會因為追著典範轉移跑，而掉進兔子洞裡身陷其中。NASA 科學家彼得・契斯曼（Peter Cheeseman）說，曾經有同事一味追求量子力學的本質，結果一去不返。人工智慧專家、連續創業家暨天使投資人巴尼・裴爾（Barney Pell）把這種現象稱為「聰明的人，愚昧的問題」。[16] 奧麗薇亞的父親是科學家，他回憶：「取得博士學位後的十年間，我一心追求諾貝爾獎，卻毫無所獲。後來我放棄了，才終於開始做出好科

學。」

再次強調，重要的是平等看待每一種類型的突破，它們都同樣理想、令人嚮往，你必須相信大腦傳送突破給你的方式。

🦋 本章重點

- 突破意指你的知識或理解突然推進，讓你通過障礙，以全新的方式看待與理解事物。
- 尤里卡突破很清楚、但會突然出現，而且它已經成形，立即可以應用，最可能在你不再思考問題的時候出現。出現尤里卡突破時，突破者將非常興奮。
- 隱喻型突破會以隱喻或類比的方式呈現，必須先解開其中的含義，才能完成突破。這種類型的突破有時候會在夢裡出現，這時大腦會把看似相隔甚遠的東西或概念連結起來。
- 直覺型突破無法用邏輯說明或解釋。這種類型的突破往往只是開端，引領突破者走上一條更長的路徑來取得進展。
- 典範型突破會以清晰、明瞭的形式顯現，這一點和尤里卡突破很相似。不過，典範型突破揭示的是一項重大的理論或解釋，但無法立即應用。這種類型的突破會帶來敬畏與驚奇，遠勝興奮的感受。它也是最罕見、但影響力最大的突破類型。
- 這幾種類型的突破之間沒有優劣之分，或是生產力高低的

區別。只不過最好的做法是，了解哪一種（或哪幾種）類型的突破，對你來說可以最自然而然的實踐。

02

成蛹：突破從哪裡來

　　1965 年，佛羅里達州清水市（Clearwater）一個悶熱潮濕的早晨，基斯‧理查茲（Keith Richards）在汽車旅館的床上醒來。當時的滾石樂團（Rolling Stones）還沒那麼有名氣，住不起飯店。理查茲發現自己身旁擺著吉他與一台磁帶錄音機，在昏昏沉沉的宿醉當中，他將錄音機倒帶，按下播放鍵。這捲一小時長的錄音帶有五十九分鐘都是他的鼾聲，但前三十秒包含未來滾石樂團最經典的單曲〈無法滿足〉（Satisfaction）開頭幾個小節的音樂與歌詞。[1] 理查茲甚至不記得自己拿了磁帶錄音機。

　　信不信由你，理查茲的突破時刻呈現的型態，和愛因斯坦發現狹義相對論的過程相同。我們為撰寫本書訪談那些舉世最傑出的創新者時，一再聽到他們談到這種型態。如果你曾經在淋浴時突然產生頓悟，就是經歷了這種型態。

　　每當你經歷「淋浴時刻的頓悟」時，很可能心裡牽掛著某件事，像是在工作上遇到困難，或是人際關係出現問題。你應該一直反覆在思索這個問題，試圖用各種方法來解決。然

後，你進入淋浴間，當蓮蓬頭的水灑下來，你的心思已經不再專注在問題上了。突然，出乎意料的是，解答就這樣浮現在你腦海裡。

你經歷的淋浴時刻頓悟，和理查茲與愛因斯坦的發現有什麼共通點？當你進入淋浴間時，無意間切換了大腦的運作模式。在此之前，你一直都是有意識的專注思考問題；但是，在淋浴時，你的心思很有可能飄移不定，無所事事作白日夢，或者看起來像是「什麼都沒想」。神經科學家近年已經發現，突破的祕訣在於，我們的大腦能否在「專注」與「漫遊」這兩種模式之間切換。[2]

專注模式是你已經很熟悉的模式，因為你這輩子一直是有意識的在使用這種模式。你也可以把這種模式想成「執行模式」：你都是用這種模式來執行、完成任務。這種模式是以目標為導向，專注於截止期限，善於列清單、遵循時間表與控制預算。大腦中負責這種模式的部位叫作「執行網絡」（executive network）。[3]

執行網絡由靠近頭顱前方的幾個大腦區塊組成，能幫助你專注在任務上，並達成特定的目標。你可以非常嫻熟的運用執行網絡，畢竟，你花了至少十年在學校裡特別訓練這些部位。實際上，你現在正在運用執行網絡閱讀這段文字。

執行網絡讓我們的祖先能夠追蹤星月的運行，找到播種農作物的最佳時間，或是在建造金字塔時安排龐大複雜的工作。

這個大腦部位也負責控制「社會抑制」（social inhibition），讓我們在社會中可以自我控制。如果沒有執行網絡，你會表現得像是三歲小孩；有了執行網絡，（我們希望）你會成為有用、有責任感、有生產力的社會成員。

不過，光靠執行網絡無法產生突破，我們還需要更隨意漫遊的網絡提供幫助，也就是創造出淋浴時刻頓悟的網絡、我們的創意網絡「預設網絡」（default network）。你可以把預設網絡想成大腦中的突破天才所組成的議會或網絡，這些天才會互相討論，彼此交換不同的構想、半成熟的理論，以及不成熟的推測。

預設網絡是我們所有創意、發明與天賦的源頭，但是人們對它的理解何止不足，甚至是少之又少。在整個人類歷史上，預設網絡到底帶來哪些成就？或者，我們應該這麼問：在人類歷史中，哪一項傑出的發現沒有預設網絡參與其中？如果說執行網絡讓我們有能力專注並完成一項任務，預設網絡則是讓我們有能力看穿世界的複雜性，並理解在它背後運作的模式。[4]

預設網絡是大腦中關鍵的元件，已經有研究明確指出，大腦中的這個部位對生存至關重要，程度等同心臟或腎臟。[5] 事實上，預設網絡重要到可以讓我們撰寫一本專門探討它的書籍，我們會說：「就是這個！預設網絡是這樣運作的；你可以這樣運用；你可以這樣增強它的作用。」但是，只有預設網絡也不夠，不足以創造突破。

> 大腦運用兩種模式的能力，以及在兩種模式之間的切
> 換，讓基斯‧理查茲想出〈無法滿足〉的詞曲，也讓
> 愛因斯坦發現狹義相對論。其實，人類史上絕大多數
> 的發現與發明都是切換模式之下的產物。

我們將探討預設網絡的運作方式、如何運用，以及如何增
強它的作用。然後接下來，我們將帶你進入下一個層級，教你
如何讓兩種網絡合作。也就是說，如何從一個模式切換到另一
個模式，再切換回來。這種「模式切換」才是刺激突破現身的
關鍵。

當你的大腦從五種感官接收資訊時，部分資訊會用在當下
的情況裡，例如：跨過那塊岩石；踩煞車；有人剛走進房間，
所以要停止唱歌。

我們也會用資訊來建構型態，有些型態很簡單，例如：我
喜歡馬塞洛披薩店的披薩；我不喜歡接到我媽打的電話，因為
她讓我覺得很愧疚，自己沒有先主動打電話給她。這些型態是
生活中的基本法則，非常重要。（如果你媽媽是猶太人，這就
更重要了，相信我們。）

其他型態就比較複雜了，例如：哪一組音符、和弦、小節
能夠形成一首震撼美國搖滾樂壇的歌曲？理查茲腦中的執行網
絡可能嘗試過努力找出答案，但是沒能想到解答。

1965 年，滾石樂團帶著第四張專輯，首次到美國巡迴演

唱時，還只是一個中階的樂團。他們非常需要突破性的轟動金曲，也就是能讓他們變得家喻戶曉的冠軍歌曲。理查茲大腦中的執行網絡知道這一點，也一直專注於找出答案，於是它訂定方向，定義需求，卻無法產生解方。

當理查茲進入夢鄉，執行網絡才能夠放下平時的思考與執行工作，暫時休息一下。想像一下，這時執行網絡離開大腦的櫃檯，進入更深處的中心位置。裡面有一間祕密休息室，突破天才組成的議會就在這裡；我們每個人的大腦中都有一間這樣的休息室。

當理查茲的執行網絡在大腦的櫃檯工作時，天才休息室的燈光很昏暗，因為執行網絡專注於完成某項任務時，會用掉大部分的腦力。但是，當櫃檯休息時，腦力就會流到休息室。如果理查茲的執行網絡打開休息室大門，會看到裡頭熱鬧繁忙。

想像這間休息室裡有許多柔軟舒適的沙發、懶骨頭、飲料與點心、白板與便利貼，以及各種顏色的筆。李奧納多・達文西（Leonardo da Vinci）窩在角落在素描本上塗鴉；拿破崙（Napoleon）在玩玩具兵；歐幾里得（Euclid）正在揮舞瑪莉・居禮（Marie Curie）給他的螢光棒；米開朗基羅（Michelangelo）在用培樂多黏土把鉛筆包起來；聖女大德蘭（Teresa de Avila）在寫日記，但伊拉斯謨（Erasmus）不斷打擾她，詢問和人類命運有關的問題；賈伯斯在對愛因斯坦說教，說他思考不夠大膽；孫武正滔滔不絕講述以往的勝利故事；聖女貞德（Joan of

Arc）在回想法國人背叛她的情節；夏洛克・福爾摩斯（Sherlock Holmes）在分析環境，尋找線索（尋找什麼線索？那不重要，總之他就是喜歡做分析）；愛蜜莉亞・艾爾哈特（Amelia Earhart）則是在打盹。

理查茲的執行網絡走進休息室時，要求房間裡所有人注意聽他說：「各位，我們需要一首暢銷金曲，想想辦法吧！」就這樣，方向決定了，需求也定義好了。接著，最重要的是，執行網絡轉身離開，去做別的事。因為他知道，這件事必須讓突破天才去做。執行網絡可能會去散步、編織一只襪子，或是沖個澡，不過，就是不能做太花腦筋的事，否則會把腦力從休息室裡吸走。

與此同時，休息室裡燈火通明，突破天才啟動義式濃縮咖啡機。他們談論、書寫、繪圖、將理論用樂高積木堆疊出來，或是張貼便利貼、再把它們移來移去。米開朗基羅與達文西在畫圖，孫武與拿破崙商議戰略，聖女大德蘭與伊拉斯謨陷入深思，聖女貞德則在擔心。（我們沒有在開玩笑，這些正是你的預設網絡裡各個大腦區塊會做的事。）構想交錯碰撞，一項理論引出另一項理論，再引出另一項理論。

執行網絡會經常到休息室來查看，聽聽那些突破天才想出哪些構想；他可能會發表一些意見與建議，或是釐清方向，然後就回去玩填字遊戲，或是作白日夢。直到某個時刻，例如散步或淋浴的時候，以理查茲的例子來說，則是在夜裡睡覺的時

候，突破天才變得非常興奮，執行網絡看到火花，解決方案成形了！

在清水市的那一晚，理查茲的突破天才議會向執行網絡展示一首歌開頭的八小節與一句歌詞，這些天才與執行網絡一起看著結果，再看看彼此，然後說：「很好！」執行網絡喚醒理查茲，確保他錄下曲子，接著他們再度放下工作，讓理查茲繼續睡覺。

一言以蔽之，突破的神經科學就是這樣運作。

扼要重述創作〈無法滿足〉的神經科學

- 執行網絡訂定方向：創作一首暢銷金曲！
- 理查茲進入夢鄉，執行網絡離開櫃檯。
- 腦力流回突破天才的休息室，腦部切換模式。*

---

* 作者注：警覺網絡（salience network）也是大腦當中的一個部分，最主要的作用是時時刻刻集中注意力，注意最引人注意的資訊。研究發現，這個網絡會將我們的注意力導向人、事實、外部事件，或是內部的狀況，幫助調節執行網絡與預設網絡。警覺網絡包含腦島內的前島（anterior insula）、背側前扣帶迴皮質（dorsal anterior cingulate cortex）、杏仁核（amygdala）、腹側紋狀體（ventral striatum），以及黑質腦區與腹側被蓋腦區（substantia nigra/ventral tegmental area）。會刺激到警覺網絡的東西包含：不尋常的事物、打破型態的事物、讓人驚訝或愉悅的事物、有利益的事物、和自己有關的事物，或是會激起情緒反應的事物。

- 突破天才想出一首歌，執行網絡覺得有可能成為暢銷金曲。
- 執行網絡喚醒理查茲，確保他錄下曲子。
- 錄音工作完成，執行網絡離開櫃檯，理查茲回頭繼續睡覺。

　　執行網絡除了可以完成許多事務，還會為你的突破天才議會訂定方向。而且，突破天才議會提出構想後，就是交給執行網絡去執行與實踐構想。就好像執行網絡把一堆樂高積木丟給突破天才，然後說：「看你們能用這些東西變出什麼。」突破天才組合積木的方式和神經元結合的方式相同。你的天才議會一直都在嘗試新的神經元連結，有時候，他們會拼湊出亂七八糟的一大塊彩色積木，但是有時候，他們會建造出一座火車頭、一艘太空船，或是狹義相對論。

發現預設網絡

　　神經科學家自 1929 年起就知道大腦恆常處於活動狀態，而且腦內有背景噪音環繞在我們較理性的思考流程周圍。但是直到近年，研究才終於證實，這些背景噪音並不是干擾。[6]

　　現代人偏好有邏輯、有條理、有效率的事物，但這些全都

是預設網絡不擅長的工作，如同預設網絡的發現者、神經科學家馬庫斯・瑞可（Marcus Raichle）告訴我們：「直到不久前，我們一直聚焦在讓大腦做特定的工作，忽視在背景裡處於預設模式、無意識、無定向的活動。」[7] 預設網絡是我們可以運用的強大工具，但它不能用來專注在某項工作上。

專注是一種有益的特質，傾向注重執行就是傾向注重可行性。但是，表現優異者、明星、創新者與天才創造的突破，都來自於他們在專心致志的執行網絡與分心漫遊的預設網絡之間來回切換。

瑞可在 1997 年發現預設網絡的存在，他將這個網絡命名為「預設網絡」，是因為大腦在不做任何工作時的預設模式就是這個狀態。這種預設模式從來沒有真正關閉，只是在我們專注做某件事的時候會安靜下來；當我們停止執行某項任務，大腦就會切換到預設網絡。例如，你望向窗外的時候，啪！大腦切換到預設網絡了；或是你起身去煮咖啡，啪！大腦也會切換到預設網絡。

瑞可表示，這種無意識的流程：「其實是我們大多數時候真正在做的事；因為如果不這麼做，我們會深深陷入絕望。」預設網絡一直都開著、一直在運作，只有我們必須執行某項工作時才被打斷。因此，比起有意識、專注工作的大腦部位，預設網絡使用的腦力高達二十倍之多。[8]

「大腦無時無刻都在活動。」瑞可告訴我們：「無論是你清

醒或睡覺的時候，無論你在做某件事或是在作白日夢，你的大腦幾乎一直處於全力運作的狀態，幾乎全天候在運作。」

但不幸的是，我們實在太忙碌，為了完成工作、達到業績、達成目標，我們有太多任務要做，於是我們提供給天才議會發揮本領的時間愈來愈少。我們生活在不斷執行任務的世界，愈來愈難閒坐下來，讓腦力流回天才的休息室。但是，天才議會的參與才是突破性思考的必要條件。

19 世紀中期，化學家試圖找出苯分子的結構；苯是石油的主要成分。德國化學家費德里希・奧古斯特・凱庫勒（Friedrich August Kekulé）讓他的執行網絡努力運作。然而，某天晚上他在火爐前打盹，執行網絡關閉的時候，天才議會畫了一幅銜尾蛇的圖像給他看。[9]

凱庫勒的天才議會提供一個隱喻給他，他的執行網絡解讀隱喻，並解開了謎題：苯分子的結構是環狀。這個發現推動有機化學的結構理論進入現代紀元，影響製藥業的興起。你有沒有納悶過，為什麼那麼多大型製藥公司，例如默克（Merck）、拜耳（Bayer）、羅氏（Roche）*、先靈（Schering），都是德國公司嗎？因為凱庫勒在德國波昂大學（University of Bonn）設立他的突破實驗室。

凱庫勒和愛因斯坦、愛迪生、達利、特斯拉、華茲以及其

---

* 譯注：此處應為筆誤，羅氏藥廠創立於瑞士。

他無數創新者一樣，突破得以出現，是因為他在專注的執行模式與漫遊的天才模式之間來回切換。瑞可告訴我們，他是在結束會議、在走廊上步行時得到突破，才進而發現預設網絡的存在。

你應該如何進入這樣的天才模式呢？

想著問題入睡（真的）

亞當・切爾（Adam Cheyer）是蘋果 iPhone 人工智慧語音助理軟體 Siri 的開發者。開發這套軟體是非常艱鉅的設計與程式設計任務，涉及大量變數，必須理解使用者不同的說話方式；必須根據人們隨機提問的方式搜尋資訊；必須以有幫助的方式回答問題等，要具備任何一種能力本身就是一項大挑戰。幸好，切爾有項祕密武器：他隨時可以進入天才模式。

雖然設計與打造 Siri 是非常條理分明的工作，但切爾並不只是仰賴邏輯琢磨出每一個解答，他反而告訴我們：「每當我苦思一個問題時，就會想著問題入睡。」[10] 切爾和達利與愛迪生一樣，都發現在半夢半醒的狀態下，也就是即將入睡或清醒前那種要睡不睡的時候，突破的力量最強大。這也正是我們的天才議會高速運轉的時候。

切爾解釋：「我在 11 點左右上床，一邊天馬行空思考某個問題一邊入睡。」藉由「天馬行空思考」問題，切爾運用他的

執行網絡，刻意且有意識的讓天才議會聚焦在這個問題上。

切爾把工作交給他的天才議會，讓他們在他睡覺時建立連結、產生突破。到了早上，他坐到辦公桌前，再運用執行網絡處理昨晚收獲的構想。

在設計 Siri 期間，切爾每天早上醒來，都會獲得預設網絡產生的新洞察。接著他運用執行網絡，把新的洞察整合到正在打造的原型產品裡，直到他覺得成果已經夠具體，足以展示給全世界看。

半夢半醒狀態的創造力之所以那麼強大，是因為大腦裡負責控制行為的額葉，也就是執行網絡的櫃檯所在的位置停止運作，讓預設模式得以強力運轉。[11]

進入半夢狀態

半醒狀態是你快要醒來前那段很短的期間，半夢狀態則是你快要睡著前那段很短的期間。

實作練習：如何進入半夢狀態

- 清理雜亂到讓你分心的房間。
- 準備好紙筆、錄音機、設為飛航模式並打開筆記功能的手機，或是可以記錄構想的工具。

- 調暗燈光（或是戴上眼罩）。
- 讓自己處在安靜的環境，或是只有白噪音的環境。
- 別讓自己太舒服，例如不要裸體或躺在床上。
- 試著在正午或飯後，當你已經有些疲倦的時候挪出時間執行。
- 設定十到十五分鐘的鬧鐘。
- 先花一點時間讓大腦聚焦思考問題，然後不再思考，放鬆、漸漸入睡。

　　如果你事先做好準備工作，更有可能幸運在半夢狀態產生突破。重要的是，在你入睡前，仔細檢查並過濾和問題有關的記憶、部分解答、問題的輪廓，以及手上握有的相關資訊。你可以決定要不要替大腦設定漫遊的方向，這就像是大腦的接待櫃檯會問：「歡迎來到半夢狀態，你想要突破天才思考什麼？」你必須想著問題，才能解決問題。

　　請把紙筆或手機錄音工具擺在身旁，但不要放其他會讓你分心的東西。也就是說，當你在記錄半夢狀態產生的資訊時，不能讓任何事物阻礙你，不管那是文字或圖像。

　　調暗燈光也有幫助。當你獲得一項洞察時，視覺皮質會發出 α 波，大腦實際上會停止處理視覺資訊。為了增強半夢狀態的突破能力，讓視覺皮質可以不受阻礙的停止活動，把燈光

調暗就是適合的做法。

我們建議阻隔光線，而不是完全關掉燈光，因為你可能需要燈光才能書寫，而且在清醒與記錄構想的兩個動作之間，你要做的事應該盡可能愈少愈好。你可以試著戴眼罩，這既能遮蔽光線，又能輕易移除，讓你馬上開始記錄你的突破構想。

至於聲音則和個人偏好有關，有些人會希望去除所有聲音，有些人偏好有白噪音、風扇聲、自然聲，或是把音量調低的電視聲。

研究強烈指出，中午小睡一下能夠增進絕大多數人當天剩餘時間的認知能力，而且，十五至二十分鐘的小睡最有效。因此，如果你採用這套方法，就算醒來時沒有得到突破，至少也能在當天剩餘時間裡變得更機敏、更有生產力。*

如果你想使用高科技工具，可以試試麻省理工學院（MIT）與哈佛醫學院（Harvard Medical School）學生開發的好眠眼罩（Napwell）。† 它會監測使用者的睡眠週期，增進睡眠的品質。如果你在睡眠週期的熟睡階段醒來，將會感到疲累無力、生產力低落，但好眠眼罩會監測你的睡眠週期，在最適當的時機喚醒你，甚至運用燈光來模仿大自然的日出。

如果你嘗試過小睡片刻但沒有真正入眠，也不必感到沮

---

* 作者注：有些人覺得白天小睡會讓他們在當天剩餘的時間裡變得呆滯、了無生氣。如果你有這種情形，可以試著在晚上睡覺前使用這些工具。

† 編注：這項產品並未商業化大量販售，讀者可自行尋找替代品。

喪。第一，你可能需要一點練習；第二，突破最常在放鬆、心思漫遊的時候出現，而不是睡著的時候浮現。

進入半醒狀態

　　如果你想進入半醒狀態，不僅可以放心熟睡，而且熟睡甚至是進入半醒狀態的必要條件。所以，拍鬆枕頭，鑽進被窩吧！半醒狀態介於你醒來到有清醒意識的這段期間。

　　從你進入夢鄉到進入半醒狀態之間，應該已經過了幾個小時，因此最關鍵的是：把你的大腦送往正確的方向。

> **實作練習：如何進入半醒狀態**
> - 看一部你不熟悉主題的紀錄片。思考新的敘事將啟動新的神經迴路，幫助大腦形成新的連結。
> - 瀏覽舊照片。你的預設網絡可能會在記憶檔案中，找到你遺忘多年但有價值的東西。
> - 閱讀青少年時期讀過的書。以前的想法與感受將會因此湧現。
> - 出外散步。這可以幫你的大腦補充氧氣，出其不意的變更你睡前的例行公事，讓你感受一下比在浴室泡澡更有趣的東西。

- 選用漸進式鬧鐘，一開始鬧鈴聲較徐緩，但會慢慢提高音量。這樣做就可以避免你猛然驚醒，反而略過你想利用的臨界狀態。選用大自然的聲音將會很有幫助。
- 在身邊擺放記錄裝置，方便你書寫、打字或錄音。在半醒狀態出現的突破可能很短暫、稍縱即逝，如果不立刻記錄，等到你完全清醒，就會從你腦裡溜走。

　　有無數創意天才都把成功都歸功於半醒狀態，案例多到讓人難以忽視。Palm 創辦人傑夫・霍金茲（Jeff Hawkins）說：「有一半的時候，我是在半夜獲得解答。」[12] 他曾主導開發 Palm 與 Treo，開啟整個智慧型手機革命，現在則在 Grok 公司開發一套以腦部神經元實際運作方式為基礎架構的人工智慧系統。他說：「我會一邊想著問題一邊入睡，在半夜時分醒來，靜靜的躺在黑暗中思考；黑暗的環境很重要。然後，解答就會浮現。」

　　睡眠是進入天才模式的一項優異工具。本書作者朱達經常在睡醒時得到很棒的新構想。和客戶結束談話時，他常說：「好的，我明天早上會有答案。」隔日早上，客戶通常會在吃早餐時，從電子郵件的收件匣裡收到答覆。至於本書另外一位作者奧麗薇亞，則從來沒有在睡醒時得到新洞察。每次她小睡片刻，醒來時總會疲累無力、飢餓，甚至有點暴躁。如果她手握彈珠入睡，當彈珠掉到地上彈跳滾動時，她大概會驚醒，心

裡想著：「是哪個白痴製造出這該死的噪音？」所以，就算半夢半醒狀態對你不管用，也別苛責自己。

我們和一間小有成就的新創公司的祕密專案團隊合作時，曾經使用過這套方法，並且獲得不少益處。某天，這支團隊遭遇一項很傷腦筋的設計挑戰。當大家心力交瘁時，朱達開了幾瓶啤酒，暗示大家轉換心情。當所有人稍稍放鬆的時候，奧麗薇亞若無其事的試著架構問題。

她問：「看來，你們是在思考應該如何在沒有架設行動通信基地台的情況下，用超低頻寬建立連結，這樣說沒錯吧？」問題的架構聽起來不太對，於是團隊嘗試釐清狀況，找出問題的癥結，而這正是我們想要他們做的事：在一天即將結束時，明確定義手上正在處理的問題。

當天晚上，我們在睡前發送簡訊給幾位團隊成員，幫助他們的執行網絡在睡前把預設網絡聚焦在解決問題，我們在簡訊中架構他們當天稍早定義的問題。我們不只是叫他們想著問題入睡，關鍵在於釐清問題、簡要的架構問題，並且在睡前聚焦在問題上。我們扮演執行網絡的角色，為團隊的天才休息室訂定方向。第二天早上，一名工程師神采奕奕的現身，說她一早就想出解決方案。

✿ 本章重點

- 我們的腦部有兩種運作模式：專注模式與漫遊模式。
- 專注模式是幫助我們完成任務的執行模式，由腦中的執行網絡負責運作，而執行網絡是以目標與行動為導向。
- 漫遊模式是所有創意與發明的源頭，由腦中的預設網絡負責運作，而預設網絡會全天候在背景中運作。
- 突破需要動用專注與漫遊這兩種模式才會出現，因此，你必須學會在這兩種模式之間來回切換。
- 睡前到入睡之間的片刻是孕育突破的沃土。睡眠讓我們經由半夢狀態，引導預設網絡去解決問題；從睡眠中醒來的時刻，則讓我們經由半醒狀態，發現預設網絡想出的解決方法。

03
捕捉：如何進入天才模式

　　想像你的大腦正在舉行一場派對，你所有的構想、記憶、預測、感覺與環境刺激（environmental cue）彼此會面、閒聊，邀請新構想加入談話，其中有些「派對參與者」表達歉意要暫時離開去吧台拿飲料，有些則在前往洗手間的路上遇到新構想，或是有些則興奮的交談、共舞。這些基本上就是發生在你天才休息室裡的情景。

　　這一章，我們將提供讓構想相互碰撞、激發突破的工具。

　　然而，任何經常分心出神的人都能證明，光是讓腦袋暫時休息，並不會產生靈感。想要點燃創造力，必須先做某些事，才能讓心智進入漫遊模式。[1]

　　有個實驗把學生分成幾組，先讓他們接受一項「不尋常」的創意測驗，測試他們：「你可以用一支衣架做多少事？」接著，他們給學生十二分鐘的休息時間。第一組學生單純休息、什麼都不做；第二組學生做一件輕鬆、不花腦筋的工作；第三組學生玩一個需要動用大量記憶力的遊戲；第四組學生則不

休息。

　　最後，他們再讓所有學生接受和之前相同的創意測驗。結果，在休息時間做不花腦筋的工作的學生，平均表現提高41％，其他組學生的表現則完全相反，沒有任何進步。

　　有趣的是，只有先深思熟慮過問題，才會出現這種進步。也就是說，光是去做不花腦筋的工作，並不能普遍提高用創意來解決問題的能力。原理在於：執行網絡必須為大腦裡那群天才訂定明確的目標，他們才能發揮效能。

突破構想從哪裡來？

　　舉個例子來說，你正努力完成一份報告。雖然你覺得少了什麼，卻不知道到底少了什麼，大腦似乎有些遲鈍。這個時候，你可以盯著牆壁發呆、查看電子郵件，或是打電話給一位在語音信箱留言給你、讓你因為沒有回覆而感到愧疚的朋友。或者，你可以進行一項不花腦筋的活動，讓執行網絡漫遊，例如，幫植物澆水、在住家附近走走，或是做一份三明治等。這些工作都有可能幫助你獲得突破。

　　當執行網絡因為執行低壓力的活動而分心時，天才休息室可以獲得更多腦力。[2]

　　研究創造力的科學研究人員建議，應該經常在平日的工作模式中加入不花腦筋的工作，也就是說，執行這些不需要動用

太多認知能力、也不會有過多執行壓力的工作，就能幫助提高創意產出。他們的研究顯示，這些長期工作過量的專業人員如果要提升創造力，就必須在動用大量認知能力的高壓工作和不花腦筋的工作之間切換。[3]

實作練習：進行不花腦筋的活動

- 玩拼圖或走迷宮。
- 看一部已經看過好幾次的電影。
- 對牆壁丟皮球。
- 觀察穿過樹木枝葉落下的陽光。
- 凝視窗外。
- 跑步。
- 手洗碗盤。
- 玩電玩遊戲。
- 折衣服。
- 整理雜亂的空間。
- 繪畫、塗鴉或是在著色繪本上著色。
- 煮一道拿手的餐點。

或者，你也可以聽音樂。如果你會某種樂器，盡管彈奏，但為了讓心智有機會漫遊，記得選擇自己擅長的曲子。音樂可

以讓大腦進入聯想狀態,由於你對曲子很熟悉,大腦就不必專注於手邊正在進行的工作。[4]

對我們這些不是音樂家的人來說,光是聽音樂,就能開啟許多大腦迴路,而且,戴著耳機聽音樂還可以有效阻隔外界。你可以坐在沙發上聽、躺在地上聽,或是在路上邊跑邊聽。而且,想聽任何音樂都行,但不要有歌詞。喜愛流行歌的跑者,抱歉囉,即使你對歌詞倒背如流,它們也會動用到你大腦處理文字的部位,啟動執行網絡。

每當你覺得思路閉塞、陷入困境、缺乏進展而感到沮喪時,請離開桌邊,開始執行上述我們建議的任何一項活動。這些活動可以讓你的執行網絡離開櫃檯,引導腦力流回天才休息室,濃縮咖啡發揮效用,大腦開始聯想。

試試這些做法:走到書報攤,或是打開電腦,選擇你平常不會看的雜誌或網站。如果你平常會讀《高爾夫文摘》(*Golf Digest*),那就選一本編織或建築雜誌;如果你喜歡和時尚相關的主題,那就買一本《富比士》雜誌(*Forbes*)吧!請吸收和眼前挑戰無關的資訊,[5]如此一來,你將會驚奇的發現,一個意想不到的思路猛然出現,並且開始像滾雪球一樣擴展得愈來愈大。

奧麗薇亞有時會望著正在清掃的掃地機器人出神。她的大腦意識正悠閒的運作,猜想機器人下一步會移動到哪裡,並試圖預測路徑。這個時候,她總會感覺到,她的天才議會正在意

識的背後強力運轉。雖然她這麼做完全違背掃地機器人原本的功能，無法幫忙她省時，卻對促進突破性思考非常有幫助。

想要關閉我們專注執行工作的大腦模式，並不是非常容易。

賽倫娜（Serena）是一位社會企業家，她的公司在非洲致力於消滅由灰土與泥濘地面導致的肺部疾病。使命感驅動她，但她仍不斷問自己：把全部時間投入這間公司，這樣做對嗎？是不是應該騰出時間找個好男人建立家庭？她的母親、同事、投資人等，周遭所有人幾乎都問了她同樣的問題。這個問題不只成為她的重擔，更讓她殫精竭慮。

朱達知道，這個問題的答案就在她內心深處，但是深到讓她不知所措，無法輕鬆探取。他必須幫助她啟動天才議會。但是，像賽倫娜這麼有幹勁的人，特別是受到強烈使命感驅動的人，都不會輕易擱置執行網絡。他必須為她的執行網絡提供一個簡單的目標，好讓更多腦力流回天才休息室。

我們在賽倫娜的企業靜修營和她見面，當地有一座石砌的迷宮（labyrinth）。迷宮和迷園（maze）不一樣，迷宮只有一條路可以走，進去以後不必做任何選擇，只要

沿著牆面走，這些蜿蜒的路必定能引導你抵達中心點。這條路足以讓執行網絡專注，但是路途上不必做選擇，所以能讓大量過剩的腦力流向天才休息室。

朱達把賽倫娜帶到迷宮的起點，給她的執行網絡一點點幫助，讓思考聚焦在問題上：「把人生奉獻給工作讓你感到不快樂嗎？你是否覺得人生少了什麼？」然後，他讓賽倫娜走進迷宮，告訴她唯一要遵守的規則是：「慢慢走。」當賽倫娜抵達中心點，肩膀已經放鬆、眉頭也不再緊縮。她說：「把人生奉獻給工作，我覺得快樂。有問題的是其他人，不是我。」

事後，朱達詢問賽倫娜是怎麼產生這樣的心境變化。她說她也不是很清楚，只是走在迷宮裡，看著地上的石塊與葉子，一邊想像迷宮的路徑會有多複雜。然後，她感覺到腦袋放空了：「我彷彿只是在走路，然後我就知道，自己已經有答案了！」賽倫娜獲得一個尤里卡突破。

賽倫娜終於可以回歸正軌，全心全意投入於發展公司，不再被疑慮緊追不放、絆手絆腳。那是別人的問題，和她無關。她想透過自己的工作，對世界做出貢獻。

想要讓心思漫遊，有一個相當有趣的方法，就是觀察即時發生的事物。紐約現代藝術博物館（Museum of Modern Art）

有一個讓人著迷的展品，可以即時呈現紐約與世界各地的通訊型態，由麻省理工學院設計。各位讀者可以在下列網址觀看：senseable.mit.edu/nyte/visuals.html。請在腦海中想像一下：你正在觀看一個昏暗無光的地球，每當紐約市居民撥打電話，就會有光線從紐約發射出去，光線從紐約射向世界各地。你正在觀看此時此刻實際發生的事，這很讓人著迷，對吧？

　　現在，想像這個畫面晚了一年才出現，你在地球圖上看到的是十二個月前發生的事，你可能會感受到，自己對這張圖的興趣明顯降低不少。即時發生的事物會讓人著迷，吸引執行網絡的注意，同時又能讓預設網絡漫遊。

　　我們的客戶經常會問：「在所有不花腦筋的活動中，最棒的活動是什麼？」這個問題我們可以馬上直接給出回答：如果要選出一項不花腦筋的活動推薦給你執行，那就是散步。

散步的重要性

　　近期有一項實驗結果顯示，在幾組受試者當中，和坐著不動的受試者相比，在室內跑步機上面對空無一物的牆壁步行，以及在戶外聞著新鮮空氣步行的人，產生的創意思考數量會多出一倍。[6]

　　「我原本以為，在戶外步行的受試者表現會完勝其他組

別。」這項研究的主持人接著說：「但是沒想到，在狹小又無聊的房間裡踩跑步機的人，依然表現得這麼優異。」這項研究也發現，步行過後即使坐下來，創意仍然會繼續湧現。研究人員表示：「我們知道邊走邊談的會議能促進創意，但是在開會前散步一下或許也很有效。」[7]

從認知能力的角度來說，步行需要執行網絡投入適量的專注力，但不需要太多腦力。步行是一項相當複雜的任務，我們的大腦持續接收來自雙腳、雙腿、臀部、手臂，以及負責平衡身體的內耳等部位發出的資訊。不過，大腦對這項工作非常熟練，長期累積下來的熟練程度，讓我們的執行網絡可以毫不費力的完成任務。[8]

從體能的角度來說，步行會刺激大腦。血液流量增加會在腦部產生一系列大量的美妙變化，包括釋出腦源神經滋養因子（brain-derived neurotrophic factor，縮寫為 BDNF），以及其他成長因子。腦源神經滋養因子會促進新神經元誕生，形成新的神經突觸，並強化既有的神經突觸。[9]

開放式辦公空間的設計有人支持，也有人反對。然而，在這種空間設計下，內部隔間牆與移動式辦公桌將雙雙減少，至少將更有利於人員走動。事實上，根據史丹佛大學的研究，開放式辦公空間對創造力最重要的貢獻，就是讓人更常走動。這項研究也發現，人們的創意產出因此增加達 60%。[10]

達爾文的住家附近有一條長約 400 公尺的步道名為「沙徑」

（Sandwalk），他會到步道上一邊走路一邊思考問題。據說：「對達爾文而言，散步在思考流程中扮演相當重要的角色。有時候，他還會用步行這條路徑的次數，來描述他必須花費多少時間與心力來解決一個問題。」[11]

美國作家梅森・柯瑞（Mason Currey）研究歷史上近兩百位最多產的創作者與創新者後發現，他們的共通習慣就是散步。柯瑞表示，大文豪查爾斯・狄更斯（Charles Dickens）有一項知名的習慣，就是每天下午散步三小時，散步時觀察到的事物，能為他的寫作提供素材與靈感。

俄羅斯作曲家柴可夫斯基（Tchaikovsky）規定自己每天散步兩小時，一分鐘都不偷懶，他堅信如果作弊、沒有走滿一百二十分鐘，將不利於健康。德國作曲家貝多芬（Beethoven）每天午餐飯後會長時間散步，並隨身攜帶紙筆，以寫下突發的靈感。

丹麥哲學家暨詩人索倫・齊克果（Søren Kierkegaard）曾說：「我在散步時會產生最棒的思想。」據說，他經常在散步途中衝回書桌前寫作，而且頭上仍戴著外出時的帽子，手中仍握著散步時拿的枴杖或雨傘。[12]

德國哲學家伊曼努爾・康德（Immanuel Kant）每天同一時間會在鎮上的廣場散步。

德國物理學家維爾納・海森堡（Werner Heisenberg）在著作中敘述，每天晚上他都會和尼爾斯・波耳（Niels Bohr）針

對奇怪的量子力學現象進行冗長費神的討論,而據他表示,討論結果「幾乎總是在失望中結束」。[13]

　　在那段期間的晚上,交談結束後,海森堡總會獨自到附近的公園散步,持續思索相同的疑問:大自然真的如同他在實驗中觀察到的那樣不合理嗎?某天,就在他從公園走回家的路上,他想出「測不準原理」(Uncertainty Principle),這項理論成為 20 世紀名氣與影響力排名第二的科學理論。[14] 這正是典型的心智漫遊模式!

　　如果想要讓心智漫遊,散步的地點最好是在安穩、寧靜的地方。反觀如果步行時還得留意汽車、交通號誌、跑者等,就會比較不利,因為這時大腦的執行模式必須保持活躍。散步時不管有沒有目的都可以,朱達喜歡沒有目的的漫步,奧麗薇亞則需要一條路徑與一個目的地。

　　請注意,你不會因為一趟散步,就奇蹟似的產生突破。散步是創造環境與條件的好方法,但是除了漫步,你必須做一些事來激發創意。

實作練習:激發創意的散步

- 定義問題:用言語描述目前正在思考的問題,這可以幫助你開始尋求解答。
- 檢視材料:再次閱讀最近蒐集到的資訊,查看所有隨意

張貼的便條紙與隨手寫下的筆記，或是任何數位紀錄。

- 設定目標：你打算一直走到突破某個阻礙、只步行一段預定的時間，或是走到抵達某個目的地為止？
- 留意周遭：稍微分心出神也沒關係，但不要完全忽略沿途的景色。
- 攜帶紙筆：確保手邊有工具可以隨時記錄你的想法。
- 手持物品：一枚銅板、一顆石頭、一根迴紋針、一尊星際大戰人物模型，什麼都可以，我們不會多作評判。人類的雙手會向大腦傳送大量資訊，保持這些資訊管道暢通，可以讓大腦維持在一個比較有聯想力的狀態。Siri 開發者亞當‧切爾總是會在辦公桌上放一個魔術方塊，好讓他在思考的時候把玩。
- 隨時記錄：當洞察出現時，不要過度沉浸在當下，一直在腦中反覆思索。把好構想遺忘，是讓人再懊惱不過的事。

用環境做實驗

　　人們有個刻板印象是，瘋狂天才的工作桌總是亂七八糟，這種刻板印象其來有自：創意模式總是混亂無序。混亂無序有

助於創造力;其實,有時候混亂無序的環境可能是必要的,正如我們喜愛的一位合作對象曾說:「混亂無序是生活所需。」

比起一盒排列整齊的樂高積木,你不覺得一堆亂糟糟的積木,翻找起來會比較有趣嗎?我們大多數人本能就想把所有積木倒成一堆,混在一起。極簡主義對生產力來說很有幫助,但不適合用來激發創造力。

有位發明家因為擁有兩間迴異的工作室而聞名:一間簡樸、物品稀少,也幾乎沒有任何刺激;另一間則猶如巧克力工廠,奇特混亂,可以激發創意。許多科技公司會為員工設置遊戲間,放滿各種大人玩的玩具,像是木作器具等。你應該尋求有限度的混亂無序,既能激發創意,又不至於妨礙生產力。

一位非常有創意的年輕創新者告訴我們,他會定期重新布置公寓,創造全新的環境:打破規律,接著重新建立秩序,然後過一段時間就再來一次。(不過這種做法讓他的室友非常抓狂。)

實作練習:改變環境

- 擺放稜鏡,這種鏡子結合了光線、色彩與兩者的變動。
- 在室內的創意空間引進大自然元素,例如植物、石頭、小噴泉、光線等。
- 爬樹。真的,我們沒開玩笑。你可能很久沒有這麼做

了，但這正是你應該這麼做的原因。從奇特的角度看世界，有助於解放全新的觀點。

- 如果你住在城市，請到高樓的頂端遠眺四方。如果你所在的公共空間有窗戶，請走到窗邊向外望。到辦公室另一頭，和窗外景觀不同的同事借用座位。用新的視角遠眺窗外景觀，注意不同之處：街道布局如何？樹木長什麼樣子？有沒有河川湖泊等，位在哪裡？如果讓你來設計這座城市，你會怎麼安排？

如同以往，這些建議帶來的幫助因人而異，你應該著重在找出對你管用的刺激，並且從中取得最適當的平衡點。奧麗薇亞喜歡在搭火車時反思，不停映入眼簾的景象讓她可以一邊凝視，一邊讓心思漫遊，或是在思路阻塞時，接收到新刺激，但又不會因為有太多刺激而導致分心。除此之外，她身為乘客是處在被動狀態，而非主動狀態，不必立即採取任何行動，也不需要承擔什麼責任，因此更容易讓心思漫遊。

有些人會在搭乘飛機時產生最好的構想，有些人則是在淋浴時，也有些人是在從事園藝工作、慢跑，或是坐著不動的時候。有些人需要繪畫，有些人則是需要看部電影、隨意閱讀，或是下廚烹飪。有些人會遠眺街景或海洋，有些人則會走進森林。有些人想去海灘散步，有些人則想背靠樹幹靜坐。

重點在於，辨識自己最常在什麼情況下產生突破，然後讓自己更常處在那些環境裡。

我們原本以為，靜坐思考或是執行重複的動作，有助於產生突破性構想，其實未必。堅志（Katashi）是一間行銷公司的資深副總裁，正思考著如何在日本實施一項難以執行的行銷活動。他是個充滿幹勁的人，講話速度快、行動速度更快，他的無窮活力讓團隊總是處於情緒高昂的狀態。

我們知道，讓堅志去遠眺窗外或是在樹下靜坐，根本行不通。我們也知道，他從小玩棒球，甚至一度夢想成為職棒球員。

某天，我們帶他的團隊到中央公園，奧麗薇亞把堅志以外的成員帶去公園的「漫步區」（Ramble），走向他們可以靜坐的樹木與長凳，以及可以安靜步行的區域。單獨和堅志待在一起的朱達，取出一顆有八個圓凸面的反應球；這種球是用來訓練棒球員的工具，往地面丟擲，會不規則的反彈，宛如一顆隨意彈跳的棒球。

朱達站在距離堅志大約十五公尺的地方，開始向他投擲這顆反應球，堅志馬上擺出內野手準備接球的半蹲姿態，臉上露出燦爛笑容。每當球接觸地面，往各種不同

的方向反彈，堅志都會去追捕，有時候他會漂亮的接住球，有時卻被球擊中小腿，有時則是完全碰不到球。

在執行這項活動時，照理說，堅志的天才休息室沒辦法獲得需要的腦力。但是，他的精力太過充沛，活動反而奏效。突然，堅志停止動作，任球彈跳開來，接著抬起頭來說：「有了！」

管用的方法因人而異，你必須找出適合自己的方法。

實作練習：把玩周遭物品

- 此時此刻，環顧四周，找出你喜歡的五種顏色。
- 觸摸周遭物品，找到五種讓你覺得摸起來很舒服的材質。
- 找出五種不同的手部動作。做吧，我們等你，用雙手做出各種動作。

當然，環境裡不只有你看到的東西，也包含你聽到的東西。請用下列兩項練習來試驗你的聽覺環境。

把音樂視覺化。聆聽古典樂時，想像一則和樂曲貼切的故事。會是年輕的英雄離開村莊，遇到海盜、少女與海怪？或者，這首曲子描繪的是老人喪妻後情緒崩潰的狀況？迪士尼的音樂動畫電影《幻想曲》（*Fantasia*）就是這樣創作出來的。

　　改變配樂。這是朱達喜愛的練習，源自俄羅斯電影大師謝爾蓋‧愛森斯坦（Sergei Eisenstein）在老電影中使用的一種技巧：播放一首樂曲，同時在靜音的狀態下觀看一幕電影場景。朱達說，十有八九，這首曲子會和電影場景搭到不可思議。有一次，我們和基因科技製藥公司（Genentech）進行異地會議時，一位高階主管建議把電影《北非諜影》（*Casablanca*）最後一個場景搭配皇后合唱團（Queen）的名曲〈我們是冠軍〉（We are the Champions）。這個體驗激發他們開始討論，把研究人員和藝術家與音樂家配對，幫助他們想像一個重要分子的化學結構，並且改善用藥。

實作練習：刺激創意的最佳背景噪音

- 有一款名為 Coffitivity 的應用程式，可以營造咖啡廳的環境噪音。這款應用程式的開發者，原本的目的就是為了測試背景噪音對生產力會有多少影響。

- 假如你正陷入執行重複性工作的循環裡，可以試著聽聽雙耳節拍音樂；這類樂曲會在左右兩耳提供聲音頻率些微不同的音樂，可以幫助你度過將洞察轉化為現實時必經的辛苦執行工作。

- 試著聽聽看電子音樂，這類音樂的特色在於，用重複的基本旋律漸漸鋪陳出敘事。

- 火車行進發出的聲響、洗衣機的運轉聲等，都是非常
  療癒人心的聲音。你可以在網路上找到無數這類聲音
  的剪輯片段。
- 想找特定的環境音樂，可以參訪 AsoftMurmur.com。
  這個網站提供許多選擇，你還可以自行混合或配對音
  樂，例如，雨聲加雷聲、海浪聲加風聲，或是海浪聲
  加雨聲。

　　當你想要對某個問題產生新的洞察，可以試著改變社交環
境，透過接觸不同國家、不同年齡層、不同社會階層的人，來
觸發新的見解。這也是旅行有助於引發頓悟的原因：在旅途
中，你的周遭會充滿新刺激。而且，旅行可以提供種種全然不
同的環境，例如外在環境、聽覺環境、社交環境等。

　　人際互動有助於大幅增進聯想力。其他人的大腦和你的大
腦一樣，都會不停的在記憶與事實之間切換跳躍，把各種隨機
的事實和新的嘗試探索連結在一起。當你和他人分享聯想，他
們就有機會產生你從未思考過的聯想。

　　然而，在另一方面，突破最常在你獨處時產生。這是因
為，和其他人相處的時候，你很難投入大部分的腦力到天才議
會。同樣的，獨處和社交的時間比例也是因人而異，你必須找
出最適合自己的做法。

　　愛因斯坦認為，在海邊長時間散步對他來說是必要的習慣。他曾表示：「如此一來，我才能傾聽腦中的思想。」[15]許多偉人都能理解獨處的必要性。莫札特（Mozart）曾說：「無論是坐在行進中的馬車車廂裡，吃完大餐後去散步，或是在失眠的夜晚」，只有在他完全獨處時，最好的構想最有可能湧現。[16]

　　交流電發明者尼可拉‧特斯拉說：「隱居不受打擾的獨處時刻，心智將更加機警、更加敏銳。獨處是發明的祕訣，獨處是創意誕生的時刻。」[17]

　　如果想要讓環境產生最大的變化，最有可能的做法是改變你的心理環境：嘗試變成某個人，甚至是變成某種生物或某項物品。

　　有一些先進的技術，例如「身體共鳴」（bodily resonance），可以模擬這種體驗。在一項令人驚豔的研究實驗中，研究人員利用「橡膠手錯覺」（rubber hand illusion）來創造更強烈的認同感。[18]他們讓淺膚色的白種人受試者接受多重感官的刺激，並且把一隻深膚色的橡膠手當作是自己的手。當受試者愈能感覺到這隻手是自己的手的時候，他們對其他種族的正向認同感就會愈高。藉由拓展受試者的感官，讓他們把看到、感覺到的事物視為自己身體的一部分，研究人員便得以改變這些人的心態。

　　橡膠手錯覺還能發展得更遠，甚至把你「變成」物體。舉例來說，當受試者「變成」一根湯匙並產生同理心後，在鐵鎚敲擊這根湯匙的時候，甚至還會反射性的畏縮。

實作練習：改變心理環境

- 任何主題都可以，隨機觀看一部紀錄片。接下來，請試著從紀錄片的內容當中，找出和你正在思考的問題有關聯的部分。舉例來說，你觀看的肯塔基州鄉間的新世界波本威士忌釀酒廠紀錄片中，有哪些地方和你目前正在思考的護唇膏行銷企劃案相似？

- 找一天把自己打扮得像其他人。假如你平常穿得很休閒，就試著穿正式的套裝；假如你平常都穿著正式服裝，就試著穿無袖上衣與短褲。當其他人用不同的眼光來看待你，你的感覺有何不同？穿著其實是心理環境的一部分，許多研究都顯示，當受試者穿著醫師的白色長袍時，自信與專注程度都會提高。[19]

- 在接下來的二十分鐘裡，請屈服在你的首要衝動之下，去做你想做的任何事。這比想像中還要難辦到，對吧？因為我們總是克制自己不要去做許多事。

限制有助於釋放創意

「創意限制」可以讓你改變創意環境。關於創意限制，最有名（但可惜真實性存疑）的事例或許是作家厄尼斯特・海明

威（Ernest Hemingway）和朋友打賭，他可以只用六個字就寫
出一則完整的故事。

在一則故事裡，必須介紹角色、解釋關係、喚起讀者的情
緒，哪可能只用六個字就寫完呢？不過，海明威只用一個句子
就辦到了：

售：嬰兒鞋，全新。

For sale: baby shoes, never worn.

當賈伯斯告訴負責設計第一個蘋果滑鼠的設計師，這項產
品必須能夠單掌操控、可以在任何表面（包括他的牛仔褲）上
使用，而且售價還要低於 15 美元的時候，這些要求就是在設
定創意限制。[20]

你也可以用時間當作限制條件，像是訂定截止日期。有些
人可能是被截止日期逼出創意，許多人則是必須有截止日期的
限制，才能發揮創意。因為沒有時間限制的時候，他們自然可
以用各項工作補滿可以運用的時間，而訂定截止日能迫使他們
專注。微軟公司（Microsoft）的黑帶團隊工程師凱文・紹爾
（Kevin Sauer）解釋：「在軟體業，不論截止日期有多長，我們
會使用疊代（iteration）或衝刺（sprint）的做法，保持專注在
手邊計畫上。根據我的經驗，如果把疊代期間縮得很短，例如
一週，比起依照慣例設定兩週或一個月的衝刺期間，我們的團

隊會更加專注，也更有成效。一週是一段短到不合理的時間，這種不合理反倒會降低利害關係。我們不再需要追求百分百完美，因此也就免於害怕失敗的心理負擔。」[21]

那麼，該如何實驗限制條件呢？你可以試著限制執行的時間、空間，或是材料、資金等資源。

我們的好友蒂娜・希莉格（Tina Seelig）是創意專家，也是史丹佛大學赫赫有名的設計學院（Institute of Design，通稱D-school）創始成員。她開設一門為期一週的課程，幫助學生理解創業思維的通則。

她會發給每位學生一個信封袋，學生只知道裡頭裝的是他們的「創始資金」。她告訴學生，他們有四到五天可以研擬計畫，但是一旦打開信封，就只有兩個小時可以盡己所能賺取金錢。

打開信封後，學生會看到每個人有 5 美元的資金。希莉格解釋，賺最多錢的團隊根本不在乎那 5 美元，因為他們認知到，這筆資金把問題框限得太死了。

有一支團隊在學生會館前設立攤位，免費提供腳踏車胎壓的測量服務，如果要打氣，就收費 1 美元。大約一小時後，這群學生發現，人們非常感謝他們提供這項服務。於是，他們改變策略，不再收取費用，而是接受捐款。結果，捐款收入反而更多，最後他們總共賺進數百美元。另一支團隊則是先訂下帕羅奧圖市（Palo Alto）許多知名餐廳的位子，再透過轉售訂位

而賺進大把鈔票。

　　不過，最賺錢的還是這支團隊：他們把課堂簡報的三分鐘時間賣給一間想要招募史丹佛大學生的公司。這組學生認為，這三分鐘是他們最有價值的東西。這個故事的啟示是：我們經常感覺到實際上並不存在的限制。

　　知名導演法蘭西斯・福特・柯波拉（Francis Ford Coppola）執導《現代啟示錄》（*Apocalypse Now*）時，希望在片中飾演柯茲上校（Colonel Kurtz）的馬龍・白蘭度（Marlon Brando）以瘦削的身材現身片場。然而，馬龍・白蘭度卻以過重的身材出現，因此拍攝他的戲分時，柯波拉總是在陰影中取鏡，觀眾幾乎不會在電影中清楚看到他的樣貌。雖然柯波拉這麼做是為了隱藏馬龍・白蘭度過重的事實，但拍攝效果卻讓柯茲上校這個角色顯得更加恐怖震懾。這個決策被譽為柯波拉在電影中做出的最佳決定之一。[22]

　　希莉格以《聖杯傳奇》（*Monty Python and the Holy Grail*）為例，在這部電影中，騎士並沒有真的騎在馬上，因為製片公司負擔不起雇用馬匹的費用。所以，騎士必須假裝騎馬在森林裡奔馳，侍從則是在後頭用兩個椰子殼敲擊出馬蹄聲。這是電影中滑稽又讓人難忘的場景之一。

　　嘗試設定種種限制，是所謂「設計思維」領域的一部分。這是史丹佛大學設計學院傳授的一種疊代方法，可以用來解決問題，創造更好的未來環境與條件。關於設計思維，需要用一

整本書來探討才行，所以各位可以在本書最後面的「推薦文獻與資源」找到幾本優異的相關書籍。

🦋 本章重點

- 為了獲得重要的突破，我們必須讓心思漫遊。研究顯示，在需要動用大量認知能力的工作以及不花腦筋的工作之間切換，可以提升創造力。

- 散步是提升創造力的最佳活動之一。梅森・柯瑞研究近兩百位史上最多產的創作人與創新者後發現，他們的共通習慣就是散步。你必須有規律的執行這項活動，並且準備好工具，以便在散步途中記下靈感。

- 雖然到戶外散步可能是比較理想的做法，但是別讓環境條件成為阻礙。不管是在辦公室裡走動，或是在跑步機上行走，同樣具有顯著提升創造力的效益。

- 環境變化有助於激發創意，你可以改變外在環境、聽覺環境、社交環境或是心理環境。

- 設定限制。無論是財務限制、時間限制或創意限制，都是有益的做法。移除限制也同樣有助於產生意想不到的突破。

04
羽化：如何產生突破

「創意不過就是把一些東西結合起來。你問那些創意工作者如何創造出東西，他們會覺得有點不好意思，因為那些其實不是創造出來的，而是觀察出來的……因為他們能夠把不同體驗連結起來，合成出新的東西。」[1]

賈伯斯這段話描繪的是「聯想思考」（associative thinking），這是突破性思考不可或缺的要素。我們經常誤以為突破是獨立的構想，而且以前從來沒有人在任何背景脈絡下想到這個構想；實際上，幾乎每一項突破都是既有幾種構想的結合體。

亨利‧福特（Henry Ford）也是把芝加哥肉類加工業使用的機械吊鉤，和麵包店使用的工業輸送帶聯想在一起，才得到突破性的生產線概念。[2] 他把兩者結合起來，應用在汽車製造上，於是生產線誕生了。

槍枝製造商也是經由觀察弓與箭的原理，得到射擊精度上的突破。箭後端的羽毛會讓射出的箭旋轉，而旋轉則使箭能夠筆直飛行。同理，當你丟出橄欖球的時候讓球旋轉，球也會筆

直飛行。所以，為了讓子彈旋轉，槍枝製造商在槍管內刻了螺旋形凹槽。因此，射擊精度提高五倍。當時，在箭的後端裝上羽毛的動作叫作「來福」（rifling），所以這類槍枝就被稱為「來福槍」（rifle）。[3]

法國醫生勒內・雷奈克（René Laennec）某天看到兩個小孩用一根空心長木棍傳聲，一個小孩用別針去刮木棍的一頭，另一個小孩則把耳朵貼在另一頭聽，管線把聲音擴大。雷奈克由此產生靈感，發明出聽診器。[4]

提傑・帕克（T. J. Parker）在感到無聊的時候做的事情，讓他創立皮爾派克公司（PillPack），在藥品產業掀起革命。

時間要追溯到 2006 年，華特理德陸軍醫療中心（Walter Reed Army Medical Center）發布一項研究報告指出，教育病患用藥知識，而且更重要的是，把藥物放進單次使用的泡殼包裝裡，可以將處方藥正確服用率從 61％提高至 96％。不過，這項研究報告也指出，泡殼包裝太費時，難以擴大規模使用。[5]

這個問題非常重要，因為有一項針對心血管疾病患者的研究結果顯示，近半數的病患是因為不當服用藥物而入院。[6] 這類失誤造成美國每年增加數千萬美元的醫療成本，有些研究甚至認為成本高達數十億美元。如果有人能夠想出讓泡殼包裝藥品大規模使用的方法，就能使幾百萬人更健康，並節省至少數千萬美元。

這時，帕克出場了。

他在 2013 年與艾略特・柯恩（Elliot Cohen）共同創立皮爾派克公司。[7]他們把病患每天必須服用的多種藥物整理成單次份量的包裝，並貼上標籤指明用藥時間與日期。帕克究竟是如何得出這項創新？

首先，最重要的是，帕克從小就沉浸在藥品的世界。他聽聞華特理德的研究報告內容，是因為他的藥劑師父親創立一項事業，專門為療養院的病患重新包裝藥品，再遞送給他們。

帕克後來進入藥學系就讀，同時也選修工業設計、家具設計、服裝設計、建築學與紡織學等課程，他告訴我們：「選修設計是因為我覺得無聊。而當你感到無聊時，為了消磨時間去做的那些事，就是你感興趣、將來會變得擅長的事。」他還自願協助舉辦麻省理工學院的創業競賽，並涉獵高科技領域。

帕克運用藥理學、機器操作、科技與設計等領域的知識，創造出一套系統，來運用機器人分揀藥丸並裝進客製化的包裝袋裡。皮爾派克公司的創新構想或許有部分歸功於帕克的藥學系學位，但是許多擁有相同學歷的人，都沒辦法針對一個產業問題提出如此創新的解決方案。

愛迪生最不成功的發明，是 1876 年取得專利的電動筆，可以幫使用者產生文本的副本，但人們就是不感興趣。1891年，山謬・歐瑞利（Samuel O'Reilly）看到這支筆後，得出一項突破。歐瑞利究竟想到什麼呢？[8]

要回答這個問題，其中一個思考角度是：歐瑞利可以用這

支電動筆做什麼事，而且他用這支筆的方法和愛迪生原先的想法哪裡不同？當他看到一支電動筆把墨水印到紙上的時候，他還可以想像出要把墨水印在哪裡？

另一個思考角度是：筆的本質是什麼？我們把筆當成書寫工具，在紙上溝通語言文字，這是筆最常見的用途。但是，筆的本質其實是把墨水印記在物體表面，但一定要印記在紙上嗎？印記一定要是語言文字嗎？當然不是。一支電動筆還能做出什麼其他的印記呢？還能在什麼物體的表面做出印記呢？

思考這個問題，看看你能想出什麼，或者，你可以開始列出一張印記與物體的種類清單。就算猜錯了，這也是一個很棒的練習。

我再提供一個提示：不要只是思考電動筆，想想歐瑞利。19 世紀末，他在紐約市中心工作，那個地方龍蛇混雜，有許多令人討厭的特色，還有不少酒館，路邊攤販推著推車販售牡蠣。布魯克林海軍造船廠（Brooklyn Navy Yard）就在河的對岸，所以街道上有很多水手。這幅景象有沒有幫助你產生聯想？

歐瑞利是一位紋身藝術家，他看到愛迪生發明的電動筆後，發明出現代紋身機器。他不是用墨水在紙上書寫語言文字，而是在皮膚上刻印圖像。

一百多年後，法國的設計系學生皮爾・埃姆（Pierre Emm）也獲得一個類似的聯想突破。當時法國文化部（French Ministry of Culture）鼓勵學生用公共領域的圖像做出混搭創

新。埃姆某天騎著腳踏車時，想到可以改造 3D 列印機，用來
在皮膚上繪製紋身圖案。[9]

　　南加州在 1970 年代遭逢乾旱，迫使當地居民把游泳池清
空。當時的滑板運動者沒有把那些水泥大洞視為清空的游泳
池，反而當作最早的滑板運動場來使用，後來發展出今日各個
城市都看得到的弧形滑板運動場。到了 1963 年，滑板運動者
湯姆・辛姆斯（Tom Sims）想把他喜愛的滑雪運動與滑板運
動結合起來，又想在冬天持續玩滑板。因此，在他七年級的木
工課裡製作出一張「滑雪板」（skiboard），於是，在雪上玩滑
板運動就發展成現今的滑雪板運動（snowboard）。[10]

創新七問

　　接下來，我們要介紹一個可以幫助你產生聯想的工具「七
個基本創新疑問」（seven essential innovation questions，縮寫為
SEIQ），可以讓大腦執行網絡完全聚焦在目標上。我們的執行
網絡喜歡目標，當它聚焦在達成目標的時候，會很樂意讓預設
網絡裡的天才全速運作。

　　SEIQ 是由歐特克公司（Autodesk）所設計；這是一間全
球知名的頂尖 3D 設計軟體公司，涉獵領域包含娛樂、建築、
工業設計等。這是一間非常了解創意的公司，走在歐特克公司
的走廊上，你會看到許多 3D 列印的創作展示品，包括服裝、

珠寶、珊瑚礁,可以騎乘的摩托車,以及一台原尺寸的噴射引擎。

歐特克的創新策略師比爾・歐康諾(Bill O'Connor)領導團隊思考這七個基本創新疑問。這些疑問實際上就是一份創意思考指南,指引你朝著多元的方向思考,甚至可以幫助你看出「創意的種類」,因為這些問題可以讓你從不同的角度看待事物。

如同以往,這些疑問並不保證可以產生聯想、突破或是特定的結果,但這是非常有助益的一項架構,可以幫助你建立讓突破發生的最佳條件。思考這些疑問,可以創造出讓蝴蝶羽化的適當空間。

歐康諾說,我們在生活中都曾經想像、檢視、移動、使用、連結、改變以及製作東西,只不過我們並不是有系統的去做這些事,也不是一直這樣行動。這七個疑問就是要發揮清單的威力。他告訴我們:「這不是腦力激盪,而是腦力串流。」

不論你現在正試圖突破什麼阻礙,只要用這七個基本創新疑問去思考,就可以從七個不同的角度檢視問題。這七個疑問並不能用在所有問題上,也不是所有疑問每次都有效,但是只要一個疑問奏效,就可以產生突破。

七個基本創新疑問的關鍵字是:檢視(look)、使用(use)、移動(move)、連結(interconnect)、修改(alter)、打造(make)、想像(imagine),縮寫為「LUMIAMI」。

1. 檢視：問題當中有哪些層面可以用不同的方法來
   檢視，或是有哪些層面可以從新的角度來檢視？
2. 使用：問題當中有哪些部分可以採用新的方法、
   或是以沒有人試過的方法來運用？
3. 移動：問題當中有哪些部件可以移動，改變它在
   時間或空間裡的位置？
4. 連結：哪些沒有連結的東西可以連結起來，或是
   哪些已經連結的東西可以改用新的方式來連結？
5. 修改：在設計與性能方面可以做出哪些變化或修
   改？
6. 打造：可以打造出哪些全新的東西？
7. 想像：可以想像出哪些做法來創造優異的體驗？

　　這七個基本疑問都有各自的清單，主要應用於實體、有形的突破；但它們同樣能應用在無形的產品與創新上，我們已經標示米字號「＊」。各位將會注意到，幾乎每一個疑問都迫使你正視自己對某項事物或概念的「功能固著」（functional fixedness）認知偏誤。

1. 檢視

更高處：從 9,000 公尺以上的高空俯瞰。

反面：從反面、背面，或另一面檢視。

＊價值：從價值的觀點來檢視。

＊小孩：從小孩的角度檢視。

忽視：撇開已知的經驗與知識來檢視。

宏觀：從整體的角度檢視或是系統性的檢視。

愛因斯坦檢視宇宙後表示，無論你的行進速度有多快，光線都是以每秒約 30 萬公里的速度衝向你。他說這句話的時候，就是撇開已知的智識經驗。

2. 使用

＊利用：如何用這樣東西來利用其他東西？

＊基礎：如何用這樣東西來建立其他東西的基礎？

＊取代：如何用這樣東西來取代其他東西？

＊層面：如何用新的方法來使用這樣東西的某個層面？

＊改變：如何用這樣東西來改變你正在做的某件事？

＊應用：如何用新的方法來應用這樣東西？

歐瑞利把愛迪生發明的電動筆改為紋身機使用時，就是看出如何用電動筆來取代他正在使用的工具。南太平洋鐵路公司（Southern Pacific Railroad）設立許多微波塔，來建立橫跨美洲大陸的通訊網絡時，只是聚焦在改善火車的效能，但這些微波塔後來變成斯普林特電信公司（Sprint）的基地台，「斯普林特」

就是取自「南太平洋鐵路內部網路通訊公司」（Southern Pacific Railroad Internal Network Telecommunications）的縮寫。

3. 移動
  * 加入：能不能加入新元件來做出改變？
  * 重新架構：如何重新架構來做出改變？
  * 替換：能不能互換或替換某些部分來做出改變？
  * 移除：能不能移除某些部分來做出改變？
  * 速度：能不能加快或減緩速度來做出改變？
  * 頻率：能不能增加或減少發生的頻率來做出改變？

　　基斯・理查茲在佛羅里達州的那一晚，他想像出來的〈無法滿足〉曲調比較緩慢、傷感。但是，滾石樂團後來在洛杉磯的錄音室彈奏時，加快了曲調的速度，就變成後來的經典金曲。

4. 連結
  效能：可以連結什麼來打造效能更高的東西？
  * 結合：可以結合什麼來打造出新的東西？
  * 網路：可以建立什麼網路來打造出新的東西？
  * 透明：可以揭露什麼資訊來打造出新的東西？
  * 開放：可以對外開放什麼東西來促成新的東西誕生？
  * 夥伴：可以和誰建立夥伴關係來打造出新的東西？

　　弓與矛結合的夥伴關係讓矛變得更有力，弓也因此變得更實用。

5. 修改

　　* 品質：可以改善哪些部分的品質？

　　* 設計：可以改變哪些設計？

　　* 性能：可以怎麼做來提高性能？

　　* 美觀：可以怎麼做來改變外觀？

　　* 體驗：可以怎麼做來改善體驗？

　　* 標準化：可以怎麼做來和其他東西搭配？

　　萊特兄弟將機翼改成翹曲、活動式的設計，讓飛機變得更好操控、運作更順暢。

6. 打造

　　流程：可以建立哪些新流程？

　　意義：可以創造或灌輸哪些新的意義？

　　裝配：可以裝配什麼東西而變成新東西？

　　舉例：可以把哪些東西用實例說明來轉化成新東西？

　　功能：可以創造哪些新功能？

　　專攻：可以專攻或聚焦在哪些部分上？

當滑板運動者將清空的游泳池用來滑板，就是為游泳池創造出新的功能。

7. 想像

* 擴大：如何在想像中讓某樣東西擴展？
* 更容易：如何在想像中讓某樣東西更容易使用、購買、銷售或組裝？
* 負面：可以修正哪些負面的要素？
* 天馬行空：隨心所欲想像各種狀況。
* 科幻：想像一種科幻式的解決方法或改進方案。
* 嘗試：嘗試以各種方式使用資訊科技，看看會發生什麼事。

為了創新，Google 工程師則是想像：如果車子能自動駕駛，會是什麼模樣？

────────────

這七個基本疑問是創作流程的指南，也是天生極富創意的思考者會問自己的問題。但是，誠如歐康諾所言，連他們也會忽略其中幾個步驟，因此這就是清單發威的時候。這些疑問幫助個人或團隊，以創意的方式來應付挑戰。

你可以加入來自其他領域的東西；你可以重新架構概念；

你可以移除某些元素；你可以替換某些元素；你可以增加或減少某些部分發生的頻率；你可以加快或減緩某些部分的速度；你可以重新設計某些部分的體驗、外觀或感覺。

當你逐項思考這些疑問，就會愈來愈接近完全開放、不受束縛的想像。起先你只是檢視問題本身，接著就推進到和其他東西連結，或是修改、打造成別的東西，最後就可以隨心所欲盡情想像各種狀況。這套流程將逐步開啟心智，直到最後一步，想像力推開大門，然後說：「走吧！」

辨識型態

在 1970 年代的美國，實驗精神興盛發展，印第安那大學（Indiana University）讓學生可以在獲得任一系所與學院院長的支持下，開設並教授一門有學分的課程。

從小到大喜愛看漫畫的麥可・烏斯蘭（Michael Uslan）知道自己想做什麼：他想教授一門和漫畫有關的課程。他取得民俗學系的支持後，滿懷熱忱的找上院長。但是，推銷工作並不容易，沒過幾分鐘，院長就打斷他：「等等，我不會買單，我小時候讀過每一本能拿到手的《超人》（Superman），但所有漫畫書都是小孩的廉價娛樂，就這樣，沒什麼特別的地方。」

烏斯蘭和奧麗薇亞共進午餐時回憶：「聽到這裡，我問他：『你熟悉摩西的故事嗎？』」院長說自己滿熟悉摩西的故

事，烏斯蘭則請他簡述內容。

烏斯蘭說：「院長告訴他：『希伯來人受到迫害，嗣子被殺害，一對希伯來人夫婦把襁褓中的兒子藏在一只柳條編織的籃子裡，放到尼羅河中任其漂流。這個籃子被埃及人撈起來，他們把嬰兒當成自己的孩子撫養。孩子長大後，得知自己的身世，便成為希伯來人的領袖……。』」

烏斯蘭在這個時候打斷院長，並且詢問院長，既然他孩提時候是《超人》漫畫迷，能不能簡述超人的故事。院長回答：「嗯，當然可以。」接著開始講述超人的故事：「氪星即將爆炸，氪星有一位科學家和妻子把襁褓中的兒子放進太空船，送到地球。這個孩子被肯特夫婦發現，他們將他當成自己的小孩養大……。」說到這裡，院長停下來，目瞪口呆。烏斯蘭的課程被核准了。

雖然，我們現在很難想到有哪位漫畫英雄人物沒有被改編成票房數百萬美元的賣座系列電影。但是，烏斯蘭買下《蝙蝠俠》（*Batman*）的電影版權時，這些超級英雄被大眾視為：「小孩的東西、愚蠢、只有宅宅才喜歡，就像『龍與地下城』（Dungeons and Dragons）那樣小眾。」不過，自從提姆·波頓（Tim Burton）執導、1989 年上映的賣座電影《蝙蝠俠》開始，所有「蝙蝠俠」系列電影都是這位愛看漫畫書的烏斯蘭擔任製片人。而他的創舉更是打開超級英雄電影的現代紀元。

辨識型態結合了兩種概念：看出基本型態，以及注意相似

性。當學院院長辨識出摩西與超人故事的基本型態,突然就了解烏斯蘭想要凸顯的重點。

再舉另一個例子說明,迪士尼電影版裡,寶嘉康蒂（Pocahontas）的故事摘要如下:

> 1607 年,約翰‧史密斯（John Smith）乘船抵達綠意盎然的北美洲「新世界」,這些殖民者在總督拉克里夫（Ratcliffe）的督導下開採金礦。約翰開始探索新領地,並且遇到寶嘉康蒂。起初,寶嘉康蒂並不信任他,但是柳樹婆婆（Grandmother Willow）的開導幫助她克服疑心。
>
> 兩人開始往來,寶嘉康蒂教導約翰了解生命的可貴,大自然是相連的生命循環,也教他如何狩獵、種植作物,並且傳授她的部族文化。寶嘉康蒂的父親包華頓酋長（Chief Powhatan）,希望她嫁給部族裡的優秀戰士高剛（Kocoum）。但高剛生性嚴肅,寶嘉康蒂對他沒興趣。
>
> 約翰與寶嘉康蒂日漸生情,愛上彼此。在殖民者營地,人們認為原住民是野蠻人,因此打算攻擊他們,搶奪黃金。出於嫉妒,高剛企圖殺死約翰,反而被其他殖民者奪走性命。
>
> 當殖民者準備發動攻擊時,原住民認為約翰應該

負起罪責，便判處他死刑。就在約翰即將被處決時，殖民者軍隊抵達，包華頓酋長差點被殺，約翰則被總督拉克里夫所傷。最後，拉克里夫被抓起來，送回英國受審，寶嘉康蒂冒著生命危險救下約翰。約翰與寶嘉康蒂終於迎來圓滿愛情，兩個文化也化解歧見。

接下來，我們看看觀察入微的電影迷麥特・貝特曼（Matt Bateman）如何微調上述內容，來講述詹姆斯・卡麥隆（James Cameron）執導的電影《阿凡達》（*Avatar*）：

~~1607 年，~~2194 年，~~約翰・史密斯（John Smith）~~傑克・蘇里（Jake Scully）乘船抵達綠意盎然的~~北美洲~~「新世界」潘朵拉星球，這些殖民者在~~總督拉克里夫（Ratcliffe）~~夸里奇上校（Colonel Quartin）的督導下開採金礦難得素（unobtainium）。約翰開始探索新領地，並且遇到~~寶嘉康蒂~~奈蒂莉（Neytiri）。起初，~~寶嘉康蒂~~奈蒂莉並不信任他，但是~~柳樹婆婆（Grandmother Willow）~~靈魂之樹（Tree of Souls）的開導幫助她克服疑心。

兩人開始往來，~~寶嘉康蒂~~奈蒂莉教導~~約翰~~傑克了解生命的可貴，大自然是相連的生命循環，也教他如何狩獵、~~種植作物~~馴龍，並且傳授她的部族文化。~~寶~~

~~嘉康蒂奈蒂莉的父親包華頓酋長（Chief Powhatan）~~
異屠客酋長（Chief Eytucan），希望她嫁給部族裡的
優秀戰士~~高剛（Kocoum）~~楚泰（Tsu'Tey）。但~~高剛~~
楚泰生性嚴肅，寶嘉康蒂奈蒂莉對他沒興趣。~~約翰傑~~
~~克與~~寶嘉康蒂奈蒂莉日漸生情，愛上彼此。

　　在殖民者營地，人們認為~~原住民~~納美人是野蠻
人，因此打算攻擊他們，搶奪~~黃金~~難得素。出於嫉
妒，~~高剛~~楚泰企圖殺死~~約翰傑克~~，反而被其他殖民者
奪走性命。

　　當殖民者準備發動攻擊時，原住民認為~~約翰傑克~~
應該負起罪責，便判處他死刑。就在~~約翰傑克~~即將被
處決時，殖民者軍隊抵達，~~包華頓酋長~~異屠客酋長~~差~~
~~點被殺~~遭到殺害，~~約翰傑克~~則被總督拉克里大夸里奇
上校所傷。最後，~~拉克里大夸里奇被抓起來，送回英~~
~~國受審~~中箭身亡，寶嘉康蒂奈蒂莉冒著生命危險救下
~~約翰傑克~~。~~約翰傑克與~~寶嘉康蒂奈蒂莉終於迎來圓滿
愛情，兩個文化也化解歧見。

　　中世紀天主教教會的運作和現代企業的經營有多相似呢？
各位可以思考看看。從很多方面來看，中世紀天主教會是全世
界最大的企業，教宗就是企業執行長。[11] 他們有龐大的業務團
隊，以及勸人改變宗教信仰的偉大使命聲明，並且試圖擴展到

新市場。他們販售什麼產品呢？救贖。

　　教會是跨國組織，總部位於羅馬，在每一座城鎮、村莊都設有分支，規模小到教區教堂，大到沙特爾主教座堂（Chartres Cathedral）。樞機主教團的作用就像企業董事會，大主教的身分很類似副總裁，主教則是地區經理，至於神父當然就是業務員。

　　後來暴發黑死病，關懷病患與瀕死者的神父與修士大量染病身亡，造成教會的業務能力大減。任何企業的成功，都是取決於消費者對產品的信賴，黑死病肆虐，導致數百萬人開始懷疑天主教會提供救贖的能力。修道院與教區教堂遭棄，宛如無人的競技場，教堂圍牆外的墓園變成人們狂歡縱慾的場所，天主教教會的股價一落千丈。

　　後來出現宗教改革運動，對天主教教會的客戶喊話，尋求認同。這場運動讓天主教教會面臨流失市占率的危機。面對突然出現的競爭，天主教教會的反應猶如一間優良的企業：他們發起反宗教改革，這套做法可以視為大規模的行銷活動。教會開始興建無數大教堂，在橋梁上加入聖徒雕像，委託人創作聖歌。

價值不菲的案例

　　請想像一間飯店。再想想看，這間飯店有什麼業務內容、

雇用哪些員工，以及贏得顧客高度滿意的因素是什麼。服務人員親切體貼？注重細節？任何時候都能即時回應顧客需求？入住手續快速簡便？接著，請想像一位優秀的飯店執行長是什麼模樣。他要如何確保房客獲得美好的體驗？如何遴選並且訓練員工？

　　現在，請想像一間醫院。這間醫院經營哪些業務，贏得病患高度滿意的因素是什麼。住院等候時間比較短？醫護人員親切友善？病患按下呼叫鈕後，護理師總是迅速現身？

　　這兩種事業有哪些共通點？舉例來說，每天都有許多人入住（住院）與退房（出院）。他們共通的成功要素是什麼？你可以想像得到，親切體貼的工作人員非常重要。

　　最後，請想像一下，如果你聘用一位優秀的飯店執行長擔任醫院執行長，請他改善醫院，他會怎麼做？他將如何改變員工訓練的方式？如何改進招募的員工水準？他可以從經營飯店的經驗引進哪些最佳的實務做法？

　　各位知道嗎？現實裡真的有飯店主管到醫院任職。2006年，亨利福特西布倫菲爾德醫院（Henry Ford West Bloomfield Hospital）從麗池卡登飯店（Ritz-Carlton）挖角一位高階主管擔任執行長，這位主管在奢華精品餐旅業有二十五年的工作經驗，但不曾在醫院任職。[12]

　　這位新科執行長叫作吉拉德・范葛林斯文（Gérard van Grinsven），上任後聚焦於醫病關係。他在病房擺放金屬折疊

椅，醫生巡房時會打開折疊椅，坐在病床旁和病患交談，而不是居高臨下站著面對病患。這個簡單的小改變將醫生拉到和病患相同的視角，創造更有人情味的互動。

范葛林斯文還設立健康活動中心與美髮沙龍，對大眾開放營業。因此，不管是病患或健康的人都會到訪，這讓醫院與當地社區融為一體。

他甚至建立一套快速住院系統，將入院手續變得像是飯店入住手續那樣快速簡便，而且病房也準備就緒。基本上，范葛林斯文就是把飯店的客服概念引進醫院產業。

在他的任期內，亨利福特西布倫菲爾德醫院成為全美國公認名列前茅的好醫院。當某個人認知到醫院與飯店相似的型態，他腦中的突破天才議會運作得宜，於是，這個型態辨識轉換成價值不菲的突破。

美國陸軍特種部隊肩負複雜、往往也相當政治敏感的任務，特種部隊士兵聰明、理解力強，面對不確定也能適應良好，對克制恐慌等原始情緒訓練有素。他們當中許多人曾經在美國陸軍外國軍事與文化研習大學（University of Foreign Military and Cultural Studies）受訓；這間大學又被稱為紅隊大學（Red Team University）。這群士兵在退休陸軍上校史帝夫・羅柯夫（Steve Rotkoff）

多疑但關愛的注視下，學習先進的認知工具來幫助他們執行任務。過去七年，朱達受邀到這間大學擔任講師，教導學生辨識束縛思考的無意識心智框架。

課堂上，有人提到阿拉伯之春，當時，起義運動仍不斷發生，因此討論相當熱烈。這些學生當中，幾乎每個人都有朋友在戰爭中喪命，所以他們不是在討論抽象的概念或地圖上的名稱，而是當地真實的氣味、山丘、塵土、人民，以及種種發展的後果。

那天晚上，朱達和三名士兵學生外出喝啤酒，他們還在談論可能的結果。這並不是小團體內的閒談，因為其中一名士兵就來自情境規劃團隊，這支團隊負責預測阿拉伯之春的可能結果，以便制定未來的策略，另外兩名士兵不久後即將被派往中東。下一輪啤酒上桌時，他們詢問朱達的想法。

朱達知道不應該提出不切實際的建議，於是他改為幫助他們透過聯想來辨識型態。他拿出手機，在維基百科上查詢「1848 年革命」，得到下列資訊：

- 1848 年革命是歐洲各國暴發的一系列政治革命。
- 本質是追求民主，意圖推翻舊有的政治勢力結構。
- 起義首先在城市爆發。
- 科技上的變化改變工人階級的生活。

- 許多資產階級懼怕貧窮的工人階級，並且疏遠他們。
- 起義是由改革者、中產階級與工人形成的臨時結盟組織領頭，他們的團結力量並不持久；
- 不到一年，反動勢力就重新掌控局勢，革命瓦解。

那些特種部隊士兵馬上看出阿拉伯之春和 1848 年革命的相似之處：以城市為中心的起義者反抗安於現狀的勢力；網際網路與社群媒體帶來科技上的變化；貧富不均；年輕人、自由主義者與工作者組成的臨時結盟。朱達指出 1848 年革命的結局是，舊政府仍然當權，而且反倒變得更加大權在握。

其中一名士兵以特種部隊慣有的低調態度說：「謝謝長官，我們懂了。」歷史聯想幫助這些士兵研擬出更有效的計畫，不再只是憑空設想可能的結果，而是以突破性的思考看出最有可能的結局。世界各地一再出現同樣的結果，從伊朗、巴林到埃及，多數國家的革命都無疾而終。

🦋 本章重點

- 採用聯想思考，或是在兩個看似無關的概念與主題之間產

生聯想，對突破性思考很有幫助。

- 使用七個基本創新疑問（SEIQ）來創造聯想：
- 如何用不同的方式來**檢視**這樣東西？
- 如何用不同以往的方式來**使用**這樣東西？
- 如果把這樣東西**移動**到新的背景環境，會發生什麼事？
- 如果把這樣東西和截然不同的新東西**結合**在一起，會發生什麼事？
- 如果**修改**其中某個部分，會發生什麼事？
- 能不能以這樣東西為基礎**打造**出新東西？
- 還可以**想像**到把這樣東西用在哪些地方？
- 型態辨識可以幫助你，從當前狀況與已經解決或已經有結論的問題當中，找到隱藏其中的共通點，進而產生突破，或是得出結論。

05
花園：打造吸引蝴蝶的環境

超神奇的大腦

艾力克‧魏亨梅爾（Erik Weihenmayer）攀登過全球七大
洲的最高峰，曾經攻頂尼泊爾珠穆朗瑪峰，也曾站在南極洲文
森山（Mount Vinson）的峰頂。身為七大洲最高峰的登頂者，
魏亨梅爾是極少數精英級登山家的一員，但這不是他成就中最
了不起的部分，這些成就反而不值得一提。魏亨梅爾真正了不
起的是，他是全盲人士。[1]

魏亨梅爾是如何穿過冰天雪地的呢？他在舌頭上安裝一種
名為 BrainPort 的裝置，可以把視覺資訊轉化成電脈衝，原理
和我們眼睛的功能一樣，可以說 BrainPort 取代了魏亨梅爾的
眼睛。[2]

毫無疑問，BrainPort 無法利用視神經，因為這是眼睛傳
送資訊給大腦的路徑。因此，電脈衝搭上舌部神經的便車，把
資訊傳送到大腦。

　　如同 BrainPort 共同發明者保羅・巴哈伊瑞塔（Paul Bach-y-Rita）所說：「我們不是用眼睛看東西，而是用大腦看。」[3]不論用什麼方法傳送資訊，只要能夠把視覺資訊傳送到大腦，你就能看見。

　　儘管魏亨梅爾的大腦並不是天生就能解讀來自舌部的視覺資訊，卻可以透過改變路徑來達到目標。他的大腦實際上自我改造了一番，數百萬個神經元彼此形成新連結，致力理解新輸入的資訊。

　　以前，我們都以為，一旦過了童年大腦就不會再改變或發展。但是，新科技問世，可以更深入看見大腦內部的情形，讓我們發現大腦內的神經連結實際上可以改變，舊有的錯誤觀念因此瓦解。神經科學家發現，隨著人們從事不同的活動，大腦的某些部位會放大或縮小。[4]

　　2014 年秋天，一名二十四歲的中國女性因頭暈噁心就醫，檢查後發現，她竟然沒有小腦。小腦在語言、移動與控制動作方面扮演重要的角色，[5]而這位年輕女性竟然能夠行走，實在非常神奇。實際上，她不僅學會走路，還能說話、使用筷子，更嫻熟複雜的中國書法，這都證明大腦具有自我改造的神奇能力。她沒有小腦，但大腦裡的其他部位自行改造，得以執行原本由小腦執行的工作。

　　2012 年有一項研究報告指出，失聰者大腦中用於處理聲音的部位出現變化，神經線路被改為用來處理觸覺與視覺資

訊。[6] 此外，2005 年的一項研究報告也指出，失明者的視覺皮質區神經線路，被改用於處理聲音資訊。[7] 魏亨梅爾說，那種感覺就像他的大腦「自行重新布線」。[8] 不過，事實上的確如此，「改變線路」並不是一種譬喻，而是我們大腦實際發生的結構變化。

大腦可以自我改造以彌補缺陷，並且改變某些部位的用途，這種能力只不過是神經可塑性（neuroplasticity）的一小部分。事實上，終其一生我們的大腦都具有可塑性、也能夠改變。無論什麼時候，當你接觸到一種新體驗或思考一項新概念的時候，大腦就會在神經元之間創造實質的新連結。[9] 我們的經驗、注意到的事物與行為，會形成持續性的回饋迴路，並改變我們的腦部結構。

你的大腦會不斷重新自行改變結構，

而且實際上真的會改變結構。

請想一想這件事。

為什麼這些能力對產生突破來說很重要？道理很簡單：突破是藉由創造新東西獲得，在我們的大腦，這表示產生新構想、新想法或新理解。為了產生新的想法，而且不論是什麼想法，我們都需要在大腦內建立新連結。[10] 大腦產生新連結的速度有多快、多容易、多豐富，將會大幅影響我們能夠獲得多少

突破；大腦創造新連結的能力就是神經可塑性。

可塑性愈高，愈能產生突破

　　Google 有一個半公開的祕密研發部門叫作 X 部門，我們詢問部門負責人阿斯特羅・泰勒（Astro Teller）如何招募人才。他回答：「我會盡量招募可塑性最高的人。」[11] 因為泰勒知道，要產生突破，得仰賴大腦實質建立一組創新的神經元連結。

　　嬰兒時期，我們的大腦可塑性很高，因為我們接觸到的所有事物都是新事物，像是進食、排便、說話、歡笑、爬行與走路。每一天，我們的大腦都會形成新的結構，以便了解我們接觸到的事物，嬰兒大腦的運動量和鐵人三項的運動量差不多。

　　然而，長得愈大，我們接觸到的新事物卻變得愈少，日常例行公事持續：相同的工作、同一批同事、毫無改變的街坊鄰里、同一群朋友、不變的政治鬥爭、千篇一律的電視節目等。我們的心智原本維持鐵人般的運動量，神經系統現在卻變成沙發馬鈴薯，建立神經元連結的能力也都「走樣」了。當你覺得學習某項新事物很困難，就會認定「老狗學不會新把戲」。在現實生活中，我們的大腦並不是不能改變，而是我們缺乏鍛鍊，導致疏於練習。[12]

　　但是，如果你認為一切已經太遲，本來應該在年輕的時候就開始鍛鍊，這樣的想法無異於坐在沙發上看一年電視，連一

個伏地挺身都沒做，再來說：「唉！我覺得我體力變差了，最好安於現實，把坐在沙發上的時間加倍。」

說到這裡，或許你會想要開始做一些「健腦操」（brain gym），這些活動愈來愈流行，其中包含圖形辨別與記憶力遊戲等由電腦設計的訓練活動。不幸的是，截至目前為止的研究顯示，這類訓練活動只會讓你更擅長那些遊戲，未必有其他助益。[13]

要改善大腦可塑性，最好的方法就是接觸新事物，挑戰大腦建立新連結的能力。當你不斷保持某種想法，感覺像是陷入迴圈，實際上你就是一而再、再而三的刺激同一條神經元路徑。不過，當你體驗或思考陌生的事物時，大腦實際上正在建立新的結構。就是這種能力，讓我們得以產生原創性思考，並且獲得突破。

我們的大腦是由我們留心的事物形塑而成，[14]任何新體驗都可以讓大腦實際建立起新的連結。大腦裡大約有一千億個神經元，每一個神經元都有能力建立成千上萬個連結，大腦有機會建立的連結數量，比天上星星的數量還要多。

為突破性思考做準備

我們生活在一個分心的年代。網際網路問世以前，我們可以實際取得的資訊量有限；如今，我們每次上網，卻會湧現出

無限多的資訊量。部落格「禪學習慣」（Zen Habits）作者里歐·巴伯塔（Leo Babauta）有六個孩子，他告訴我們：「在資訊洪流中，無數事物都在爭奪我們的注意力，多工作業讓我們混亂煩擾，我們愈來愈招架不住。」[15]

更糟的是，爭奪注意力的戰爭會讓人上癮，因為所有數位通訊管道都會激發我們的多巴胺分泌迴路活動。我們以為多巴胺和快樂的感受有關，但其實這是很常見的錯誤觀念。愈來愈多研究都顯示，這種著名的神經傳導物質引起的並不是快樂，而是刺激、欲望或幹勁。

每一封電子郵件、每一則簡訊、每一篇 Snapchat 貼文，或是每一個 Instagram 通知，都會增加多巴胺的分泌量，讓我們帶著快樂的期望去點選或開啟畫面。這些電子產品把我們全都變成賭徒，只不過，我們不是去玩拉霸或擲骰子，而是去查看聊天室與手機。誠如心理學家凱利·麥高尼格（Kelly McGonigal）在她精彩的個人著作《輕鬆駕馭意志力》（The Willpower Instinct）中解釋道：「演化利用的是快樂的『許諾』，而非快樂本身，這股力量驅動我們努力、奮鬥，並且不停查看手機。」[16]

問題是，突破性思考也是受到這種多巴胺引起的快樂、興奮與成就感等期望所驅動，多巴胺驅動我們尋求解答、新途徑與新發現。而且，多巴胺激發的好奇心促成許多突破。但是，如果我們陷入電子通訊產品引發的多巴胺分泌迴路，就等於浪

費神經化學物質的刺激作用。

　　重要的是，多巴胺能夠引發創造突破所需要的刺激，我們不應該把它浪費在電子郵件與社群媒體上。

鍛鍊神經可塑性

　　鍛鍊神經可塑性的目的，並不是要讓你變得更擅長這些活動。知名訪談電台節目《新鮮談》(*Fresh Air*)的主持人泰莉‧葛羅斯（Terry Gross）進修演唱課多年。但一開始，她就告訴老師，她並不是想成為優秀的演唱者。她說：「我只是想盡己所能融入歌曲，讓我的身體進入歌曲當中。」[17]

　　葛羅斯的工作確實和演唱有關，她是廣播節目主持人。而且除此之外，音樂是增進神經可塑性的強大力量。葛羅斯的節目需要訪談各行各業的人物，對她來說，尋找連結是想出有趣提問的一種好方法。

　　學習任何新事物都有助於增進大腦可塑性，而且，一邊做某件事，一邊學習新事物，不僅可以增進大腦的可塑性，還能擴張你正在建立的神經迴路規模。我想各位應該猜到了，這就表示，大腦可以建立更多新連結。

　　在一項和大腦可塑性有關的研究實驗中，如果跳高運動員想像自己成功過竿，實際成功過竿的可能性會提高35％；當他們在想像自己成功過竿的同時，動一動至少一根手指，成功

過竿的可能性則會提高到 45％。[18] 所以，下列許多工具會包含某些身體動作。

　　這些工具並不是用來增進突破性思考的練習，而是增進神經可塑性的練習。面臨競爭時，強壯的肌肉將對你有所幫助。

動作實驗

　　用你的非慣用手去做各種動作，例如刷牙、使用叉子、拿鑰匙開門、寫你的名字。這也是讓你體驗建立新連結會是什麼感受的有效練習，你將實際感受到神經可塑性正在運作。

味覺實驗

　　去餐廳點一道你沒有在這間餐廳點過的餐點，好好品嘗它的味道。這道餐點有什麼不同？你的大腦必須創造新連結，才能建立新的結構來解讀新的味道。

　　烹煮一道料理，但不要加鹽巴，好好品嘗它的味道。請特別注意沒加鹽巴會如何改變這道料理的風味。接著，加一點點鹽巴，再嘗嘗味道。然後，再多加一點鹽嘗嘗看。最後請逐漸加鹽進去，直到鹹淡剛好為止。

視覺實驗

　　去上班、上市場或是回家的時候，試著走不同的新路線，並且盡量注意沿路的新事物。第二天，再走一次這條新路線，

試著預測你會看到哪些地標。

　　觀看一部外國電影二十分鐘，不要播放字幕，看看你能拼湊出哪些情節。你會不會比較注意演員的臉部表情？在沒有字幕的狀況下，你對角色的情緒狀態了解多少？以下是我們喜歡嘗試的一些電影：

- 美麗人生（*Life Is Beautiful*）
- 艾蜜莉的異想世界（*Amelie*）
- 十面埋伏（*The House of Flying Daggers*）

　　坐在咖啡館裡，假裝你在閱讀這本書，然後觀察周遭的人都在做什麼。別擔心，他們很專注於自己正在做的事，不會注意到你。觀察他們的臉部表情，再觀察肢體動作，他們動得很快，還是很緩慢？他們看起來有沒有提心吊膽、緊張兮兮、神經質？接下來，隨便挑選一個人，想像他今天早上過得如何。如果他正在用電腦，試著想像他輸入的是什麼內容？和工作有關嗎？在搜尋新房嗎？正在網路上購物嗎？在寫信給舊情人嗎？創造一則情節敘事，納入是誰、做什麼、為什麼、什麼時候、怎麼做等資訊，這正是鍛鍊可塑性的好方法。

聽覺實驗

　　聆聽其他文化圈的音樂，例如寶萊塢舞蹈音樂、非洲藍調

或阿富汗傳統音樂，讓自己完全浸淫在不同的節奏裡。如果你在家裡，可以試著隨音樂起舞。當你試著推敲如何隨著不熟悉的韻律擺動身體時，會迫使你的大腦把新的聲音轉譯成動作。

學習愛因斯坦的鍛鍊方式

愛因斯坦以「思考實驗」聞名，他會想像和宇宙有關的某些資訊是真的，然後開始思考在這樣的宇宙裡會發生什麼事。這樣的思考實驗可以增進聯想思考的能力，各位可以試試看下列思考實驗：

地心引力

想像地心引力會在晚上 10 點後消失，這樣的世界會是什麼模樣？床會浮在天花板上嗎？我們從事的運動會有什麼改變？我們要如何移送物品？人們會不會在覆蓋著網子的樹上開派對？會不會出現專門製造這種網子的新企業？如果網子沒有發揮作用，人們被迫在空中任意飄浮整個晚上，會不會為此和企業打官司？會不會有這種主題的電影：早上地心引力恢復時，飄浮者在某處落地，結果遇到真愛？會不會有青少年故意破壞網子，好來一趟飄浮冒險之旅？

社會規範

　　假設法律容許人們在被嚴重激怒的時候反踢對方一腳，這樣的世界會是什麼模樣？你要如何證明某人真的激怒你了？會不會出現特別的法院，負責審判你是否真的被激怒了？根據法律，你可以踢得多重？市面上會不會出現特製的鞋款，讓你可以踢了人但不留痕跡？會不會出現一種社會和平運動，提倡禁止踢人的行為？

年齡

　　想像一下，你剛發現自己肯定可以活到一百三十歲，而且還能一直保持良好的身體健康狀態。這時你可能會注意到內心的反應，或許你會瞬間想到：「慢著，我以為自己會活到⋯⋯。」人們總會自然而然下意識的訂定一些期望。你有意識到自己一直都以這個歲數作為指標嗎？現在，試著想像，當你發現自己可以活到一百三十歲，生活會變成什麼模樣？會對你的決定產生影響嗎？你會一直保有目前的職業嗎？你會維持目前的婚姻或情侶關係嗎？如果每個人都能活到一百三十歲，社會將出現哪些改變？每個人都會預期自己不只結一次婚嗎？人們會等到幾歲才生養小孩？壽命增加會不會讓人口過剩，導致人們必須排隊等候獲准生養小孩？人們會不會把自己的生養權拍賣給其他人？

奇幻

　　你可能聽過類似的奇幻故事：整座城市建築在高架上，人行道懸浮在半空；整座城市由水管、線路、浴缸、蓮蓬頭、閥門等零件構成錯綜的迷宮，沒有任何樓房建築；或者，這座城市的人使用記憶作為交易媒介，只有分享記憶才能購物。如果讓你設計一座奇幻城市，那座城市會是什麼模樣？城市裡的人們如何互動？有哪些規範必須遵守？[19] 以下是一種可以更加增進大腦可塑性的方法：想像你在某個場景裡，就像高度仿真電玩遊戲裡的角色。你走在街上，開門，轉頭左右張望觀看新事物。請想像自己舉起手，感受風在吹拂，走在大街，聆聽車水馬龍的聲音。

　　接下來，讓我們更貼近個人生活。這項練習不只可以幫助你增進大腦可塑性，也是工作與生活中一項有效的工具。請回想最近參加過的會議，會議在哪裡舉行？主題是什麼？有誰參與？有誰發言？整場會議下來，你的感受如何？

　　現在，請使用你最近增強過的想像力，想像你是這場會議的隱形旁觀者，能夠看到所有與會者（包括你）。你看到什麼？端詳會議桌上的每個人（包括你）的臉孔。別忘了，你現在是會議室後方的隱形旁觀者，你有沒有發現誰看起來很無聊？或是心懷不滿？這場會議的主持人表情如何？

　　準備好跳到下一步了嗎？這個步驟很關鍵：請從這場會議中最資淺的與會者角度思考（如果你本來就是最資淺的人，就改選最資深的人）。不要只是站在對方的立場思考，要融入他的身體，透過他的眼睛來看。他有什麼感覺？他在看著誰？他關心哪些事？

　　如果你比較喜歡工作以外的情境，那就想像一場家庭聚會，例如感恩節或聖誕節聚餐。你感覺如何？什麼事讓你煩惱？什麼事讓你開心？接著，想像你是隱形的客人，旁觀這頓晚餐。這群人感覺如何？誰在看著誰？誰在吃東西？誰在幫忙上菜？誰感覺到無聊？接下來，請透過最年輕（或最年長）的家庭成員的眼睛來看這場聚會。這個人感覺如何？

填補花園：播種

　　1890 年代初期，人人都想要享受最新的技術。普遍又平價的腳踏車可以讓人們的通勤時間減半，週末時更能方便出遊、享受鄉間景致。

　　成千上萬的腳踏車技師彷彿在一夕之間出現，他們鑽研如何把腳踏車變得更輕、更安全、更舒適、更容易生產。他們不斷改進滾珠軸承、軋鋼、變速檔、充氣輪胎等。[20]

　　許多熱中鑽研技術的技師後來用他們在腳踏車工坊裡鑽研的心得，創造出更偉大的交通突破。舉例來說，萊特兄弟就是

腳踏車技師出身。

有一位業餘腳踏車技師，目睹個人交通工具領域出現量產的製程，以及腳踏車騎士遊說政府興建更好的道路。這個人就是福特，他把量產的概念以及為了腳踏車發明的新工具結合在一起，創造出現代的汽車製造業。

如果你餵給大腦的材料愈多，就能創造出愈多的連結。因此，當你在網路上讀到一篇文章時，可以點選裡面的連結，看看會被引導到哪裡。填補花園是一種漫步體驗；你可能走得太遠，但沒關係，因為你不知道哪些東西可能有幫助。事實上，你根本無從得知。當然，有些人可能因此感到不耐煩，迫切想知道做哪些事有用，才不會「浪費時間」。可惜的是，如果你想要獲得突破，就必須接受一項事實：你永遠不知道什麼東西最終會有幫助，或是有價值。

農夫播種時，不知道哪些種子會發芽，哪些種子不會發芽；他們也不知道哪些種子發芽後可以長大結果。要確保百分百的發芽率近乎不可能。那麼，他們會怎麼做？他們會播下比必要數量更多的種子，用軍事術語來說，這叫作「備援」（redundancy）。在企業管理中，這些「備援」被當成冗餘；不過到了科技領域，這些備援可以拯救你的工作。你是否曾經因為忘記備份檔案而失去資料？

微軟的黑帶團隊工程師凱文・紹爾解釋：「在雲端科技領域，我們總會假設使用中的商用硬體有朝一日將故障或損壞，

因此我們有許多套各式各樣應對故障的計畫。儲存在雲端的資料通常拆分成數百、數千個片段，每一個片段都有三份、甚至六份備份。」

　　如果想要有更多的突破，你必須接受冗餘存在的必要，也必須接受一項事實：直到收穫季節為止，你不知道哪些種子會結果；有些種子會發芽，有些則不會；有些種子會發芽，卻沒有結果。你必須願意接受這種不確定性。本書第九章將提供工具，幫助各位在面對不確定性的時候能掌控得更好。

　　我們建議各位更加沉浸在工作或興趣當中時，我們的意思不只是要你在工作上更努力，或是每天坐下練琴兩小時。而是表示你必須清楚了解基本原理、各派思想，以及曾經做過或嘗試過的東西，無論結果是成功或失敗。

　　和其他在做相同事務的人交談也很重要。貝爾實驗室（Bell Labs）是夙負盛名的研究中心，對電晶體、計算機、雷射科技、UNIX 系統，以及現今許多重要的科技技術貢獻匪淺。這間研究中心有一項遠近馳名的實務做法：強烈鼓勵新進初級人員去敲諾貝爾獎得主辦公室的門，親自向書籍作者提出疑問。[21]

　　至於如何接近你想請益的對象，如何和他們建立關係？請參考本書最後的「推薦文獻與資源」，其中毫無疑問包含奧麗薇亞的另一本著作《魅力學》（The Charisma Myth），此外還有奇斯・費拉齊（Keith Ferrazzi）被譽為「人脈聖經」的著作《別

自個兒用餐》（*Never Eat Alone*）。費拉齊是一間研究機構的執行長，專門研究人類行為的改變，他在這本著作中提出極具說服力的闡釋，說明人際關係是事業與人生成功的主要支柱，並逐步教導讀者建立需要的人脈關係。我們非常推薦此書。

　　許多廣為流傳的神話讓不少人相信，突破是個人的獨力成就，但事實上，絕大多數的重要洞察是藉由許多人的貢獻匯聚所產生。在填補花園這個階段，你不僅需要向他人蒐集資訊，也必須和其他人分享你面臨的挑戰。在提出疑問時，請告訴對方問題的背景脈絡，像是你正在研究的問題，讓問題如此棘手難解的原因，以及你希望達成什麼目標。

　　當你播種時，必須敞開心胸、不帶成見，因為你無從得知誰會帶來有趣的新知。切記，突破的早期元素看起來不像突破，而是像混雜的資訊。你應該保持開放心態，展現好奇心。

　　在此提供一項訣竅：經常把某些主題擺放在心智的櫃檯，如此一來，當相關資訊擦身而過時，你會更有可能注意到它們。另一項訣竅是，引導人們談論他們熱中的事物。像是詢問他們第一次遇到這項事物的情形，是從第一次遇到就很喜歡？還是漸漸喜歡上的？這項事物吸引人的地方是什麼？你或許可以從中聽到這項事物的歷史、奧祕、最佳實務做法等，都是很值得蒐集的材料。

　　你也應該閱讀和自己有興趣的領域相近的書籍，以及和從事不同但相關領域事業的人交談。假如你是一間醫療照護公司

的經理人，或許可以和零售業或餐旅業的經理人聊天；假如你是企業經理人，或許可以去了解幼兒園的經營之道。

假如你從事行銷或業務工作，可以閱讀有關 19 世紀馬戲團經紀人彼提・巴納姆（P. T. Barnum）的書籍，或是報業鉅子威廉・赫茲（William Hearst）在美國對西班牙的戰爭中扮演的角色。或者，你也可以閱讀 18 世紀美國思想家湯瑪斯・潘恩（Thomas Paine）的小冊論文集《常識》（Common Sense），以及美國獨立革命的相關作品。這些都可能對你有所幫助。

假如你是經理人，閱讀蒙古人如何建立大軍，以及如何讓來自不同文化背景的士兵彼此建立連結，可能會有所助益。或者，你可以閱讀各種傳統文化採行的實務做法，從北美原住民伊洛魁部族（Iroquois）到澳洲原住民，都很值得參考。

假如你是科學家，閱讀有關科學史的文本可能會有幫助，或是閱讀哲學史，看看不同人的思考模式如何掌控他的行為，可能也有助益。或許，你會因此發現自己的思維框限。眾所周知，科幻文學也為許多科學家帶來不錯的靈感。

假如你是創業者，不妨閱讀有關矽谷與之前的創業者的歷史。誰也不知道，這些前輩的故事說不定能激發你的靈感。

　　StartX 是史丹佛大學的創業育成中心，匯集許多聰穎、有抱負、想要在任何產業有一番顛覆作為的年輕

人。其中，許多人有的是構想，卻不知道應該如何付諸實現。有一間公司正在研究穿戴式科技產品，在某次閒聊中，許多位共同創辦人向朱達提及，他們有另一項和智慧型紡織品相關的構想。這項構想不是他們正在 StartX 研發的產品，而是全新的想法。問題是，他們知道這項科技能夠達到什麼目標，但欠缺材質與溫度變化方面的知識。

朱達介紹他們認識他的另外一位客戶，The North Face 的滑雪裝設計師。滑雪裝設計師必須考慮到材質與溫度，因為使用者身處寒冷地區，但活動量大，體溫會跟著升高。因此，穿戴式科技產品公司的創辦人和 The North Face 的滑雪裝設計師的工作領域相近，他們向設計師學習，並獲得大幅進展。

我們很想告訴你，他們最終在市場上推出智慧型紡織品，但可惜，他們發現這項科技還不夠成熟。這是創業育成中心在追求突破時很常面臨的問題，有時候，構想就是無法開花結果。然而，突破性思考並不是就此打住，而是需要學習與再嘗試。本書第二部將深入探討培養突破復原力所需要的技巧。

愛因斯坦為了創造（或發現）相對論，不光是把自己鎖在

房間裡思考，而是幾乎每天晚上都會和一群朋友交談。[22] 他們自稱「奧林匹亞學會」（Olympia Academy），成員包括米格雷‧貝索（Michele Besso）、莫里斯‧索羅文（Maurice Solovine）、康拉德‧哈比希（Conrad Habicht），以及愛因斯坦的妻子米列娃‧馬利奇（Mileva Marić）。

天氣暖和的夜晚，他們就在瑞士首都伯恩的街上散步，或是坐在河堤邊。其他時候，他們會爬上古爾騰山（Mount Gurten），躺在山頂，看著星星，一路聊到破曉，再緩步下山。接著，他們回到城裡，走進咖啡館，用咖啡與各種構想讓話題持續熱絡。

奧林匹亞學會雖然沒有組織階層，卻要求成員必須完全投入。有一次，索羅文為了聽一場音樂獨奏會，沒有出席聚會。於是，愛因斯坦和哈比希跑去他家，吃光他的食物，愛因斯坦抽他的菸斗，哈比希則是抽他的雪茄，直到屋內瀰漫煙霧。最後，他們還把家具與書籍都堆到他的床上。這是為了懲罰索羅文把個人的享受擺在奧林匹亞學會之前。

這個團體的成員來自不同領域，例如詩、哲學等，這些談話幫助愛因斯坦解放思維，讓他得以破解宇宙的奧祕。為了創新，愛因斯坦首先得改變思考模式，這表示他必須接觸到和物理學有段距離的領域。

———————

　　當我們處於解決問題的模式時，不會將文學、藝術與音樂等領域視為有作用或是有幫助的東西。但是實際上，當我們尋求突破時，這些東西對我們的天才議會非常有助益。畢業於麻省理工學院的數學奇才納迪亞・德瑞柯瓦（Nadya Direkova）在 Google 的 X 部門工作，並建立「設計衝刺」（Design Sprint）專案。她修過的課程領域相當廣泛，從攝影學到「如何在這個世界上當一條美人魚」。[23]

　　和相近領域的對象交談時，以下是你可以提出的好問題：

- 如果要向六歲小孩描述你的職業，你會如何說明？
- 你有沒有個人理念或指導原則來輔助你行動？
- 你覺得讓你工作表現優良的原因是什麼？（他們會猶豫不決但又受寵若驚。）
- 如果我是你這一行的新手，你會給我什麼建議？
- 你是否向來確信自己會從事目前的職業，或是你原本有其他的興趣？（如果答案是前者，請問對方為會何有如此強烈的認知；如果答案是後者，問對方現在的職業和原本的興趣有哪些關聯。）

　　如果你擔心自己身陷泥淖、無法產生突破，就試著翻一翻《牛津通識讀本》（*Oxford Very Short Introduction*）系列叢書。這些書都很薄，每本大約百來頁，針對特定主題提供簡要綜

述，涵蓋主題五花八門，從藏傳佛教到分子生物學，應有盡
有。你可以從中挑選兩、三本不同的主題來閱讀，這系列叢書
的好處是，每一本內含的主題有限制、是實體書，而且資訊量
有限。

　　當你希望產生新鮮洞察時，接觸不同年齡層、社會階層或
文化的人，保證會帶來驚奇。或者，你可以從大自然中汲取解
答靈感，這也就是我們先前提到的著名方法：仿生學。

　　日本最早的子彈列車時速約可達 290 公里，車頭又短又
扁。在如此高速之下，列車行經隧道時，往往形成如同颶風般
的風力，震撼附近的住屋，甚至震碎窗戶玻璃。

　　工程師團隊被指派要重新設計車頭，並且減弱行駛時的風
力。他們最後從翠鳥的長喙獲得靈感。

　　翠鳥的喙部讓他們能夠直直潛入水中、幾乎不濺水花。[24]
新設計的子彈列車有著宛若小木偶皮諾丘的長鼻子，模樣有點
滑稽，但行駛時不再形成如颶風般的強風了。

　　當你在尋求解答時，關鍵在於，要提供各式各樣的案例給
天才議會，讓他們看見別人怎麼解決類似的問題。案例的類型
與種類愈多愈好；最後，握有你所需要的解答的「人」或許就
在昆蟲界。

　　辛巴威首都哈拉雷市有一棟名為「東門中心」（Eastgate
Centre）的購物中心暨辦公大樓，它的空調能源用量只有相似
規模大樓的 10％。[25] 因為這棟大樓是模仿白蟻窩的結構來設

計，所以無論室外氣溫高低，室內都能保有優異的恆溫能力。東門中心和白蟻窩調節溫度的原理相同，都是從底層吸入冷空氣，從頂層排出熱空氣；不過，東門中心借助的是兩端安裝在大樓底層與頂層的大型風扇。

有一種突破的形式，就是從自然界裡辨識出等待被發掘的現成解答。舉例來說，廢水處理場曾經面臨的難題是，在積年累月下，水管內壁附有礦物質沉積物，導致水流量減緩。根據以往的做法，工程師必須用有毒的化學物質沖洗水管，把礦物質沉積物排出來。

那些沉積物就是碳酸鈣，成分和海貝相同。[26] 海貝在生長階段，會先有一個蛋白質構成的板模，用來吸取海水裡的離子，附著固定在板模上，就這樣漸漸形成分子聚集的結晶體，也就是貝殼。當海貝生長到成熟階段，會釋放出一種蛋白質，停止結晶化的過程。現在，有一種名為 TPA 的商業化環保產品，就是仿效這種蛋白質，用來阻止結晶形成。

當你在蒐集這些資訊時，建議歸檔整理，例如收在手機的記事本、電腦的檔案夾，或是記錄在以前上學用的筆記本裡。把你蒐集的構想集中存放，方便你一一瀏覽，讓大腦裡的突破天才聚焦，提醒他們必須研究哪些材料。當你為尋求突破而陷入困境時，一項既簡單又有用的工具，就是閱讀你平日蒐集到的構想，並且使用下一章將介紹的其中一項突破練習。

突破的體驗既是具備社交性、向外聚焦的體驗，同時也是

獨立、向內聚焦的體驗。蒐集資訊的行為就具備外向性，縱使你只是坐在電腦前閱讀文章，資訊仍然是來自外界。

　　在填補花園的階段，我們鼓勵各位走出去，和他人交談。這是因為，和他人交談時，我們會將自己的聯想網絡和他人的聯想網絡連結起來，並且形成充滿可能性的新場域。因此，我們研究、閱讀、傾聽、交談、爭論、解釋、被導向新的資訊源頭、觀看影片、上課，以及和不同的人共進午餐，這些都能幫助我們蒐集構想、事實與資訊。

🦋 本章重點

- 終其一生，我們的大腦都具有可塑性，有能力形成新的思想。雖然，多數人的神經系統可能已經走樣了，但我們依然可以提升神經可塑性。
- 不要浪費你的突破多巴胺，白白耗損在電子郵件與手機等讓你過於分心的事物上。
- 鍛鍊是提高神經可塑性與心情的靈丹妙藥，光是練習五分鐘，就會有幫助。
- 當你行動、學習、體驗新事物，神經可塑性就會提高。你可以試驗新動作、新味道、新視覺、新聲音、新故事，一邊動，一邊體驗新東西，將會大幅提升神經可塑性。
- 試試愛因斯坦風格的思考實驗，想像瘋狂的情況或依循不

同規範運作的世界，看看這能帶來什麼刺激或聯想。

- 針對特定主題或問題蒐集大量資訊，讓自己沉浸在這個領域的知識裡。你蒐集的一些資訊將會有所幫助，也可以應用，但多數資訊不是直接有用，但這不要緊。

- 向他人請益。和他人交談能讓你從他們的觀點與洞察中學習，即便看起來無助於事，也要尋求其他領域人士的專業意見。

- 向大自然請益。大自然是長達 45 億年的研發計畫，仿生學可以教我們很多東西。

- 集中筆記，方便日後參考。可以考慮使用筆記本，或 Evernote 等線上應用程式，將資料筆記同步在手機、筆電、桌機等多種平台上。

06
收網：評估天才模式的產出

　　你歷經過突破的體驗，得到一個或者許多個有突破潛力的構想，接下來是不是要立即拿房子來下注？當然不是！這個時候，你必須把執行網絡帶回櫃檯。你有沒有聽過這句話：「醉而寫，醒後改」？現在就是你保持清醒、修改構想的時候。

　　艾德華・狄波諾（Edward de Bono）是世界一流的思考法專家，也是心理學家暨醫學博士，在牛津、劍橋與哈佛等頂尖學府授課，著作甚豐。他提出的思考工具廣為人知，其中一項名為「六頂思考帽」。使用這項經典工具時，腦力激盪團隊會被賦與六頂顏色不同的帽子，每頂帽子代表一種不同的心智框架，也就是說，檢視情況以及得出可能解答的方式也將會不同。

　　藍色帽子聚焦於流程、時間控管，但不忘宏觀大局。

　　白色帽子聚焦於既定事實、數字、指標、現實的狀況。

　　紅色帽子聚焦於情境與解決方案的情感共鳴，包括你的同理心與畏懼心理，此外也注重其他人可能受到的影響。

　　綠色帽子聚焦於創意思考、新的可能性、對情境與解決方

案的新觀點，以及提煉新的構想。

黑色帽子是帶有懷疑心態的觀點，會考量風險、解決方案的潛在問題與阻礙，以及計畫的弱點。

黃色帽子和黑色帽子相反，會抱持樂觀的態度，正向思考，聚焦於可能解方的益處與最佳情境。

六頂思考帽

我們改編這些工具，用來幫助你過濾各種構想，分辨哪些是有潛力的突破，哪些不是。

儘管有些突破可以立即就辨識出來，但重大突破通常是在歷經一連串更小的突破後才到來。我們一路蜿蜒曲折，最終來到重要時刻。這段評估流程，將幫助你辨識與捕捉那些並非大搖大擺衝上舞台、而是靜悄悄現身的構想。幫助你分辨哪些構想是前往突破路上的路標，哪些則是毫無用處的東西。

舉例來說，你有一個潛在突破和團隊必須做的事有關。你已經認知到必須鼓勵團隊更勇於冒險，但同時也要對冒險設下限制。現在，挑選任何顏色的帽子，從那個觀點來檢視構想。你可以用任何順序來推進評估流程。

你或許會選擇先戴上聚焦於情緒的紅色帽子。現在你可以問自己，團隊對於要更勇於冒險會有什麼感覺。他們會害怕嗎？感覺有壓力嗎？還是感覺得到解放？如此一來，你將認知

到，他們的感受部分取決於你如何處理這個議題。

　　然後，當你戴上聚焦於懷疑心態、致力找到問題的黑色帽子，你將看到潛在危機。像是團隊超出預算、面臨截止期限，或是以冒險為名而建造種種無用的模型。團隊也可能演變出另一種情形，那就是去做奇怪的事，卻假裝自己在冒險。如果你譴責他們，他們就會覺得困惑、遭到背叛，因為你鼓勵他們去冒險，卻懲罰他們的冒險行為。結果，你可能因此失去他們的信賴。

　　再來，你戴上白色帽子，檢視現實狀況。你可以分配多少時間與預算用來冒險？不應該碰觸哪些領域？這樣思考可以幫助你設定限制。

　　接著，你戴上綠色帽子，有創意的思考限制條件。你可以事前對團隊訂定哪些合理的限制與原則？你可以限制任何一位團隊成員測試新構想到什麼程度。你可以建立一套系統，限制所有構想經過系統審核，以此減緩流程，並且在流程中設下關卡，每一項新的、有風險的構想都必須通過關卡，才能繼續向前推進。

　　然後，你戴上黃色帽子，檢視每一項新構想的益處。這些構想可能帶來怎樣的成功？

　　你可以再次戴上聚焦於情緒的紅色帽子，思考團隊會對新的限制與原則有什麼反應；接著再次戴上黑色帽子，思考這些反應可能導致什麼結果？

最後，戴上聚焦於流程的藍色帽子，確保自己沒有偏離主題或重點。

只要有幫助，你可以在各種顏色的帽子之間循環，思考不同的觀點。

下一步，向「戴著」不同顏色帽子的人提出你的突破構想。找一個戴紅色帽子、擅長看出事情將如何影響別人、情緒智商（EQ）高的人，向他陳述你的情況，說明你可能提出的解決方法，取得他的紅帽回饋意見。

接著，找一個戴黑色帽子、擅長批判性思考、抱持質疑態度的人，向他陳述情況與可能的解決方法，看他會點出什麼問題，取得他的黑帽回饋意見。

繼續去找戴著其他顏色帽子的人，用明確、直接的方式蒐集他們的不同觀點與意見，幫助你仔細檢查自己的構想。

為了評估你的突破構想，判斷哪些構想值得一試，哪些還需要疊代，或是欠缺什麼元素，你絕對需要取得他人的回饋意見。

史丹佛大學創業育成中心 StartX 裡，有一間新創企業設計出一款應用程式，可以透過智慧型手機追蹤你的行動，針對你當天、當週或當月的行動，編輯出一篇記敘文。這款應用程式並不是這間公司創辦人獲得 StartX

支持的提案，他們不確定是否應該繼續進行。

這正是使用狄波諾六頂思考帽工具的大好機會。朱達在育成中心裡找出六位「戴著」不同顏色帽子的人，他們天生傾向從特定的角度思考。他首先找來戴白色帽子、擅長聚焦於事實與現實來思考的人，她幫助這支團隊用簡單明瞭的詞語陳述構想。接著，他找來戴黃色帽子、擅長思考最佳狀況、態度樂觀的人。團隊給他看白帽思考者提供的回饋意見，於是黃帽思考者提出這套應用程式可能改變世界的種種情境：父母可以在小孩有記憶以前，用這套應用程式記錄他們的生活；孩子可以觀看他們的父母在青少年時期的故事；根據事實記錄的文章可以使政治人物負起責任；研究人員可以用來蒐集與研究相關的人類行為資料。

接著，朱達找來戴綠色帽子的創意思考者，他好奇這套應用程式是否可以用來追蹤寵物的行動；或是建立一個故事混合網路，觀看一群朋友或中學裡一整個班級學生交織的生活經驗。像是關於人類在團體裡會有哪些行為，我們可以從中學到什麼？

這些可能性讓這間公司的創辦人變得振奮，但朱達接著找來戴黑色帽子、擅長抱持懷疑心態思考的人提供意見。這位黑帽思考者指出，目前的技術還沒辦法追蹤那麼多互相交織的故事。此外，為什麼會有人願意付費購

買這個應用程式？人們大概會期望可以免費取得、使用，那麼你們要如何在這個應用程式上銷售廣告呢？

　　還沒結束，朱達找來擅長聚焦於情緒的紅帽思考者。紅帽思考者打了冷顫，覺得這個構想讓人毛骨悚然，感覺像是無時無刻被人跟蹤。如果你開啟應用程式後關閉它，然後再開啟，在開開關關之間，你的生活故事出現片段的空白，彷彿你試圖在隱藏什麼。這給人一股濃厚的「一九八四」感。

　　好戲還沒結束，朱達找來藍帽思考者，他詢問這些創辦人最重要的想法是什麼，以及這個應用程式的本質是什麼。然後，朱達再次找來有創意的綠帽思考者，反覆交流意見後，這些創辦人認知到，他們原本以為這個應用程式是要用來追蹤個人的日常生活。但是，其實這個應用程式可以用在研究領域，先前有人提過這樣的構想，但他們都忘記了。這個應用程式可以用在病患上、用來做診斷，或者只要使用者有意願且樂意接受幫助，就可以應用在其他領域上。

　　這些創辦人在開發的過程中遭遇一些阻礙，我們幫助他們保持突破韌性。有一天，他們和某位醫療科技領域的創業家會面，相談後得知，醫療科技大多聚焦在生物特徵辨識、心率、排汗情形、氧合狀況（oxygenation）上。至於人的活動情況、日常作息，以及這些行為如何

> 影響身心健康，還處在藍海領域。於是，他們合併兩間公司，目前正在進行新一回合的募資。

麻省理工學院教授暨科學與人類動力實驗室（MIT Science and Human Dynamic）總監艾力克斯・「桑迪」・潘特蘭（Alex "Sandy" Pentland）是奧麗薇亞最喜愛的科學家，他強烈建議各位親自徵詢他人的回饋意見。潘特蘭告訴我們：「當事情至關重要時，你需要『豐富』的管道，這樣細膩、互動性的管道讓你可以有意外、自然的發現。而且，（你需要）面對面的直接互動，雙方即時交談、為話題感到興奮、有來有往。這樣才能真正熟悉一項構想。」[1]

這也是麻省理工學院並沒有在其他地點設立校區的原因，因為他們想讓人們面對面互動。沒錯，人們經常指出一項矛盾：「世界上最宅的大學」卻堅持人們要實際面對面互動！

潘特蘭不只幫忙創立麻省理工學院媒體實驗室（MIT Media Lab），也協助指導這間實驗室，他建議：一次徵詢一個人的回饋意見，不要一次詢問一群人，導致大家七嘴八舌轟炸你。他說：「想想馬文・閔斯基（Marvin Minsky）和其他特立獨行的天才。沒錯，這些人是有點古怪，對所有事都感到好奇。他們總是眉飛色舞和其他人談論最近讓他們感到振奮的東西，但他們都是逐一個別和別人談話。他們帶著構想去找 A，

　　和 A 談完之後，根據他的回饋意見修改，再把修改後的結果
拿去跟 B 談。這麼做可以持續測試與驗證他們的想法，逐步
將概念建構成故事。」

　　潘特蘭說的是另一種的模式切換。和前文所說在執行網絡
與預設網絡之間的切換不同，潘特蘭教我們在「和他人交談」
與「退回大腦裡思索」這兩種模式之間切換。

　　這種模式切換，點出我們在尋求突破性構想時的一個重要
弔詭。一方面，我們需要獨處，讓創意找上門來。而且，有無
數的故事都告訴我們，洞察時刻發生的時候，都是人們獨處的
時候。但是，另一方面，我們需要沉浸在構想的流動當中。我
們需要聽聽別人怎麼想、怎麼做，我們需要汲取很多不同的資
訊。

　　潘特蘭的團隊對團體與組織內的構想流動做了最先進的研
究，我們強力推薦他的著作給肩負創新任務的高階主管。（這
本書也已經列入「推薦文獻與資源」。）他以蜜蜂傳授花粉作
為譬喻：蜜蜂會對路過的每一朵花傳授花粉；每一次駐足，他
都會從花朵上採集最好的花粉，帶到下一朵花。

　　請記住這個有效的訣竅：某些花的花粉比其他花朵多很
多。當你找人討論突破構想時，應該找各式各樣的人談話，也
要盡可能找背景多元的人交流。人力資源顧問公司萬寶華
（Manpower）前執行長大衛・阿克利斯（David Arkless）就是
最好的談話對象：他曾經在多間跨國企業擔任高階主管，曾在

組織外部擔任顧問，曾在中國努力爭取更多投資機會，也曾在中東與非洲教導被邊緣化的年輕人各種技能，幫助他們進入世界經濟行列。

組織班底

　　許多突破來自值得信賴又可以激發構想的班底。如前所述，愛因斯坦有奧林匹亞學會的支持；托爾金（J.R.R. Tolkien）和路易斯（C.S. Lewis）曾經交換閱讀彼此的《魔戒》（*The Lord of the Rings*）與《納尼亞傳奇》（*The Chronicles of Narnia*）草稿；納桑尼爾・霍桑（Nathaniel Hawthorne）與赫爾曼・梅爾維爾（Herman Melville）是好朋友，經常通信談論彼此的作品。

　　有班底、有一群信賴且了解你在做什麼的人，將會很有助益。這個班底可以讓你自在分享構想，最好的是，他們也能夠提出疑問，幫你釐清構想，或是把你推向新領域。

　　基斯・理查茲起初聆聽〈無法滿足〉開頭的八個小節時沒什麼感覺，滾石樂團的主唱米克・傑格（Mick Jagger）這樣描述：「我們編寫這首歌時，起初聽起來像民謠，理查茲並不怎麼喜歡，不想把這首歌編完，也不認為它能成氣候。我想，基斯覺得這首歌有些古板，是因為他並沒有認真聽。他太深陷其中，才會覺得這不過是呆板、一再重複的幾個小節。」[2]

　　理查茲沒看出這首歌的突破潛力，但他的樂團夥伴幫他看

出來，還把這首歌編寫得更好。此外，第一次錄製這首歌曲時
並不順利，他們直到第二次錄音才找到感覺。你的班底就像備
用的捕蝶網，可以捕捉你沒能看到或漏補的蝴蝶。

　　朱達某天和在矽谷擔任工程師超過二十年的安德利亞·拉
莫斯（Andreas Ramos）交談，對方提到一則故事，關於他的
同事在 1990 年代中期所做的一項業餘計畫。那位同事正在談
論自己的構想時，拉莫斯和第三人開始幫忙提供建議，幾個人
你來我往的交流構想。最後，他們決定幫助這位名為克雷格
（Craig）的同事撰寫程式，建立他構想的分類廣告網站。沒
錯！這位同事就是 Craigslist 網站的創辦人。

仿生你的大腦

　　那麼，你該如何組織可靠的班底呢？應該邀請誰加入班底
呢？首先，找到擅長六頂思考帽當中一、兩種思考模式的人。
不過，還有一個必須深思的問題：你的班底應該具備哪些技
巧，才能提高產生突破的可能性？

　　從設計的觀點來看，大自然是大師的講堂。人腦的設計經
歷數百萬年一再的疊代、測試、適應、再次疊代的過程。建築
師能夠從白蟻窩的結構學習如何節省能源，工程師能夠從翠鳥
長喙領悟空氣動力學，你也可以想想，藉由仿生大腦的突破天
才議會，你可以得到什麼想法。

　　模仿大腦預設網絡的運作方式，以下是你的班底或團隊應該尋找的成員特質與性格類型：

成員特質

　　同理心：善於站在別人的角度思考、天生能感受他人可能對新構想做出什麼反應的人。通常我們難過的時候，會去找這種人。

　　脈絡聯想：任職或是曾任職於不同產業的人；有雙主修科目的人，例如數學與詩學、法文與經濟學；深深熱愛某項興趣、而且興趣和工作差異很大的人，例如修練太極拳的電腦程式設計師，或是喜愛繪畫的高階主管。

　　記憶：歷史學家或對歷史感興趣的人，可能記憶力不錯。曾經在類似領域有成功突破經驗的人，曾經尋求突破、並且省思經驗的人，可能也會有所幫助。

成員性格

　　行家：你的班底中應該有人了解市場、公司、文化的脈動，知道未來五年的預期發展情勢，以及即將在六個月內發生的重大事件。這個人能夠評估你的突破構想是否夠新穎、與眾不同，是否符合文化的發展趨勢。

　　創造者：機械工程師、設計師、建築師等，能夠繪製與建造原型，把構想變得具體的人。你必須腳踏實地尋求真正可行

的做法。

　　理論家：對主題有深度知識的人，縱使他們可能沒有嘗試過打造物品，但他們深入鑽研過主題。理論家往往能夠為那些只關心如何應用構想的人，提供他們可能沒注意到的深刻型態辨識與新洞察。也就是說，不要排除年紀稍長的人。

　　通才：這些人具備廣泛的知識，也善於取得新資訊。他們會學習新事物，並將新事物和其他事物融合、連結起來。就算是傾聽不熟悉的主題，他們可能也會有重要貢獻，因為欠缺知識能讓他們敞開心智，容易產生有幫助的連結與洞察。

　　和團隊模仿大腦突破流程時，還有兩個可以採行的做法。第一個方法是添加催化劑。

　　當你沒有專注在特定工作或活動時，不只有腦力會回流到天才休息室，大腦裡司掌記憶工作的海馬迴（hippocampus）也開始幫你把學到的所有新事物建立記憶。海馬迴有個怪癖：在生成新記憶的同時，會把幾個片段，也就是片段的資訊，丟進天才休息室。這也是你應該持續蒐集新資訊的原因，這些新資訊會成為你的天才休息室的催化劑。

　　所以，為你的天才議會班底添加催化劑，會是相當不錯的做法。

實作練習：為天才議會添加催化劑

- 加入新成員或（以及）任意一位成員。
- 搬到新居住地，或是在不同的地點工作。
- 擬定一小時內完成的荒謬目標，例如在一小時內收集辦公室裡所有的橘色便利貼。
- 閱讀某本書裡的一、兩頁。
- 觀看某部電影的其中一幕，或是看完整部電影。
- 分享特定故事，例如你經歷過最糟糕的假期，或求學時代最棒的一天。
- 研究任何事物的歷史，例如一棟建築、一項運動、一個國家或洞窟藝術。

　　模仿大腦的突破流程時，第二個可以採行的做法是，指派某人擔任類似大腦「執行網絡」的角色，或是由隊長擔任，做法如下：

1. 提名某人擔任執行網絡
2. 獲得大家一致同意。
3. 執行網絡宣布問題，讓團隊聚焦討論，就算大家已經知道問題是什麼也沒關係。
4. 執行網絡退出，團隊開始討論。

5. 執行網絡介入，指出某個特別令人好奇的構想，
   或是建議討論方向，然後再度退出。

持續循環步驟，被指派的執行網絡必須扮演好天才議會的
引導角色，避免團隊掉入太多陷阱。

對突破構想進行思辨

紀良育是矽谷著名的創新者，我們發現，他進行腦力激盪
的方法與原則，非常適合用來和值得信賴的班底一起檢驗突破
構想。這套方法結構完整，你也可以邀請其他人加入流程。

1. 首先，讓每個人說說看可行的突破構想，把構想
   寫在板子上。選定目標，例如總共要提出十五項
   可行構想。
2. 不要用條列的方式寫下構想，而是在板子上隨機
   寫下構想。不要列表、不要排序、不要從上方或
   下方等特定方向依序書寫。
3. 在每一個構想旁邊畫一幅圖。圖畫會啟動大腦的
   另一個部位，也就是非語言區的部位。

紀良育告訴我們：「這麼做是為了把通常線性、有順序、

以語言描述的東西，變成非線性、平行且視覺化的樣貌。」[3]

接下來的步驟非常重要。

4. 告訴所有人盡量不要評斷。試著敞開心胸，不要
　　發表任何意見，不要把你的自我意識加諸到板子
　　的任何一個構想上。

紀良育建議，在三十分鐘內達成目標，提出十五項可行的構想。接著，建立過渡時刻，做法如下。

5. 安靜兩分鐘。請所有人認真檢視板子的內容，讓
　　大腦開始產生連結。

安靜檢視板子上的內容，是為了清出大腦的空間，讓執行網絡指示預設網絡的天才休息室開始建立連結。這樣做可以建立儀式，讓所有人進入他們的聯想狀態。

6. 請參與者將他們覺得有關聯的構想連線，並且在
　　板子上畫出連線，用不同顏色的筆代表不同的關
　　聯性。（板子很快會變得像一張蜘蛛網，但沒關
　　係，連線的數目會自然慢慢減少。）

7. 請參與者說明他們看出哪些連結的故事，並解釋

構想如何產生關聯。這些故事將鼓勵參與者進一
步建立連結。

8. 互相連結的構想形成群集，等到出現六個、八個
或十個群集時，詢問參與者對這些群集的看法。
請他們用 1 到 10 分，為這些群集打分數。

9. 只檢視平均得分在 7 分以上的群集。

這套流程能讓你和你信賴的班底仔細檢視並思考你的突破
構想，找出所有可能性，探討構想是否行得通。或者，你們可
能看出其中某些部分行得通，但某些部分還不夠，或是需要更
加深入思考。

設立界限

燈泡不是愛迪生發明的，燈泡的第一項專利於 1841 年在
英國頒發，不過，愛迪生在四十年後的確打造出第一顆可以商
業化的燈泡。這種燈泡並不是由愛迪生獨自打造出來。德國科
學家赫曼・馮荷姆霍茲（Hermann von Helmholtz）推薦普林斯
頓大學的碩士法蘭西斯・羅賓斯・厄普頓（Francis Robbins
Upton）給他，自學的愛迪生向來看不上出身大學的人，但還
是決定雇用厄普頓當助理，讓他開始研究燈泡。

為了找到適合當燈絲的材料，厄普頓設立了界限。第一項

限制是燈絲必須具有高電阻率，所以不太會耗電；第二項限制是發光時不能產生太多熱能，所以低電量就能產生作用；第三項限制是必須夠亮；第四項限制是燈絲的壽命必須持久到足以符合成本效益。

設立界限後，厄普頓與團隊列出一張符合條件的詳盡材料清單。他們逐一試驗每種材料，直到找到可以使用一千兩百個小時的碳化竹絲。

厄普頓用他建立的界限來尋找突破，你也可以用界限來評估天才模式的產出。朱達把這項工具帶到基因科技製藥公司的一支研究團隊裡，這些研究人員抱怨，產品很難符合聯邦法規。於是，朱達讓他們把必須應付的法規全部列出來，然後用這些規定設立界限，讓他們在界限上砌出圍牆。

界限清楚定義研究人員的工作範圍，也聚焦他們的心力，讓他們從一開始就接受法規，而不是一頭撞上法規。並且，他們反而運用這些法規來定義研發的範圍。

接著，朱達請研究人員分享假設，他則幫忙寫下假設。然後，他逐一列舉假設，詢問團隊：「這項假設正確嗎？」像這樣共同公開檢視構想，讓他們可以挑戰每一項假設，把不適合的項目刪去。於是，團隊的信心開始增加，幹勁也跟著提升。

藥物研究雖然是一條漫長、複雜的路，研究團隊至今仍在使用界限與挑戰假設這兩項工具。

用圖像把工作流程視覺化，也是很有幫助的做法。

- 思考阻擋在你與你追求的突破之間的所有限制。舉例來說，假設有八項限制。
- 畫一個大立方體，確保中間的留白空間夠大。
- 在立方體的邊緣畫上八個正方形。
- 在每一個正方形裡寫上一項限制。

現在，你有一個界限，中間的大片留白空間是你的解決方案空間。最重要的是要畫得很大、留白夠多，你才能把它視為機會空間，而不是束縛空間。

你可以用這個界限採取兩種做法。你可以檢視突破，查看它是否符合限制；你也可以用界限來設立條件，然後開始讓你的心智漫遊。

現在，請在界限之外、白紙邊緣的地方寫下所有假設。寫出和這些限制相關的所有假設，以及你正在追求的突破。把這些寫出來，你就可以回頭檢視，看看這些假設是否真確。你就有機會測試、推敲。假如某項假設錯誤，你就能移除一項限制，而當界限突然出現開口，突破就有機會溜進開口。

不過，更重要的是，界限可以為預設網絡建立產生突破的舞台。界限會對你要解決的問題設下參數，只要列出假設，就可以提供空間，讓你的預設網絡測試可能的突破構想。

採取行動

　　想知道一項構想到底是不是突破，就拿來試驗、把玩看看吧。我們經常抱著突破構想，卻沒有把它放進真實世界裡進行田野測試。盡管去做、測試構想、執行構想，並且採取行動吧。這就是模式切換存在的原因。如果你只是在預設網絡裡構思，那就不是突破。你必須採取行動，用執行網絡把構想推到現實世界。當你捕捉到一隻蝴蝶，你必須確定牠能飛舞。

🦋 本章重點

- 當你完成研究、蒐集資料、發現新構想後，接下來就應該進行評估。

- 艾德華・狄波諾的六頂思考帽是分析構想的好工具，我們非常推薦他的著作《六頂思考帽》（ *Six Thinking Hats* ）。

- 你的構想需要取得他人的回饋意見。他們將為你提供新的洞察，也幫助你找出可能的盲點。

- 組織班底，讓可以輔助你的人環繞在身邊。他們將提供回饋意見、補充知識，幫你建立重要的連結，甚至幫你執行突破構想。

- 仿生你的大腦。仿照創造突破的大腦部位來組織班底。記得添加催化劑，並指派某人扮演執行網絡的角色。

- 採取更開放的心態來運用紀良育的批判性腦力激盪法。在板子上盡可能寫下更多構想，找出構想之間的連結，然後安靜片刻為連結創造敘事，當構想的群集出現時，為這些群集評分排名。
- 建立限界。寫出所有限制條件，形成一個大方框。方框中間大片的留白空間會為你定義突破空間。
- 把你的構想放到現實世界中，看看會發生什麼事。

第二部

天敵

07
蜘蛛：畏懼的心網

　　你是否曾經因想像裡的負面情境太生動而激動不已？例如，你走在街上，感覺到口袋裡的手機在震動，取出手機，看到主管或同事傳來的簡訊寫著：「吃完午餐回到辦公室以後，請來找我，我們需要談談下週的簡報。」你腸胃一縮，恐懼流竄全身，冷熱齊襲。

　　你心想：「天哪，我把簡報搞砸了，我就知道自己做錯了！」走回辦公室的路上，你開始回想過去一週，試圖找出所有暗示失敗的跡象。吃午餐時，同事喬許看你的眼神有點奇怪；還有，艾美說過「需要挑燈夜戰」。你現在明白了，原來那些都是針對你而來，因為簡報沒有打到重點。現在，你不僅認為自己準備不足，還覺得人人都知道這件事。

　　你心想：「我鐵定會被炒魷魚。我不可能在這座城市找到另一份工作，到時候，我得搬家，孩子得轉學，還得在市場這麼低迷的時候賣掉房子。簡直一無所有。」

　　這種接二連三的負面想像，心理學稱為「災難化思維」，

會讓人把普通事件解讀成重大威脅。災難化思維導致的畏懼心理，是束縛突破蝴蝶的一項重大阻力。

　　我們會產生災難化思維，部分原因是在要心理上為最壞的情境做準備。你並沒有發瘋，因為這些情境都有可能發生，畢竟你也不是擔心異形入侵地球。你想像的情境確實曾經發生在他人身上，也可能發生在你身上。但是，這些想像毫無根據，你讀過簡訊後所想像的一切，純粹是猜測事情會朝著災難的方向發展，並不是根據實際證據，而是源自你的情緒反應。

　　過去，這種反應也許曾經幫助你，讓你對最壞的情況有所準備。不過，有部分的你很享受這種災難化思維，因為當你出現應戰或逃跑的反應時，會分泌大量的腎上腺素與其他神經化學物質。弔詭的是，災難化思維可以讓你感到更安全，因為你會認為：「至少，我不會措手不及，至少我可以有所準備。」

　　我們根深柢固的本能會去想像最壞的情境，因為這種傾向在過去可以讓我們存活下來。大自然「希望」我們有災難化思維，因為對未來的樂觀期待可能帶來更快樂的人生，但樂極也可能生悲。確保我們能生存下去的神經系統最早出現在水母身上，就是為了搞清楚最重要的事：「我可以吃這個嗎？或是我會被吃掉嗎？」

　　錯失吃某個東西的機會沒什麼大不了，還會有別的東西可以吃；但是，如果忽視某個東西即將吃掉你的徵兆，那就是攸關生死存亡的大問題了。聽到樹枝斷裂聲，卻不驚慌的人類是

誰？他們不是我們的祖先，而是別人的晚餐。因此，人類演化成傾向特別留意負面資訊，特別受到災難化思維的吸引，就像我們對脂肪與糖的偏好如出一轍。

但是，如同脂肪或糖，災難化思維雖然曾經對我們有所助益，如今卻導致我們的大腦停擺。[1]更糟的是，因為神經具備可塑性，你使用得愈頻繁的心智路徑，行進軌跡就刻劃得愈深，未來就更容易落入相同的軌跡。歡迎來到負向偏誤（negativity bias）的思維，比起正面資訊，我們遠遠更加留意負面訊息。

除了負向偏誤，我們還有確認偏誤（confirmation bias），傾向選擇性保留可以確認我們先見之明的資訊。很不幸的是，在負向偏誤的作用下，我們會再次注意到預期中負面的事物。

相較於強度相同的正面事物，負面事物引發的神經活動更加旺盛，我們能夠更快辨識出負面的事物。比起愉悅的面孔，我們會更快速、更容易看到憤怒的面孔。甚至，相較於快樂，我們從痛苦中獲得更多學習。

我們腦部負責發出警訊反應的杏仁核（amygdala），會使用掉三分之二的神經元去留意負面的事物；這些負面事物幾乎立即就被儲存到記憶區，那裡存放種種我們得留心注意的東西。正面的事物則必須先在意識裡停留十二秒，才會被轉移至長期記憶區。這也是我們需要感激、沉思與慈愛的原因：我們需要讓大腦聚焦於正面的事物，才能確實記住它們。神經學家

李克・韓森（Rick Hanson）這麼形容：「面對負面體驗時，大腦就像魔鬼氈；但是面對正面體驗時，大腦就像鐵氟龍。」[2]

從生存本能的角度來說，失敗可能直接導致死亡。誤判利牙老虎的速度，可能會喪命；沒聽到樹枝斷裂的警示聲，可能會被壓死。

失敗也可能導致失去地位，間接導致死亡。所以，才會出現「獅子的那一份」（the lion's share）的說法，來代表最大的那一份。權力與地位愈低的人，獲得的資源愈少，一旦被逐出部族，就必死無疑。我們的本能與傳統智慧似乎向我們傳達兩個訊息：

1. 失敗是壞事。如果你失敗，就表示你做錯了什麼事；做錯事，就該受到懲罰。懲罰很丟臉，因此，你必須不惜一切代價避免失敗。失敗很丟臉，一旦失敗，就是輸家，團體會避開你。

2. 失敗可以避免。如果你失敗，就表示你做錯了什麼事。因此，為了避免失敗，你應該把所有事都做對。

我們將在接下來幾章裡看見，害怕失敗的心理與失敗的經驗無可避免。因此，你必須學會好好處理失敗，尤其是失敗可能阻礙突破的過程。本章將探討害怕失敗的心理，下一章則教各位如何處理失敗的經驗。

本章主旨在於了解我們為何畏懼失敗、這種思維從哪裡來，以及如何應付它。你將會看到，害怕失敗的心理將如何影響我們的身心，以及害怕失敗最常見的表徵：冒牌者症候群、內心自我批評、完美主義。你也會學習到如何處理這些表徵，讓失敗不再阻礙你的突破過程。

畏懼心理無可避免

畏懼心理是突破過程中無可避免的一環，無論你是刻意尋求突破，或是意外體驗突破，差別只在於畏懼心理什麼時候出現，以及畏懼心理被導向什麼地方。

針對刻意尋求突破的人而言，畏懼心理出現在突破之前。你想要突破，是因為你認為突破的結果將會很美好。因此，你並不害怕採取行動的結果（儘管在執行階段，也是有可能出狀況）。你畏懼的是追求突破的結果：萬一你沒有獲得所追求的突破呢？萬一你只是浪費時間、金錢與心力，結果一無所獲呢？

儘管如此，我們必須接受失敗的可能性，應付這樣的畏懼心理。刻意追求突破，例如商業或科學創新突破，必須抱持接受失敗的意願，認知到你試圖達成的目標可能無法如願。如果你不願意失敗，就只會去做萬無一失、必定成功的事。已經有人做過的事，可以肯定會帶來成功，因此根據定義，這就稱不上是創新。所以，如果你不願意冒失敗的風險，就無法創新。

多數成功的創新突破，是無數次疊代後獲得的結果，這也表示，其中經歷無數次的連續失敗。或者，如同加州大學（University of California）柏克萊分校哈斯商學院（Berkeley Haas School of Business）企業創新研究所（Institute for Business Innovation）執行總監亞當・柏曼（Adam Berman）所言：「創新是一種演進，不是革命。」[3]

刻意尋求突破時，你畏懼的是無法獲得突破，這種害怕失敗的心理可能阻礙你，讓你不去嘗試為了求得成功必須採取的所有行動。

另一方面，獲得意外突破時，畏懼會在突破出現之後現身，但毒害不亞於刻意突破的阻礙。意外突破未必總會受到歡迎，而且往往是長期來說有益，但短期之內會讓人非常不快，例如，你突然認知到：「噢，我必須離婚。」

意外突破可能看似出乎意料，但實際上在我們看來，這是一個長期過程的結果，只不過你沒有意識到。不同於刻意尋求突破，意外突破不需要謹慎計畫去「試圖」採取某項行動，或是「嘗試去做什麼事」。因此，你不會害怕自己無法獲得突破。你可能實際上正一路進行試驗、一路朝突破邁進，但並沒有察覺自己在做這件事。

我們可能擔心：萬一這個突破最後證實是錯的呢？如果我仰賴這個突破取得成果，但最終卻像白痴忙得團團轉呢？就算這個突破是對的，照著做會有什麼後果？或者，我獲得突破，

也確認突破可以解決問題，但我太沒用，無法改變狀況怎麼辦？假如我試圖追求個人的突破，但卻失敗了，這是不是代表我永遠無法翻身？種種擔憂，不勝枚舉。

刻意突破讓我們害怕無法獲得突破，意外突破則讓我們害怕採取行動。

無論是在突破出現前或突破出現後，你都會心生畏懼，這是突破路上的必經過程。因此，你最好學習如何克服畏懼，否則，你可能會被嚇得無法動彈。就刻意突破來說，畏懼可能阻礙你嘗試，阻撓你達成突破；就意外突破來說，畏懼可能阻礙你執行突破，導致突破變得毫無用武之地。

阻擋突破的路障

你是否曾經在觀看悲痛的電影時流淚？你清楚知道這不過是電影，你也知道那些演員樂於假裝自己即將壯烈死去，以此換得一筆好片酬。但是，當大腦看到螢幕上的情境，無論你喜歡與否，眼淚都會奪眶而出。所以，人們稱這種電影「賺人熱淚」也不是沒道理。

其實，你甚至不需要電影場景的刺激，也能自行體驗這種效果，也就是說，你可以自己產生這種體驗。請閉上眼睛。（我的意思是，在這之前請先讀完下列說明。）

想像你站在沙灘上，沙子非常燙腳，很難受。

想像你把腳伸進下層比較涼的沙子裡，感覺得到舒緩。

想像有人遞來一杯瑪格麗特，你取下杯緣的檸檬片咬一口，感覺酸味在舌頭上擴散。你有沒有感受到味蕾正在分泌唾液？

現在，想像你在一間教室裡。想像自己站在黑板前，用指甲刮過黑板。

如果這讓你的肩膀縮了一下，我們在此致歉。你眼前沒有黑板、你口中沒有檸檬，而且除非你是在沙灘上閱讀本書，不然你的腳底也沒有沙子。但是，你的心智對這些純粹的想像事件產生相當真實的生理反應。

當你對即將到來的績效評估感到焦慮，會發生什麼事？你聚焦在所有你認為可能出錯的東西上，突然之間，你的掌心冒汗、脈搏加速。怎麼會這樣？畢竟你現在並沒有在績效評估會議的現場啊！其實，這是因為我們的大腦並不善於區別想像與事實，當你想像某個情境時，大腦往往會發出實際的生理指令，就像面對現實情境的時候。4

當你想像自己的失敗時，這些情境可以引發真實的神經反應，啟動你在受到威脅時會產生的反應。5 縱使你並沒有真的失敗，光是害怕失敗的心理，就能引發應戰或逃跑的反應。

這種自動反應的作用是廣為人知的現象。當斑馬被獅子追著

跑的時候，壓力荷爾蒙會加速斑馬的心率與氧合作用，把身體裡的資源從沒有必要的功能（例如消化）當中短暫抽離，所以斑馬被獅子追逐而逃跑時，會立刻透過調動資源來「減輕負擔」。[6]

同樣的，在壓力之下，人體會分泌腎上腺素與皮質醇等壓力荷爾蒙到血液裡，把所有資源導向重要的應戰或逃跑功能：加快心跳與呼吸速率、肌肉反應，以及提高視覺與聽覺敏銳度等。

著有多本以壓力生理學為主題書籍的伊絲特・史登柏格博士（Dr. Esther Sternberg）解釋：「生理上的壓力反應機制其實對我們有益，可以加速心率，把血液從腸胃轉向肌肉，讓我們得以逃跑；收縮瞳孔，讓我們集中注意攻擊者；擴張肺部支氣管，增加血液氧合作用；以及，把儲存在肝臟的熱量轉化成增加肌力與耐力的燃料。」[7]這些生理反應是為了幫助我們生存而設計。

這時，你的身體不再憂心如何多活十年，而是利用這些反應讓你多活十分鐘。你的肌肉修復系統、消化系統、免疫系統等「非緊急」的功能會暫停活動，和斑馬身體內的反應相同。除此之外，認知推理等「非必要」的功能也會暫停。換句話說，當應戰或逃跑的反應啟動時，由於理性思考對存活來說無關緊要，於是被暫停。*

---

* 作者注：這或許可以解釋，為何許多專案經理面臨負責的專案出包時，往往會做出糟糕的決策。

　　生理上的壓力反應機制是瞬間爆發的反應，讓我們在很短的時間內就能讓身心處於強而有力的狀態，把大部分的資源集中用於生存。我們無法、也不應該長期處在這種狀態裡。

　　在非洲大草原上，斑馬被大型貓科動物追逐而幸運逃脫後，牠會放慢速度、停下腳步、坐下，接著開始劇烈顫抖。我們可能把這種反應解讀為恐懼，實際上，顫抖是在幫助斑馬從壓力荷爾蒙的控制中解脫，因為牠根據本能已經知道自己安全了。當斑馬再度站起身時，早就恢復先前放鬆的生理狀態，身體裡沒有壓力殘餘。

　　應戰或逃跑的系統如此強大，是因為這是由神經元對神經元的直接連結所構成的機制。也就是說，神經元是透過電流來彼此直接溝通，跳過傳導速度比較慢的神經化學物質跨突觸間隙作用。就好比你的理性思考功能是經由馬車傳遞指令，而應戰或逃跑系統是用聯邦快遞在傳遞資訊。

　　負面資訊的存在是為了讓你採取行動，不管你是要解決問題，或是擺脫現況。我們會產生畏懼或焦慮之類的感覺，部分原因正是要推動我們採取行動。

　　有時候，強烈畏懼帶來的不安感受是非常恰當的反應。如果你處於生命受威脅的危險狀況，當然希望身體把所有資源集中起來，確保你當下得以生存。但是，在文明的現代世界，只有少數狀況需要你做出應戰或逃跑的反應。在多數情況下，我們的本能反應實際上對我們不利。

畏懼如何影響心智

回想一下這些經驗，你在考試中腦袋停頓，或者更糟糕的是，你在舞台上動彈不得。你就像是被汽車頭燈照到的鹿，全身僵硬、心跳加快、掌心冒汗。你試著想起自己應該做什麼事，腦袋卻一片空白。比較高階的認知功能停止運作。

高強度的壓力會導致心智宣布身心進入緊急狀態。於是，心智做出反應，關閉它認為不必要的功能。不幸的是，這表示當我們可能最需要認知能力時，身體卻把這項功能關閉了。當我們處在焦慮中，很難想起這套機制的運作模式，但是請放心，這種反應完全正常，原先的設計是為了我們的好處著想。

史丹佛大學臨床應用情緒神經科學實驗室（Clinically Applied Affective Neuroscience）主任菲利浦・高汀（Philippe Goldin）告訴我們：「威脅反應可能挾持我們的注意力，讓我們回復到非常簡單的心智運算，採取慣性、自動的解決方式。」[8] 神經領導力研究機構（NeuroLeadership Institute）創辦人大衛・洛克（David Rock）解釋：「威脅反應會削弱我們的分析思考力、創意洞察，以及解決問題的能力。」[9]

我們在此討論的畏懼心理，會透過社會抑制行為顯現出來，表現的形式包括：冒牌者症候群、內心自我批評、完美主義，以及完美主義的近親「極大化傾向」（maximizing）。

社會抑制基本上就是害怕「別人會怎麼想」，這種害怕自

己顯得很愚蠢，或者擔心受到評判的心態，是社會覺察的另一面。毫無疑問，社會抑制對我們有益，是讓我們變得文明的其中一股力量；但是，它也有缺點。只有司掌抑制行為的大腦額葉安靜下來，才可能產生洞察。

但是，這些抑制機制的問題在於，它會一併抑制那些可能帶來重大突破的想法與構想。在某些案例中，前額葉退化導致社會抑制降低，反而引發繪畫、藝術等創意的泉源。向來缺乏藝術細胞的人，突然變成富有創造力的藝術家。[10]

在取得突破或執行突破的路途上，社會抑制可能是你會遭遇到的最大阻礙。難道這表示你應該主動損害大腦額葉嗎？當然不是。你可能聽過費尼斯・蓋吉（Phineas Gage）的故事，他在1848年的一場鐵道事故中傷到大腦額葉。儘管劫後餘生，他卻變得「喜怒無常、無禮，不時口吐粗俗的髒話」，和以往判若兩人。[11]這個男人「令人厭惡、粗俗、無禮、下流到社會無法容忍的地步」。[12]。我們需要額葉，才能在社會中生活。

不過，設法讓額葉「沉睡」，是千古以來尋求創意的方法。「醉而寫，醒後改」完美捕捉大腦的運作模式，貼切描繪出突破性思考的完整過程。

醉而寫：飲酒會使負責社會抑制功能、如同監視器般的額葉安靜下來。你讓執行網絡靜止，讓預設網絡活絡運作，以產生大量的突破性思考。

醒後改：接著，你讓執行網絡再度上線，進行過濾、評估

與排序。這是聚斂性思考（convergent thinking）與批判性思考活躍的階段。

　　社會抑制出現在我們大腦的前額葉皮質裡，在我們的心智中則是以「冒牌者症候群」與「內心自我批評」的方式出現。

冒牌者症候群

　　當成功、能幹的人自認為知識不足，因此經常害怕被揭穿自己是假貨，就稱為「冒牌者症候群」。這是一種根深柢固的心理，大多數人都會在人生中的某些時候出現這種感覺，總認為自己不夠好。

　　自從心理學家首度辨識出冒牌者症候群後，根據研究指出，超過70％的人曾經有過這種感覺。[13]

　　冒牌者症候群也是干擾我們進行突破性思考的阻礙。假如你自認為不了解自己正在做的事，把心力耗損在害怕別人會發現你的不足，又怎麼可能會相信自己能洞察以往沒有人看出來的事物呢？你能想像愛迪生自認為「不是發明家」，或者賈伯斯時時擔心自己「哪有設計電腦的才能」嗎？

　　然而，儘管看似違反直覺，冒牌者症候群其實最常發生在高績效表現的人身上。當我們在哈佛大學、耶魯大學、史丹佛大學或麻省理工學院談到這種心理狀態時，全場安靜到連一根針掉在地上都能聽得一清二楚。當學生們得知這種感覺確實存

在，並不是只有自己會這樣想的時候，我們看見他們都鬆了一口氣。《蝙蝠俠》系列電影的製片人麥可・烏斯蘭說，他現在在片場還偶爾會有這種感覺，他告訴我們：「我仍然有這種感覺，總覺得某位保全人員會向我走來，把我趕出去。」

冒牌者症候群可能是激勵志氣的有效工具，讓我們比別人更努力。但是，代價呢？首先，你某部分的大腦會一直被這種想法占據。你得和它爭辯、試圖推開它，或是躲開它。其次，不管你的大腦根據什麼標準評斷成功與否，如果沒有「足夠」的成功案例，就會啟動交感神經系統，關掉你的創造力。再者，最糟糕的是，它會阻擋你做出突破創新所需要的冒險行為。

現在，我們終於有工具能應付冒牌者症候群。不過，光是知道這種感覺有多普遍，就足以幫助我們減輕作用，降低影響。所以，各位讀到這裡，已經踏出第一步了。

冒牌者症候群的基本思維是，根據印象認為自己沒有能力勝任某份工作、某種活動，或某項職務。在本書中，則是自認為沒有能力創造突破。

這種意象，也就是對自己的印象，正式名稱叫作「自我形象」（self-image）。簡單來說，就是我們對於自己的性格、能力等層面的看法。[14]

自我形象一旦成形，人們就會發展出維持自我形象的強烈傾向，進而影響到他們偏好關注哪些事物、出現哪些選擇性的記憶，以及願意接受和自己有關的哪些評價與觀點等。換句話

說，自我形象成為自我持續（self-perpetuating），總是對事物抱持偏見，也對其他意見或狀況充耳不聞。

應付（或甚至擺脫）冒牌者症候群最有效的方法，就是改變自我形象。

在進一步探討前，我們在此提供兩條捷徑，幫助各位試著改變主控權，讓冒牌者症候群不能再發揮作用。

捷徑 1：改變標籤

試著改變你渴望達到的狀態的名稱，查看有沒有其他說法更能符合你現階段的自我形象。舉例來說，奧麗薇亞從來不認為自己有創意。她足智多謀嗎？是的。她頭腦靈敏嗎？沒錯。這兩個形容詞都讓她感到自在，但「有創意」就讓她感到不自在，因為這不符合她的自我形象。在她看來，這個形容詞應該屬於有設計鑑賞力的藝術家，以及從事音樂、繪畫或戲劇等創作工作的人。對她來說，創造力無形、難以捉摸，她無法看到輪廓。不過，在「頭腦靈敏且足智多謀」的自我形象下，她得到同等的創造力。

捷徑 2：翻轉情境

想想看，在你的個人經驗、性格或學歷背景當中的哪

些部分，冒牌者症候群的影響力最大，讓你感覺自己像個假貨？每次只針對一個部分，把情境翻轉過來。

　　例如，把「我太年輕，無法勝任這份工作」翻轉過來，變成「我的年紀是一大優勢，因為……」因為你對新科技認識比較多？對同年齡的客層更了解？更願意冒險或嘗試新事物？

　　或者，把「我沒有在這個產業任職的經驗，所以我不是產業裡的專家」翻轉過來，變成「我不是這個產業的專家，反而成為我的一大優勢。因為這個產業已經有多到數不清的專家，不需要再多一個。而我擁有大量新觀點與不同的經驗，我可以把在這個產業以外學到的東西，帶來應對我們面臨的問題」。諸如此類。

　　微軟黑帶團隊工程師凱文・紹爾說：「在微軟，冒牌者症候群已經普遍到有自己的人生的地步了。我們最著名的技術專家撰寫一個有關冒牌者的部落格，公司內部經常引用他的文字。[15] 當個冒牌者，簡直比不是冒牌者更『潮』呢！」

　　當自我形象時阻擋你採取行動的時候，下列三項限制可以派上用場，幫你改變自我形象。大腦在這三方面的概念相當弱：

　　程度：處理一連串小事的難度可能不亞於處理一件大事。

我們的大腦天生不善於排序，你可以利用這點，把持掌控權；這是一種「小贏」的科學。哈佛商學院教授暨研究主導人泰瑞莎・艾默柏（Teresa Amabile）在個人與團隊的創造力與生產力、組織創新、工作與生活心理學等領域有許多重要研究。她發現，即便是小贏，也能對人們的內心狀態產生極大影響力。她寫道：「研究參與者報告的許多進展事件，其實只是向前推進了一小步，但這些小進展往往引發很大的正向反應。」[16]

時間：三十年前發生的一樁強烈事件，可能讓你感覺「宛如昨日」。也就是說，重點在於事件有多強烈、有多容易回想，而不是事件是多久之前發生。

想像與現實的差別：如前所述，我們的大腦並不善於區別想像與現實。[17]

接下來，我們要示範如何使用這三項限制，讓情況對你有益，一步步幫助你改變自我形象。

步驟1：定義目標

你想要怎麼樣的新自我形象？靜坐冥想教師暨《全然接受這樣的我》（Radical Acceptance）作者塔拉・布萊克（Tara Brach）說，你可以這樣問自己：「如果你不相信自己有重大的缺點，你會變成怎麼樣的人？」[18] 你需要什麼樣的自我形象，才能達到目標？也許，你希望把自己視為願意冒險的人。或

者，你希望自認為是有創意的人。

步驟 2：蒐集證據

　　回顧你的過去，找出至少五件創意行動，你展現創造力的五種方式。這些證據可能是重大的創意行動，例如，我有一次為整個專案找出解決方案；也可能是小小的創意想法，例如，我今天早上找到一條路可以避開塞車。請注意，重點在於量，不是質。別忘了，你也可以把「創意」改成「足智多謀」或「頭腦靈敏」。

步驟 3：展示證據

　　1981 年，哈佛大學心理學教授艾倫・蘭格（Ellen Langer）和同事招募到兩組年長男性，協助他們進行一項研究實驗。[19] 這群七、八十歲的男性被帶往新罕布夏州（New Hampshire）一處隱蔽的修道院與世隔絕。抵達修道院後，他們彷彿來到時間被倒轉的世界。周遭的事物都來自 1950 年代：黑白電視機、舊式收音機，甚至還有《週六晚間郵報》（*The Saturday Evening Post*）。他們聽的是 1959 年的「必利時錦標賽馬」（Preakness Stakes）轉播，觀看的是 1959 年的電影《桃色血案》（*Anatomy of a Murder*），討論的也是那個年代的政治事件，例如美蘇太空競賽，或是蘇聯領導人尼基塔・赫魯雪夫（Nikita Khrushchev）。

　　這兩組人雖然在不同時間抵達修道院，但同樣都停留一週，他們只有一個差別：第一組被研究人員告知要假裝自己再度回到年輕時代，第二組則被告知他們只是在追憶年輕時代。

　　在實驗前與實驗後，兩組人都接受詳細的認知能力與身體檢查。一週的修道院生活後，兩組人的檢查結果都顯示，他們在體力、聽力、視力、姿態、柔軟度等方面都有所改善，甚至連手指也變得更靈活了，受到關節炎影響而彎曲的程度減輕，智力測驗的得分也進步了。然而，假裝再度回到年輕時代的第一組，改進程度超過只是追憶年輕時代的第二組，第一組的身體狀態實際上似乎變得更年輕。

　　蘭格的結論是：「你的身體隨著你的心境變化。」在修道院實驗結束時，這些年長男士跟她玩起觸身式橄欖球，而他們平時用來輔助行走的枴杖被放在場邊。她解釋：「限制我們的主要因素並不是我們的體能，而是我們對於自我體能限制所抱持的心態。」

　　為了讓這個方法產生成效，你必須實際讓自己環繞在全新自我形象的證據當中。除了把以前的創意行動列出來，你也可以把自己在做創意或瘋狂行為時的照片張貼在房間裡，顯示出你沒有受到社會抑制影響的任何展示品都可以。

步驟 4：擁抱新自我

　　儘管很多人以為，我們的行為源於信念與心態，但是社會

心理學認為，很多時候，其實反而是由我們的行為去形塑並改變我們的心態。這種認知失調理論指出，行為對心態的影響程度，大於心態對行為的影響程度。

《影響力》（*Influence: The Psychology of Persuasion*）作者暨知名心理學家羅伯特・席爾迪尼（Robert Cialdini）告訴我們：「人們是透過行為來改變自我形象，其中一種方法是，有系統的執行和人們渴望的自我形象相符的行動。」[20]

如果你開始以有創意的方式做事，就算新的行為讓你一開始感覺不自然，你的態度與信念也會漸漸改變，來降低內在的認知失調。到後來，你可能會認為：「啊，原來我是個有創意的人啊！」比起自我鼓勵性的對話，例如對自己說：「我是有創意的人，我能做有創意的事。」這個方法更能有效改變我們的自我形象。

小贏的科學

切記，研究顯示，小贏具有巨大的力量，誠如新聞工作者暨作家查爾斯・杜希格（Charles Duhigg）在著作中所言：「小贏產生的影響力，遠大於勝利本身的成就。」[21] 小贏使人們相信他們能獲得更大的成就，進而促成重大改變。這表示，你可以從踏出一小步開始，小到極其容易達成、毫不費力的一步，可以幫助你建立取得成功的動能。

杜希格在書中寫道：「一位康乃爾大學教授在 1984 年時這

麼寫：『小贏可以讓人穩定取得小小的有利因素。一旦獲得一個小贏，就會開始產生有利於獲得另外一個小贏的動能。』透過將小小的有利因素結合成型態，說服人們相信之後可以達成更大的成就，小贏就能夠促成重大改變。」

史丹佛大學說服科技實驗室（Stanford Persuasive Technology Lab）創辦人佛格（B. J. Fogg）告訴我們：「我花了大約六個月的時間思索『成功的動能』，也就是一再成功時的那種感覺。當你得以在生活中改變各種小事，你會心生滿足與掌控感。」[22]

看來我們的大腦好像不太善於區別大成功和小成功。因此，成功不必一定要完成大事，例如打掃全家；佛格解釋，只需要清潔浴室水槽，而且只要你感覺到自己取得了成功（這是關鍵），就能創造出成功的動能。

佛格說，比起大成功，小成功更容易取得，因此，你可以在幾分鐘內就累積許多小成功。任何一天的早上，你都可以取得十幾個小成功。想要建立成功的動能，最快速又最簡單的途徑就是：取得小成功，而不是取得大成功。

他還告訴我們，當他知道自己即將度過辛勞的一天時，他會：「先取得一連串的小贏來建立動能，提高信心與復原力。」他尤其偏好的做法是整理住家。此外，這也是對抗拖延症的有效做法。當佛格發現自己開始拖延的時候，他會空出一段時間，來進行一些可以取得小贏的活動。

利用小贏來形成全新自我形象的做法如下：當你覺得自己和大腦的創意天才失聯，可以先做一些小型的創意活動，像是為你的植物或日常生活用品取綽號。例如，把影印機取名為菲利普。接著，開始為它們編造背景故事。舉例來說，菲利普來自明尼蘇達州、熱愛美式足球等。大量的小贏累積起來，可以形成一個大贏，還能建立一個全新的自我形象。

> **實作練習：改變自我形象**
> - 定義目標：你想要怎樣的自我形象？
> - 蒐集證據：回顧過去，寫出你展現創造力的方式，請列出至少五種。
> - 展示證據：把證據清單釘在牆上，或者使用便利貼。每天晚上進行這個步驟，連做十天。在最後一天晚上，一次唸出所有項目，查看你現在對自己的自我形象有什麼感想。
> - 擁抱全新的自我形象：利用小贏的科學，累積許多小成功。

內心自我批評

內心自我批評指的是，腦海中有個惱人的聲音告訴你，你這個做錯了、那個搞砸了；或是告訴你，你是個失敗者；或是針對你自身的其他種種批評。這種心態很危險，因為它最容易啟動交感神經系統，制止我們嘗試去做任何事。

想要知道你有沒有在內心自我批評，有一個好方法是：留意你多常在腦海裡聽到自己說「應該」這個詞。例如，我應該早點離開、我應該天天運動。內心的自我批評導致你把種種的「應該」加諸在自己身上。

心智面對來自內在的攻擊時的認知運作方式，和心智面對來自外部、針對身體而來的實際攻擊時的認知運作方式相同。因此，可能會引發前文提及的自然生理反應，也就是威脅反應，或是應戰或逃跑的反應。

職業籃球員或足球員經常會辱罵對方，讓某個對手球員懷疑自己的能力。麥可・喬丹（Michael Jordan）就是運用這種做法的名人。不幸的是，很多人也會辱罵自己；我們會自我批評，懷疑自己的能力，啟動我們的威脅反應。這對我們的表現產生負面的影響。

史丹佛大學的菲利浦・高汀博士解釋：「當人們請病假時，欠缺生產力的情形明顯可見。然而，暗藏危機、對生產力阻礙更大的是，當人們一整天充滿負面思想的時候。內心的自

我批評，將嚴重限制我們的創新力與創造力。」[23] 這時候，他們雖然身在現場，但其實心卻不在，而是陷入和內心自我批評的對抗戰，無法前進。由於這種心不在焉無影無形，因此，我們可能不會著手處理。

　　無論在什麼領域，自我批評是讓人們難以拿出優異表現的常見阻礙。在商業界，我們把自我批評與自我懷疑視為「沉默的殺手」，太多企業高階主管因此受害，卻很少人敢說出口。

　　許多年來，下至實習人員、上至最高階的主管，幾乎所有人都向我們坦承，他們一整天工作下來，有大部分時間都在和負面思想搏鬥。內心的自我批評宛如軍隊壓境，直指失望、預測失敗，敲響灰心喪志的鼓聲。有時候，他們（和我們）會對自己在這種狀況下還可以達成一些事，而感到不可思議。一位高階主管告訴我們，他每天有高達 80％ 的時間在和內心自我批評搏鬥。

內心自我批評與肢體語言

　　這種負面思想不僅影響我們的實際表現，也影響他人對我們的看法。

　　舉例來說，你正在和人交談，但你才剛把話說完，就馬上心想：「哎呀，我說這句話真是蠢！」此時你會是什麼表情？你可能感到畏縮，表情變得緊繃。由於我們無

法控制自己的肢體語言，任何負面想法都會呈現在臉上。

無論這副表情出現的時間有多短暫，面對你的人都會察覺。他們只知道，你看著他們、聽他們講話的時候，臉上閃過負面的情緒。他們自然會以為這副表情是針對他們的言語或行為而來，或是反應出你對他們的想法。你內心的負面想法，就是這樣影響你的肢體語言與表現。

人們都知道，自我懷疑與自我批評沒有任何助益，但就是沒辦法擺脫這些負面思想。不過，認知並承認這些負面思想的意圖，告訴自己：「我的身體出現反應，因為它正在試圖保護我的安全。」或是採取自我慈悲（self-compassion）的做法，對自己說：「我當然會有這樣的反應，這件事很嚇人。」都能夠幫助你打破循環。

我們先來看看內心自我批評如何阻礙你的突破。舉例來說，你正在考慮嘗試一種新的方式來舉行會議。

你的大腦保持著根深柢固的負面認知偏誤，開始想像可能出現的失敗景象。過沒多久，你就想像到其他人對你的失敗會有哪些反應，羞愧感與恐懼感流竄。於是，你想要停止、跑開、躲起來，不敢實際嘗試這種新的開會方式。

實際上，這是怎麼一回事呢？這種感受其實是我們內心的不安所造成，源頭是內心的自我批評自行斷定他人對我們的評

價。好消息是,前面描述的一切都只發生在我們的腦海裡。我們來看看,要如何改變這種內在體驗。

　　為了釋放突破潛能,學會如何處理內心的自我批評非常關鍵。不幸的是,遭受攻擊時,我們最初的反射動作就是和內心的自我批評爭論。認知行為治療等方法雖然非常有幫助,可以讓我們擺脫某些思想,獲得新觀點,卻可能導致我們陷入其他麻煩。

　　試圖壓抑某些想法,反而可能讓情況變得更糟。不過,你可以學會和影子共舞,學會如何掌控內心自我批評。我們保證,只要運用一些方法,例如接下來介紹的方法,再加上練習,就可以和內心的負面思想拉開距離。甚至,你還可以保持安全距離,當內心的自我批評出現,也只會引起你微笑或輕笑。

找出所謂的「每一個人」

　　社會學家瑪莎・貝克說,她的三個哈佛大學學位(包括社會學博士學位),讓她和內心的自我批評變得極為親密。她表示:「我們所謂的『每一個人』其實是由少數幾個關鍵人物構成。我們善於社交的天性,使我們渴望融入更大的群體,但是,你的心智最多只能容下五、六個人的品味與意見。所以,足智多謀、善於社交的自我便創造出一種簡易的方法:選擇幾個人的觀點,在你腦中放大、外推,直到涵蓋一整個已知的世界。你含糊稱為『每一個人』的群體,心理學家則稱為『概括

化他人』（generalized other）。」[24]

　　為了擺脫我們心中這種「每一個人」所造成的困擾與束縛，貝克推薦一項工具，這也是我們見過最有效的一項相關工具。使用方法如下：找出所有和創造力、創新力與突破有關、而你也相信自己能力吻合的陳述，列出這些陳述的客觀描述。舉例來說：

- 我的大腦令人驚艷、非常能幹。我們向你保證，你的大腦確實非常能幹。你的大腦每秒鐘處理數百萬筆資訊，你甚至不必思考就能運作。
- 我天生富有創意。環顧你房間牆上貼的那些清單，想想你平時為目標建立的種種冒險活動。
- 其他。

　　針對每一項陳述，各自建立兩個欄位：

	告訴你這句話 （或類似句子）沒有錯的人	告訴你這句話 （或類似句子）有錯的人
我的大腦非常能幹	瑪麗、傑夫	山姆、費南多
我天生富有創意	小學一年級的老師 （是的，這也算）	
其他		

在空白處盡可能填入愈多人名愈好，即使這個人在不同格子裡出現好幾次也沒關係。重點是，絕不可以大致概括帶過，一定要填入確切的人名。

看著你寫下的人名，思考下列問題：

1. 你比較喜歡誰？（左邊還是右邊欄位的人？）
2. 你比較敬重誰？（左邊還是右邊欄位的人？）
3. 誰的生活更快樂、更美滿？（左邊還是右邊欄位的人？）
4. 誰擁有比較穩定、親密的人際關係？（左邊還是右邊欄位的人？）
5. 如果你有一個襁褓中的嬰孩，但被迫要把他交給別人養育，你會選擇誰？（左邊還是右邊欄位的人？）
6. 誰的意見最應該被忽視、不在意或完全不理會？（左邊還是右邊欄位的人？）
7. 在這些神聖的姓名當中，為什麼你信任右邊欄位那些人說的話呢？

創造新的「每一個人」

由於我們的內心總是服從權威，因此，那個鼓舞、肯定你的「每一個人」是由你景仰的人組成時，影響力最大。[25] 你可

以挑選歷經一連串失敗最終獲得巨大成功的人士，例如林肯（Lincoln）；或是三次當中失敗兩次，還是享有巨大成功的人士，例如貝比・魯斯（Baby Ruth）。[26] 舉例來說，你可以把貝比・魯斯的相片張貼到牆上，再加上圖說：

十次當中失敗六次。
史上最佳球員。

俗氣嗎？或許吧。有效嗎？絕對。

實際上，想要尋找不完美的案例，從著名運動員找起是非常好的開始。麥可・喬丹的罰球成功率只有 50％；足球史上名列前矛的兩名優秀球員球王比利（Pelé）與迪亞哥・馬拉杜納（Diego Maradona），在世界盃比賽中的失敗率高達 95％。沒錯，他們有 95％ 的射門都沒踢進。

如果你偏好非運動員的案例，湯姆・漢克（Tom Hanks）曾經在接受訪談時說，他參與過的一百多部電影中：「有七、八部很好，十幾部不錯，其餘都糟透了。」[27] 他可是在好萊塢功成名就的演員耶！

如果你偏好商業界權威人物的案例，傳奇發明家詹姆斯・戴森（James Dyson）曾談到如何用失敗來推動成功，他說：「我打造五千一百二十七個吸塵器原型，才終於做對。我失敗的次數高達五千一百二十六次，但每一次都從中學習。我就是這樣

才得出一個成功的解方。」²⁸ 戴森花費十五年打造五千一百二十六種失敗的版本後，終於打造出一個成功版本，他的報酬是一間營收數十億美元的公司，以及個人資產淨值約 44 億美元。

　　史帝芬是一位成功的創業家。他在二十二歲賣掉第一間公司，三十二歲賣掉第二間公司；這兩間公司的業務都和資料儲存有關。創立第三間公司時，史帝芬決定把事業拓展得遠一點。他向來喜歡繪畫，也一直想把他對藝術的喜愛與他對科技的喜好結合起來。他看過一項產品的展示會，一名男士把感應器戴在手指上，就能在一種專用的螢幕上繪圖。最酷的是，那名男士離螢幕有 3 公尺遠。史帝芬為這項科技深深著迷。

　　但是，他最近遇到兩個阻礙。首先，這項科技顯然不容易上手；更重要的是，投資人不看好這項科技的潛力，他們就是不認為人們會花錢買它。史帝夫創立的前兩間公司發展向來一帆風順，財務上的利益相當明顯，產品的用途也非常明確，他不太需要在行銷方面費勁。但是現在，他的產品受到外界的嚴重懷疑；更糟糕的是，他全心全意相信並喜愛這項產品，也是產品的使用者。

　　史帝芬顯然需要行銷方面的協助，不過在此之前，他需要重建情緒動能。他覺得自己好像失敗了，就像一艘

失去風力推動的帆船，他漸漸感到絕望。

朱達邀請史帝芬在舊金山灣區（San Francisco Bay）東邊的愛莫利維爾市（Emeryville）碰面，兩人在街上邊漫步邊聊天。朱達告訴他一則故事，並在心底小心計算他們的步行時間。朱達講的是 1980 年代早期一位任職於迪士尼的年輕動畫師的故事。這位年輕人看完科幻電影《電子世界爭霸戰》（*Tron*）後，對電影的電腦動畫科技的潛能產生濃厚興趣，於是用電腦製作一部動畫短片，拿給公司裡的主管看。主管問起成本，他熱切的說明成本不會比傳統動畫更高。主管最後表示他不感興趣，因為只有在電腦動畫成本比較低的狀況下，他才可能考慮。但是，這位年輕人不死心。你知道他的主管怎麼做嗎？主管把他解雇了。這位年輕人就是約翰・拉薩特（John Lasseter），皮克斯動畫工作室（Pixar Animation Studios）的共同創辦人。

朱達講完故事時，他們在街角轉彎，街區的盡頭有一座由磚塊與鋼鐵建成的大門，通往皮克斯動畫工作室的園區。朱達不需要多費唇舌鼓勵他，或是叫他「絕對不要放棄」幫他打氣，史帝芬此時已經振奮起來，知道自己正跟隨優秀前輩的腳步前進。

完美主義

完美主義是一種會出現在背景意識的感受，讓你覺得自己永遠做得不夠多，每一件事都落後進度，你「明明應該」掌控一切，但你沒有這麼做。完美主義會讓你聚焦在還沒做完的每一件事、你所有的缺失上，而不是聚焦在你做得很好的部分。

你想著所有你「應該」讀的書籍，所有你「應該」做的運動等。一大堆「應該」反覆提醒你，就像內心的自我批評，完美主義讓你過度關心這些「應該」做的事。不過，和內心的自我批評不同的是，完美主義傾向把焦點集中在你認為自己沒有達到水準的目標與活動上，而不是集中在你身為人類的價值。焦點在你所做的事，而不是在你是什麼樣的人。

完美主義可能和社會抑制有關，也可能毫無關聯。有些人追求完美，不是因為擔心別人會有話說，純粹是自己追求完美；有些藝術家是完美主義者，純粹是因為他們對藝術的追求。

完美主義其實包含掌控與自大的成分：畢竟世界上沒有人讀遍所有書籍。沒有人知道所有的資訊，就算有人能夠獲得所有資訊，也不會知道資訊的所有含義，更不知道如何互相連結。不論你接受與否，每一個人的能力都有限。

誠如致力研究恥辱感的專家布芮尼‧布朗（Brené Brown）在著作《不完美的禮物》（*The Gifts of Imperfection*）中所言，完美主義會讓人上癮。在生活中，我們無可避免出於

某種原因而感到羞愧，或覺得受到批判，但我們認為這是因為自己不夠完美。我們不會去質疑完美主義的錯誤邏輯，只會更加努力。基本上，自責感促使我們不斷渴望追求完美。

完美主義思維會假設，眼前有一個必須達到的完美目標；而且，朝向這個預先設定的目標前進，只會產生一個可接受的結果。此外，前進時不許停歇；但是，只有休息才能讓預設網絡運作。而且，也不能用開放的心態環顧周遭的新事物；但是，只有這樣的心態才能幫助產生突破。

突破性思考就是要認知到，我們其實是踏上一段旅程，必須投入過程。旅程最終，你可能創造出某些東西，或是偶然發現意料之外的東西。你必須不斷提醒自己，這趟路程並不是一條直線；而且我們常會發現，最終到達的目標往往不是一開始的目標，儘管如此，也不代表失敗。

以下是能幫助你應付完美主義的工具。儘管這些工具不見得會讓完美主義消失，但絕對能創造出喘息的空間。所有工具加總起來，效力也相當驚人。

- 記得，稀有就是珍貴。集郵人士喜愛「有瑕疵」的郵票，其實，世界上最有價值的郵票大多有瑕疵。1855 年發行的瑞典三先令黃色郵票，原本應該印藍綠色，卻印成黃色，近期市面收藏售價高達 230 萬美元；1847 年發行的模里西斯郵局郵票，原本應該

印「郵資已付」（post paid），卻印成「郵局」（post office），現在價值高達 380 美元。瑕疵讓郵票變得獨特，因而價值提高，最後增值到數百萬美元。因此，當完美主義露出醜陋面孔，請試著提醒自己，無論你採取什麼行動，無論你犯下什麼「錯誤」，都是完全永久獨特的事件。這麼想或許能讓你對不完美產生不同的觀點，因為我們大腦會自動認為，稀有就是珍貴，因此值得珍惜。[29]

- 張貼你欽佩的人的相片，並加上一句你自己編造、鼓勵不完美的引言。起初，編寫或閱讀這句話的時候，你確實會覺得很荒謬；但大約一週後，你會開始覺得很真實。例如，張貼一位權威人士的相片，加上一句引言鼓勵自己：「只要達到 70% 的完美，別要求更多。」[30]

- 如果你知道是誰要求你表現完美，請寫一封假裝是他們寫來的信，娓娓說明完美主義的害處。並且，在信中附上向你致歉的內容，說他們要求你表現完美是他們的錯，並鼓勵你從現在開始不要追求完美。請在文字旁邊加上他們的相片，才可以達到效果。

　　在下一章中，我們將提供一份處理失敗的藍圖，教各位如何「正確的失敗」。你心中的完美主義者能確保你完全遵照這份藍圖行事，只是這份藍圖剛好是要鼓勵你失敗。

極大化傾向

極大化傾向是完美主義的近親，讓你渴望、驅使自己做出「最佳的」決策，有時甚至逼迫自己。這種傾向不是讓人做出柏拉圖式理想的、絕對完美的決策，而是相對來說，和其他選項相較之下，要做出最好的決策。[31]

就某個層面的意義而言，完美主義比較理想化，因為是取決於內心的完美標準來衡量；極大化傾向則是和外部標準來比較，像是：別人會不會做出比我更好的選擇？我手上有沒有更好的選擇？最後會不會出現另一個更好的選擇？

極大化傾向鮮少是由社會抑制所導致，而是源於我們想要做到最好的內在渴望所驅使。從這個角度來看，極大化傾向和貪婪的關聯性更高。

相較於內心自我批評或冒牌者症候群，極大化傾向對個人的傷害比較輕，但仍然會對你的突破能力構成重大阻礙。沒錯，聚焦在極大化傾向固然可以讓你做出好一點的選擇。而且，在某個範疇內，這是追求成功的好工具。不過，這種傾向很容易過火。舉例來說，你可能會花一小時修改電子郵件或社群媒體貼文的用字遣詞，或是設法挑選出最好的洗衣精品牌。

更糟的是，根據社會學家貝瑞・史瓦茲（Barry Schwartz）多年的研究，他發現極大化傾向也可能導致你：[32]

- 對自己的決策沒那麼滿意。
- 從決策與決策的結果中獲得的快樂比較少。
- 整體而言，生活不太快樂。

如何節制極大化傾向？史瓦茲提供一些建議，其中一項是：預先武斷的對極大化傾向的行為設下限制。舉例來說，選擇產品時限制自己用來研究產品的心力，或者，限制自己在找出最佳路徑時花費的時間等。

不幸的是，應對嚴重的極大化傾向時，這種武斷的限制方法並不管用。對於這些人而言，武斷的限制如同道德缺陷，近乎逆天悖理。如果你也是這樣的人，請試著為自己的極大化傾向找到代理人。

例如，你可以和自己約定，當你考慮購買任何產品時，如果能夠在某個消費者報告網站上找到評價，就乾脆接受他們的建議。這類組織特別善於比較與評估，進而做出最佳選擇（這正是極大化傾向的本質）。他們所做的檢驗很嚴格、廣泛且全面。如果你還想繼續尋找並閱讀更多的評價（尤其是瀏覽網站，閱讀來自業餘人士的評價），就真的很不理性了。和自己約定，接受消費者報告網站的研究結果，這些網站已經做得夠好了。

我們有位客戶把所有和健康有關的決策，也就是任何和保健相關的新資訊，都交給代理人決定。代理人是她形容為「健

康狂」的幾位友人。她解釋：「這些人願意花很多時間研讀科學文章，交叉參考研究文獻，並跟進最新的研究發現。他們這種熱情與投入程度我根本比不上，因此我樂得直接詢問他們，並接受他們的結論與建議！」

處理畏懼的快速解方

現在，你已經知道交感神經系統啟動時，會發生什麼事，也知道這對突破的創造力會構成哪些威脅，並且學到許多有幫助的克制工具。但是，如果交感神經系統已經啟動，該怎麼辦？

為了讓交感神經系統平靜下來，你必須啟動和它相對應的系統：副交感神經系統。心理學家瑞克·韓森（Rick Hanson）解釋，比起交感神經系統（應戰或逃跑反應），副交感神經系統對生命的重要性更大。

如果醫生動手術阻斷你的交感神經系統（早年，這是頑固性高血壓的終極治療方法），你仍然可以活下來，而且大致上不會改變太多；只不過，你將無法妥善應付通勤時的交通狀況，無法為居住地的球隊加油，或是可能變得難以獲得性高潮。但是，一旦副交感神經系統被阻斷，你將會立刻死亡。

所幸，我們有幾項工具能幫助你啟動副交感神經系統。我們的心智可以激發緊張壓力，也可以平息壓力。當你覺得自己

處於缺乏創意的狀態時，請試試下列幾種快速解方：

- 檢查一下呼吸。當我們感到緊張、焦慮，或是交感神經處於活躍的狀態時，呼吸通常會加快、變淺。此時，你可以緩慢的深呼吸，利用身體的機制來影響心智。如同前文所述，你的行為會影響你的信念，如果你的呼吸很穩定，你將會感到更平靜鎮定。

- 改變身體姿勢。史丹佛大學心理學家黛博拉‧格倫費爾德（Deborah Gruenfeld）的研究發現，占據更多空間的開放身體姿勢，會使生理發生相當大的變化。在一項實驗中，開放的身體姿勢會讓促進自信與幹勁的荷爾蒙分泌量增加 19％，焦慮荷爾蒙分泌量減少 25％。展現強勢、自信的身體姿勢能讓你真的感到更有自信、更有力量。如此一來，你的肢體語言也會跟著調整，進而增加自信與幹勁荷爾蒙的分泌，形成良性的循環。[33] 你只需要啟動這個循環，持續練習，自信的肢體語言就會變成習慣。

- 想像你愛的人給你一個長達二十秒的熱情擁抱。當然，你可能當下無法撥出二十秒，但如果你能這麼做，請試試看，效果會非常好。

- 說出當下的感受。請把當下的感受說出來，例如焦慮、恐懼、羞愧等，先別管名稱是否正確，或者有

沒有符合狀況。然後，加上一句：「不要緊。」甚
至是：「幸會。」例如：「我感到恐懼，但不要緊。」
● 打呵欠。沒錯，就是這個！打呵欠會啟動我們的副
交感神經系統，讓身體放鬆。你經常會看到運動員
在比賽前打呵欠，就是這個道理。

放輕鬆

哈佛大學醫學博士賀伯特・班森（Herbert Benson）是西
方醫學先驅，致力於研究如何透過「放鬆反應」（Relaxation
Response）讓人們根據意志來啟動副交感神經系統。[34]

在近期發表的一篇研究報告中，他指出我們的心智能夠透
過放鬆反應來掌控基因活動。在這項橫斷研究中，他們檢視三
組靜坐冥想族群，包含初學者、短期者（少於十年）與長期者
（十年以上）的血液樣本，分析兩萬兩千多個基因在發炎與細
胞壽命方面的表現。[35]

研究發現，放鬆反應能夠活絡或鎮定基因，增強或降低他
們的作用。靜坐冥想的初學者練習放鬆反應八週後，就能在相
同的基因上產生相同的結果，只是影響程度比較低。而偶然發
生這種情形的機率是百億分之一。

此外，放鬆反應可以增進認知的重建作用：當心智相對鎮
靜時，更能接收進入腦中的新事實。因此，接下來條列的做

法，非常適合作為視覺練習或心智演練練習的暖身操。

實作練習：放鬆反應

1. 挑選一個用來集中精神的單字、片語、圖像，或是利用呼吸調節來集中精神。
2. 找個安靜的地方，以舒適的姿勢靜坐。
3. 閉上眼睛。
4. 漸漸放鬆全身的肌肉。
5. 緩慢、自然的呼吸。呼氣時，靜靜在腦海裡重複或想像你用來集中精神的單字、片語、圖像，或是單純集中注意呼吸節奏也可以。
6. 抱持被動的態度。當其他思想浮現時，想著「好吧，都可以」來敷衍過去，然後重新集中注意力。
7. 繼續這套練習，平均每次持續約十二到十五分鐘。
8. 每天至少做一次。

　　要讓交感神經系統平靜下來，並啟動具有鎮靜作用的副交感神經系統，另一種有效的方法是激發分泌催產素（oxytocin）。《道德分子》（*The Moral Molecule*）作者保羅・札克（Paul Zak）是研究催產素的專家，同時是本書重要的科學顧問。札克的研究顯示，有幾種活動保證能促使人類大腦分泌

催產素。他提供一份他喜愛的活動清單給我們。

實作練習：催產素刺激因子

- 給某人一個擁抱。目標是一天給人八個擁抱！
- 試試慈悲靜坐冥想（compassion meditation）；下一節會談到細節。
- 跳舞。
- 泡熱水澡。
- 用禮物給某人驚喜。
- 撫摸狗狗。
- 和一位朋友去健行。
- 寫張感謝卡或便條紙給老師或導師。

多虧我們的神經可塑性，這些刺激分泌催產素的方法不僅能讓你在當下感到快樂，也能鍛鍊分泌催產素的大腦肌肉。札克告訴我們：「雖然催產素是一種純粹的社會性化學分子，也就是說，要有正面的社會性刺激因子，才會分泌催產素。但是，這種社會性刺激因子不必真實存在，適當的想像社會性因子也可以產生相同效果。

感激

　　感激是一種心境，也是一種感覺，有幾種方法與流程可以幫助你達到感激的心境或感覺。我們當中有些人是經由思考而覺得感激，有些人則經由感覺而覺得感激。

　　為什麼感激有益於突破？因為它會刺激催產素分泌。在追求突破的路上，將出現許多難過的感受。感激與隨之而來分泌的催產素，對於減輕許多種難過的情緒非常有幫助，催產素將洗去你腦中的壓力化學物質。

　　研究顯示，心懷感激有助於延年益壽，促進健康，[36] 讓我們變得更快樂。[37] 感激之心讓我們思考自己擁有的東西，無論是物質、體驗或珍愛的人際關係，因而緩解負面情感。感激不僅有益健康、增進快樂，也對建立社會連結、友誼與家庭關係有幫助，甚至有助於增進魅力，千真萬確。[38]

　　感激是很重要的工具，不過很少人能夠輕易的長期抱持感激之心，因為人類有適應享樂的本能，往往會把自身的幸福視為理所當然。[39]

　　而且，即使你意圖良善，仍會產生類似「第二十二條軍規」（catch-22）的矛盾：告訴自己「應該」心懷感激，往往會產生反效果，因為這只會讓你心生愧疚。另一方面，如果是其他人告訴你「你應該心懷感激」，很可能反而讓你心生不滿，而非心懷感激。

　　就如同下定決心在月底前熬夜讀完所有書籍，或是試圖一口氣讀完厚重的名著《戰爭與和平》（*War and Peace*），會讓人退縮、裹足不前，你也不可能突然之間就讓自己終生抱持感激之心。所以，要讀完所有書，你會從最薄的那本開始；要讀完厚重的名作，你會先讀一章。同理，要讓自己抱持感激之心，可以挑選生活中的一個小部分，從這裡開始執行。

　　現在，請選一個人、事、物，任何一個你可以懷抱感激的事物。例如，讓你得以看見世界的能力、牆上的一幅藝術品，或是美麗的夕陽。如果你覺得「感激」這個詞很俗氣，也可以改稱「幸運」，像是：「我很幸運，因為我能行走。」不一定要選意義非凡的事物，帶有正面意義的小東西，就能對大腦產生顯著的影響。

　　在各種情境中，這是「比較心態」真的幫得上忙的少數狀況，只要你運用得宜。如果你覺得很難進入感激的心境，可以試著拿自己的境況和沒那麼幸運的人比較，但不要一開始就選擇極端的例子。

　　我們認識的某個人把自己的境況拿來和他能想像到的最糟糕境況相比：蘇丹達佛種族大屠殺的受害人。這馬上讓他心生愧念，認為自己「應該」每週七天、每天二十四小時都心懷感激，因為他的境況比那些人好太多了。

　　這種比較方式沒有幫助。沒錯，知道這個世界發生什麼事，並且盡所能阻止恐怖的事繼續發展固然重要。但是，如果

你才剛開始學著培養感激，落差太大可能引發反效果。

所以，應該從身邊的事物做起。人類是在小型部族社會當中演化，從很多層面上來說，我們的大腦仍然是根據這樣的條件來運作。你聽過這句話嗎？「當一個男人賺的錢比鄰居或連襟還要多，他就覺得自己很富有。」就是這樣的概念。

把自己從頭到腳看一遍，找出幾個值得感激的地方。看得見、聽得到、能呼吸，縱使這麼簡單的事，也值得感激。你覺得我在開玩笑嗎？想想世界上有多少人，每一次的呼吸都得拼盡全力。

找出一個你擁有、但周遭許多人未必擁有的奢侈小事。此刻，你的口袋裡或手邊有家中鑰匙嗎？請聽聽美國職籃球員喬治・希爾（George Hill）令人印象深刻的精彩回憶，描述他長達十二年間無家可歸的故事。[40] 他表示：「現在，每當下雨時，我的口袋裡有家中鑰匙的時候，我對生活的喜悅難以言喻，你們肯定無法置信。」從社會體系的縫隙中跌落，是非常稀鬆平常的事。失業、因為意外事故或疾病而無力支付醫療帳單等，不知不覺中，你也變成「其中一員」。

如果想要激發感激之心，最健康的比較心態，或許是和過去的自己做比較。拿過去的你和現在的你來比較，除了可以讓你聚焦於自身的幸福，也會帶來進步、向上提升的感受，這種感覺很美好、也很踏實。

你也可以回想自己的高中時期。對於那 2% 在高中時期一

帆風順的人來說，回想當時的狀況可能不管用，但對其餘98％的人來說，這樣做很有幫助。回想高中時期的一些困難時刻：也許是你完全沒有準備微積分、化學或歷史考試，走進教室時覺得像是世界末日；也許是你十四、十五或十六歲時，一直有一股揮之不去的奇異尷尬感受；也許是你深信，一輩子都會深陷在這個惱人、沒有人能理解的地獄。

現在的你和當時有什麼不同？你是不是比當時好得多？請心懷感激，你現在已經獨立，擁有自己的車子，沒有跟父母同居，有知心好友，還有愛你的配偶。花片刻時間去思考與感激這些轉變，不只是環境的轉變，還有你本身的轉變。

回顧以往的我們，再看看現在的自己成長多少，可以讓我們檢視目前生活中的一切好事，我們正需要這樣的觀點，讓自己對目前的境況心生感激。

你可以在電腦旁貼一張便利貼，寫下你取得的成就，這可以幫助你認知到自己已經走了多遠。每一個月、甚至是每一週，請選一項成就讓自己沉浸其中。這不花半毛錢，但對你的大腦重新建立連結很有幫助。

大衛在童年時期朋友不多，他回憶：「我記得父母要我列出一份名單，邀請朋友參加我的猶太成人禮。我的名單上面只有三個名字，那是非常寂寞的一段日子。」

大衛說，他之所以朋友不多，是因為他在情感或社交上並不敏感。他接著修正：「這麼說算是很客氣了。有人大概會說

我根本對他人的感受無動於衷。」

　　現在的大衛仍然不常舉辦派對，而且他辦的派對通常也只有一小群人參加，但這不是因為他沒朋友。恰恰相反，他的朋友太多，身為內向的人，如果一次邀請所有朋友參加，會把他累壞。

　　每當週末獲邀參加兩、三項活動，卻必須從中做出選擇的時候，大衛總是想起寂寞的童年，並且對目前的社交生活心生感激。

　　你是否注意到，多數人傾向把注意力放在不順遂的事情上，想著我們認為自己面臨的困難與困境。但是，我們又往往會拿這些事來和其他人順遂的事情比較，想著那些在我們看來順風順水的事。這樣的比較可不公平，畢竟我們是拿自己的內在感受，來對比我們對他人外在狀況的看法。

　　不過，如果要拿自己和他人做比較，從第三方的角度來檢視我們的生活，反倒是很有幫助。在所有激發感激之心的工具當中，這是我們最喜歡的一項做法。這套方法需要你抽出一點時間，坐下來，最好也準備紙筆。書寫會運用到不同的大腦部位，對我們的信念也會產生獨特的影響力，和其他表達方式產生的效果完全不同。[41] 研究顯示，白紙黑字寫下自己決心要做的事，既能改變意念，[42] 又可以把想像中的情節變得更真實。[43]

　　把自己當成旁觀者來描述你的生活，聚焦在你這個人所有正向的層面。

　　描述你的職業，以及職場裡周遭的人。描述你覺得最有意義的個人人際關係，思考這些人可能對你有哪些正面評價。找出今天發生、帶有正向意義的事實，不必在意規模或重要程度。

　　花點時間寫下這些描述。光是在腦中想，效果沒那麼好。

　　如果要把這套做法變成每日練習，我們非常推薦 Intelligent Change 網站的感恩日記，各位可以在「推薦文獻與資源」找到連結。

　　奧麗薇亞喜愛的一位客戶羅伯，決定和全家人一起嘗試這些感激工具。起初，他們抱持懷疑。他的太太說：「我覺得有點傻，感覺就像感恩節，全家坐在一起，輪流說這一年感謝的事物。」

　　羅伯很高興家人能加入練習，因為這樣他可以保持紀律，繼續練習。

　　最後，他開心向我們回報，結果十分驚人。現在，家裡任何人在抱怨之前，總會先大聲說出他們感激的事物。這讓他們對生活裡的每件事抱持更感恩的心態，也學會把負面的體驗變成正面的體驗。

實作練習：早晨感激練習

　　下次早上醒來時，試試這個讓人心生感激的練習。

　　早上醒來後，首先一邊呼吸一邊想著：你正在呼吸。

必須經歷無數次地質奇蹟，現在的你才能呼吸；必須有正確的氣體組合，才可能出現生命。而你，正好生活在和太陽保持適當距離的星球上，不會太近，也不會太遠，剛好能讓人類舒適生活。如果地球離太陽再近一些，就會變得像金星，溫度太高而無法讓人生存；如果離得遠一些，就會像火星，溫度太低而無法讓人存活。

接著，想想作家比爾‧布萊森（Bill Bryson）在《萬物簡史》（*A Short Story of Nearly Everything*）中描述：「想想一個事實，回溯到地球上最早出現微生物的時候，從距今長達三十八億年前……你雙親的每一位祖先……都必須健康到足以繁衍後代，並且得到命運之神與大環境足夠的庇佑，才能活得夠久，足以留下子孫。」[44]

你的祖先當中沒有一個人被壓死、被吃掉、被淹死、被餓死、被困住、被刺死，或是在不適當的時間受傷，否則，他們就無法在適當時刻遞送一小部分的基因材料給對的配偶，形成最終神奇創造出來的唯一一種遺傳組合：你。

現在，請睜開雙眼，想想種種奇蹟。想想讓你能夠看見事物的視覺感光細胞；想想極其複雜的骨骼肌肉系統，必須巧妙運作才能讓你移動、下床。

還有你的床，那又是另一個值得感激的事物。你的臥室也一樣值得感激，你的頭上還有屋頂。開燈時，想想

在背後運作的一切經歷，我們不只可以生產電力，還能極其方便的取得電力。你只需要做一個小小的動作，突然就有了光。在人類悠長的歷史中，一直到大約兩百年前，這種力量都被視為神力呢！

你是不是正走向浴室？你打算打開水龍頭嗎？眼前馬上就流出純淨的自來水。但是，世界上現今有超過七億人無法取得乾淨的用水，相當於平均每九個人就有一個人處於這種困境。你不僅能取得乾淨的水，而且過程非常方便，水量還很充沛，要多少，就有多少。慢著，不僅是乾淨的用水，你還可以享受到熱水。不必生火、也不用燒水，只要打開水龍頭就好。想想看，這需要多少偉大的工程，才能造就出這樣的進步。

你還沒喝今天第一杯咖啡，就先享受到這一切。你能想像，一頓早餐背後需要經歷多少事嗎？需要多少人、多少流程、多少系統，歷經多少年，才漸漸打造、累積出來？其中必須發生多少創新，才能夠如此方便的讓你想要的食物與飲料，出現在廚房等著你享用？

你是不是剛打開冰箱拿牛奶？來談談這個吧，我的朋友。冰箱是現代科技的神奇產物，你如果和 1913 年以前的人提到它，沒有人會相信你。你說什麼？你有錢到擁有個人電子冰庫，裡頭還有電燈？別扯了！

事實上，現代廚房裡被你視為理所當然的事物，對

1834 年以前的人來說猶如魔法，就好比我們認為瞬間移動只存在想像中。對大多數過去的人來說，自家廚房裡有台冰箱，就如同現在你家裡有一個可以讓人瞬間移動的出入口。

　　所有這一切都值得心懷感激、敬畏與驚奇。對了，你甚至還沒坐下來吃早餐呢。

寬恕與自我慈悲

　　在自我批評的腦袋裡，無法發揮突破所需的創造力。研究一再顯示，對評判的畏懼，而且無論評判來自他人或自己，都會減損創造力。值得注意的是，自我批評對創造力的傷害特別顯著。[45]

　　自我評判與自我批評的解毒劑是什麼？是自我寬恕。這種心態或許看似「沒什麼」，但是對於個人表現受到數字左右的運動員來說，自我寬恕是訓練當中的核心環節。

　　《如何發揮犀利表現》（*Your Performing Edge*）作者、運動心理學家喬安‧達爾寇特博士（Dr. JoAnn Dahlkoetter）曾指導出五位奧運金牌得主。她解釋：「受傷的運動員往往會怪罪自己，這種自責、羞愧與罪惡感會減緩痊癒的速度，在這種時候，自我寬恕非常重要。」[46]

有技巧的處理失敗，代表要從每一次的失敗中學習並重新振作。因此，你必須維持健康且有生產力的心理狀態。這並不容易，因為當我們遭遇失敗時，自然就會傾向自我鞭笞。

我們在為撰寫本書進行研究時發現，用來平息內心自我批評以提升魅力的自我慈悲技巧，同樣適用於追求突破。下列說明取自奧麗薇亞的第一本著作《魅力學》。

對我們當中許多人來說，寬恕自己反而會讓人感到不自在，但這是突破性思考的必要做法。如果缺乏自我慈悲，我們會在突破體驗尚未開始前就將把構想給扼殺。

首先，讓我們先釐清三項重要概念：

- 自信表示我們相信自己有能力做好某件事或學會做某件事。
- 自尊表示我們對自己有多認可、看重。這通常是透過比較來衡量，有時是和別人比較，有時是和我們內在的標準比較。
- 自我慈悲表示我們關心自己，尤其在碰到難熬的情況時。

一個人很可能非常有自信，卻沒什麼自尊或自我慈悲。這種人可能認為自己很能幹，甚至很出色，但這樣的想法並沒有轉化成喜歡自己的心態。當他們不成功時，可能對自己非常

苛責。

　　行為科學研究顯示，比起注重自尊，注重自我慈悲可能是更健康的心態，因為自尊源於自我評價與社會性的比較。[47]自尊就像雲霄飛車，隨著我們拿自己和他人做比較的看法而變化，也往往和自戀心理有關。反觀自我慈悲則是基於自我接受，如同華頓商學院管理學暨心理學教授亞當・格蘭特（Adam Grant）說：「自尊帶來的所有好處，自我慈悲都可以提供給我們。」*

　　自我慈悲程度高的人會展現出比較高的情緒復原力，對生活中遭遇的困難，例如收到直白的回饋意見等，比較不會做出負面的反應。[48]除此以外，自我慈悲程度較高和個人對事件結果的責任感較高也有關聯；因此，自我慈悲程度可以用來預測一個人的當責程度。自我慈悲程度高的人通常也不太會有否定的傾向，這其實有其道理：自我慈悲程度高的人如果犯錯，也不會太過自我批評，因此比較願意承認錯誤。

　　在許多文化中，人們往往會把「自我慈悲」和「自我放縱」或「自我憐憫」聯想在一起。但令人驚訝的是，事實正好相反：實際上，行為科學的研究顯示，一個人的自我慈悲程度愈高，自我憐憫的傾向愈低。[49]

---

* 作者注：格蘭特是華頓商學院最年輕的終身職教授，也是得到五次最高學生評價的教授，我們十分推薦他的兩本《紐約時報》暢銷書排行榜著作，請參見「推薦文獻與資源」。格蘭特教授樂於助人、教導有方，為人津津樂道。

　　你可以用這種角度想像兩者之間的差別：自我慈悲是覺得發生在自己身上的事很不幸，自我憐憫則是覺得發生在自己身上的事很不公平。自我憐憫可能導致憤慨或怨恨，讓你感覺更加孤獨、疏離。相反的，自我慈悲通常會產生更緊密的連結感。

　　我們還經常聽到這樣的假設：「如果我不再自責，會不會因此喪失繼續成長的動力呢？我的內心自我批評永不滿足，總是告訴我，我可以做得更好。這就是鞭策我成功的原因，我不想失去那個動力！」

　　人們會透過不同的方式激勵、鞭策自己。在面臨困難或挑戰時，許多人為了激勵自己，會受到腦海裡的聲音所驅使。他們對那個批評的聲音做出反應，試圖證明那是錯的，試圖平息、質疑或是逃離那個聲音。這類人通常會告訴我們，他們擔心一旦沒了這種自我批評，就會失去驅動力。對某些人來說確實如此，他們和自我批評建立關係，受到自我批評的鞭策，逼他們追求突破。這也無傷大雅。

　　如果你是這樣的人，請盡力設法繼續和這樣的自己保持關係，繼續驅動你朝向未知的領域前進，追求突破構想。唯一要注意的是，你應該是針對構想與流程進行自我批評，而不是批評你這個人。

　　例如：你應該對這個構想這麼有信心嗎？這是個好構想嗎？這真的是突破嗎？你是否應該做更多研究或實驗，來確定這真的是突破？要不要多做一些聯想思考？有建設性的批評聲

音不會摧毀你的信心，而是會促使你打消往後一坐、想著「這樣就好」的念頭，反倒讓你做得更多。

　　然而，對某些人來說，內心的自我批評會攻擊他們，摧毀他們的信心與嘗試新事物的意願。對某些人來說，自我批評的聲音會癱瘓、扼殺有趣的想法，讓突破還沒開始就消失了。在某些人腦中，內心的自我批評會把突破性思考所需的精力轉移，改為尋找更多東西來批評自己。對這些人來說，內心自我批評的聲音是突破性思考的阻礙，不是激勵因子。

　　沒人能倖免於內心自我批評癱瘓一切的力量。我們都會遇上一連串出錯、不順遂的時候，壞事接二連三，我們的堅韌毅力便受到考驗。在這種時候，自我寬恕與自我慈悲等工具就能幫得上忙。

　　自我慈悲能提供種種益處：減輕焦慮、沮喪與自我批評；改善人際關係，提升社會連結感與生活滿意度；增進應付負面事件的能力；甚至能改善免疫系統的功能。[50]

　　聽起來很棒，對吧？可惜的是，學校沒有教我們如何自我慈悲。事實上，在現今的文化中，自我慈悲聽起來像是縱容、不正當，而且可能讓人覺得很怪異，許多人甚至連自我慈悲的概念都不太清楚。

　　研究慈悲的先驅克莉絲汀・聶夫（Kristin Neff）把自我慈悲定義為一套三步驟的流程：第一步，認知到自己正在歷經困難；第二步，在覺得難過或認為自己能力不足以克服問題時，

用仁慈與理解的態度看待自己，而非嚴厲的批評自己；第三步，認知到我們經歷的所有事，是所有人普遍都會有的經驗，並且別忘了，每個人都會經歷類似的困難時期。

生活中遇到不順遂時，我們很容易認為其他人都過得很順遂。認知到每個人都經歷過，或是未來都會面臨你目前的不如意，能讓你感覺自己隸屬於廣大群眾體驗的一部分，而不是感覺孤獨、疏離。

當內心自我批評開始指出我們的過失與不完美時，往往會使我們覺得其他人做得更好，只有自己才如此不完美。當我們認為苦難源於自己的失敗與能力不足，而不是外部環境因素導致的結果時，自我批評的影響力就會更強大。也正是這個時候，自我慈悲會更重要。

我們知道一項非常有效的自我慈悲練習，來自數千年歷史的佛教冥想修練「慈心禪」（Metta），大致上的意思是「喜愛仁慈」。這是一套謹慎沉穩的修練法，目的是產生對萬物眾生的仁慈心與良善意向。

神經學家掃描檢視慈心禪修練者的大腦，發現到明顯的差異。慈心禪修練者的大腦不僅發出更深的腦波，而且更快從壓力情境當中跳出來，他們的大腦皮層左額葉區出現明顯活絡的現象，這是司掌快樂功能的部位。[51]

你可能還記得前文曾經提到，平息司掌抑制功能的額葉區，往往有助於提高突破產生的可能性。那麼為什麼我們會建

議強化額葉區的方法呢？

　　慈心禪讓我們變得更快樂，對自己更慈愛，平息我們內心的自我批評。當內心自我批評的聲浪安靜下來，就更容易獲得突破。因此，慈心禪雖然會活絡我們的額葉區，同時也改變額葉區，變得比較不會抑制我們的思考。

　　這種方法另一個有趣的部分是，靜坐冥想雖然會關閉大腦的預設網絡，實際上卻強化構成預設網絡的大腦區塊，以及各個區塊之間的連結。因此，你大概不會在靜坐冥想時產生突破，但是，靜坐冥想將強化你的預設網絡，讓你在心思漫遊的時候更有可能產生突破，以及更容易進入突破心境。

　　慈心禪是反擊內心自我批評的好方法，再加上許多連帶的益處，也有助於提升你的魅力。不過，對多數人來說，這套方法讓人覺得很不自在。奧麗薇亞開始做慈心禪時，非但感到不自在，甚至還覺得很詭異。就算你也有這種怪異感受，請別放棄，繼續做就對了。

　　首先，慈心禪的暖身步驟取自聶夫的研究。請挑選一個你有好感的人，事實上，不一定要是人，也可以選擇你的寵物，甚至是你喜愛的填充玩具。現在，想像你們兩個組隊，一起面對世界。然後，請為這個小隊許願祝福，例如：「希望我們快樂，希望我們免於傷害。」使用任何讓你感到自在的字詞。

　　以下的視覺化想像流程，將指引你一步步歷經量身打造的慈心禪練習。這套方法利用人類的兩個本能傾向來運作：我們

更容易專注在影像上，以及，我們傾向敬重權威人士。如果你希望由奧麗薇亞指導你進行修練，可以在 www.TheButterfly. net 網站上找到錄音指導。* 在修練過程中，你可能會注意到由重複步驟形成的一種節奏。其實這正是這項修練的目的，你只需要願意嘗試即可。

實作練習：慈心禪

- 坐下來，調整坐姿讓自己坐得舒適，閉上眼睛，深呼吸兩、三次。吸氣時，想像吸入大量清新空氣送到你的頭部；吐氣時，讓空氣從頭頂流到腳底，把你的煩憂沖掉。

- 回想你在生活中展現的良好行為，無論大小。只要是一個良善的行動，展現真誠、寬容或勇敢的時刻即可。請聚焦在回憶這個時刻。

- 現在，想像一個你有好感的存在，無論他來自過去或現在，無論是神或是人（耶穌、佛陀、德雷莎修女、達賴喇嘛都可以），也可以是一隻寵物，甚至是一個填充玩具。

- 在心中想像他的存在，想像他的親切、仁善與慈悲，

---

* 編注：www.TheButterfly.net 網站已失效，請到 https://youtu.be/zO9JEDOKWh4 聆聽奧麗薇亞的語音指導。

看著他的眼睛與面孔，感受他的溫暖照耀、籠罩著你。

- 透過他的眼睛，以親切、仁善與慈悲的眼光看著你，感受他完全寬恕你內心的自我批評指出的一切錯誤缺失。你得到完完全全、毫無保留的寬恕，變得乾乾淨淨。
- 感覺他全心全意接納你，接納此時此刻的你，還處於成長階段的你，接納你的不完美，接納你整個人。

實作練習：接納宣言

- 你很完美，在這個發展階段，你很完美。
- 在這個成長階段，你很完美。
- 在這個完美階段，你很完美。
- 在你的大腦與心靈存在的一切事物下，你很完美。
- 在你的種種不完美當中，你很完美。
- 對於這個成長時期而言，你很完美。
- 在這個發展時期，在此時此刻，你的一切完完整整的得到接納。

　　我們的客戶說，做過慈心禪之後，他們的身體往往會感覺得到解放。在想像寬恕的過程中，他們的肩膀放鬆；在自我接受的過程中，他們的心底升起暖意。許多人的太陽神經叢部位

（solar plexus）感到溫暖，有些人則有「強烈疼痛」或「溫柔慈愛」的感受。無論你的體驗如何，如果你有任何感覺，就代表出現成效了。

縱使你的體驗讓你不覺得有效，慈心禪仍然值得嘗試，因為這麼做有種種外溢效果（spillover effect）。雖然這種修練讓人感覺不安，但通常接下來一整天，你會注意到自己活在當下，和他人建立更多連結，更能專注並享受生活中的美好時刻。自我慈悲研究者暨《自我慈悲的正念之路》（*The Mindful Path to Self-Compassion*）作者克里斯多福・卓門（Christopher Germer）說：「一個自我慈悲時刻能夠翻轉一整天的心態，一連串自我慈悲時刻能夠改變你的人生。」[52]

任何時候，當你感受到內心自我批評的攻擊時，都可以進行慈心禪的想像修練。卓門建議，你可以把自我慈悲想成是站出來對抗自我傷害，就像你站出來對抗心愛的人受到的某種威脅一樣。

研究人員觀察嚴厲自我批評者進行這類想像修練之後，得到的結果是：「沮喪、焦慮、自我批評、羞愧與自卑明顯減輕。」同時研究人員也注意到：「他們對自己的親切感與安心感明顯提升。」[53]

現在，你已經知道如何處理畏懼失敗的心理。接下來，我們要探討如何處理失敗的經驗。

✿ 本章重點

- 畏懼與焦慮是追求突破路上的重大阻礙。
- 災難化思維會強化我們的負向偏誤，阻礙我們產生突破。
- 失敗無可避免、人人都會碰到。我們必須學習如何處理畏懼失敗的心理。
- 對刻意突破來說，畏懼心理發生在突破出現之前，焦點在於害怕失敗；對意外突破來說，畏懼心理發生在突破出現之後，焦點在於害怕執行突破。
- 害怕失敗的畏懼心理最常見的表徵如下：
  - 冒牌者症候群：害怕自曝其短而被認為是假貨。解決方法是創造新的自我形象，並以具體證據為新的自我形象背書。
  - 內心自我批評：腦海中有聲音在抨擊自己。解決方法是分辨你認為「每一個人」都這麼做的那些「人」是誰，然後，創造新的「每一個人」來取代舊的「每一個人」。
  - 完美主義：永遠覺得自己做得不夠好。解決方法是認知到你犯的錯有多珍貴，認知到其他人喜歡你的不完美。
  - 極大化傾向：永遠想做得比別人更多、更好。解決方法是為極大化行為預設限制。
- 處理畏懼心理的最佳方法是：放鬆、感激、自我寬恕與自我慈悲。

08

黃蜂：失敗的恥辱感

我們究竟在害怕什麼呢？當然，我們害怕失敗的實際後果，無論那是有形或無形的後果，或是金錢、時間、心力、名譽等各種形式的後果。但是，我們同樣害怕失敗的經驗。

這也難怪，對許多人來說，失敗帶來的內在感受是恥辱、沮喪、失望，甚至絕望。這都可以理解，因為我們不希望發生這種事。這個時候，正是失敗技巧發揮作用的時刻。失敗技巧可以讓你保持學習模式，保有正確的心理狀態，並且從失敗中學習值得學習的東西，盡快重新振作，以便再度嘗試。

我們訪談過的許多運動心理學家與教練，都把失敗視為小創傷，擁有運動科學與巔峰表現心理學雙博士學位的衛斯理・賽姆（Wesley Sime）告訴我們：「運動員其實常受到微創傷所苦，例如，在觀眾面前表現不佳而顯得很難堪，以及可能讓團隊失望的難堪與恥辱。」此外，表現不佳也可能影響你的所得，失去未來的贊助者等。

失敗有各種類型與狀況，可以分為下列四種類型，但是我

們的知識與掌控程度會依序遞減。舉例來說,第一類失敗代表你有充足知識與充分掌控;第二類失敗代表你知識不足,但有充分掌控;第三類失敗代表你有充足知識,但缺乏掌控;第四類失敗代表你知識不足,也缺乏掌控。

失敗的四種類型

一般來說,失敗帶來的難過程度從第一類以下會依序遞減,但有些人無論碰到什麼類型的失敗,都同樣難過。有些工具更適合用在特定失敗狀況上,但所有工具都值得一試。

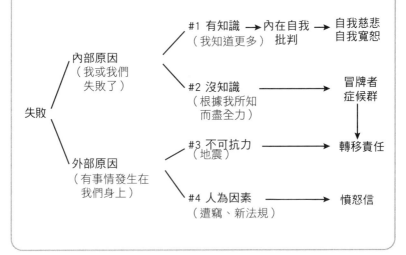

　　不同類型的失敗，需要不同的療法。自己造成的失敗可能需要自我寬恕，外力造成的失敗可能需要「憤怒信」。

　　本章提供的工具可以幫助你在面對失敗時變得更有復原力。在應對困難的各種廣泛復原力類型當中，失敗復原力是其中一個子集。失敗是困難的一種形式，是我們可能經歷的眾多困難當中的一種。如果具備失敗復原力，受到失敗影響的程度就會減輕，能夠更快重新振作。此外，這還有一個附帶的正面效果：因為你知道自己擁有處理失敗的技巧，失敗復原力變得更高，就會不再那麼害怕失敗。

換框思考

　　想像現在是週一晚上 9 點，經過漫長疲憊的一天，你終於在夜色中開車回家。今天是某個重要的人的生日，你已經為今晚的計畫忙了好幾個月。儘管疲累，但你依然微笑著，對今晚充滿期待，開心接下來要一起度過美好的時光。

　　突然，一輛紅色轎車不知道從哪裡鑽出來，擠進你的車道，切到你前方。你的心臟狂跳，雙手緊握方向盤，腳下急踩煞車。那傢伙不僅切到你前方，接著又切出車道，害你右邊的駕駛也跟著急煞，車輪發出尖銳聲響。你火冒三丈，心想：「白痴！魯莽的駕駛！」

　　你此刻的身體反應，就是典型的應戰或逃跑反應。這會導

致你的肌肉緊繃、心率加速，身體受到由緊張壓力所引發分泌的荷爾蒙衝擊，事件造成的緊張與憤怒蔓延開來。你不能把這些情緒帶回家，但不幸的是，你只有幾分鐘的時間可以從事件中復原，偏偏這件事留在你腦海中的強烈印象無法輕易消散。

　　一旦應戰或逃跑反應出現，就不會輕易平息。憤怒是一種難以從身心系統抽離的情緒，這也是為什麼早上不愉快的交通體驗，會在我們心頭停留好幾個小時，有時甚至停留一整天。

　　如果你試圖直接壓抑憤怒，將會付出慘痛的代價。當人們被導入負面情緒狀態，卻被要求壓抑情緒時，內在的負面感受通常維持不變，大腦與心血管系統仍保留高漲的緊張反應。[1]情緒很難壓抑，一如思想難以壓抑。

　　但是，如果你知道這位魯莽、不斷切換車道的駕駛，其實是個因為後座嬰兒噎到而心急如焚的母親呢？她一邊急著要把車停到路肩，一邊把手伸到後座，想要拯救孩子的性命。

　　如果你知道這件事，會不會馬上變得沒那麼憤怒？多數人會。

　　如果你決定改變自己對事件的認知，將能有效降低大腦內的壓力。心理學把這個過程稱為「認知重新評估」（cognitive reappraisal），但我們偏好稱作「換框思考」（reframing）。史丹佛大學使用功能性磁振造影（fMRI）機器所做的研究結論指出：「比起試圖壓抑情緒或忽視情緒，更有效且更健康的解決方法是改變看法。」[2]

　　我們很難確切知道一個人行為背後的動機，所以，為什麼不選擇對我們最有幫助的解釋呢？所以，還不如創造一個解釋事件的版本，能夠讓你進入突破所需要的心智狀態。這樣做乍聽可能很詭異，但選擇將你的觀點換框思考，其實是最明智、最理性的做法。

　　舉例來說，你不久前向客戶報價一項新產品，而現在探詢對方的購買意願時，結果不太有希望。如果你陷入自我批評與自我懷疑的漩渦，你知道這代表會發生什麼事：你將不再處於理性的學習模式，因此無法正確分析原因、理由、後果與影響。

　　換框思考指的是改變你看待一個體驗或事件的框架，也就是改變你描述一個體驗的心智狀態。

　　認知式換框思考是採取理性、邏輯導向的論述：「事情不像你想的那麼糟，因為……。」另一方面，社會認同式換框思考則相反，完全不需要任何邏輯，例如：「很多人都這樣。」甚至更好的說法是：「這位受景仰的人物也有這種經驗。」

　　下列是認知式換框思考的絕佳案例。一位共同研究者告訴我們：「我先生喜歡購買並轉售藝術品來賺取外快，他的導師是這一行的專家，他建議我先生別把糟糕的購買經驗視為虧損，應該視為繳學費，因為這筆買賣不是我們可以在學校學到的東西。所以，我先生把不當購買視為他必須繳納的學費，可以讓他學習到如何以此作為全職工作。以目前的大學學費水準來看，他有很大的犯錯（學習）空間。」

　　這是很棒的認知式換框思考：不把結果視為可能的失敗，而是視為有保障的學習。這樣的學習經驗將讓你轉變方向，或是引領你邁向終點。想像你看到某項結果發生，但和你的預期不同，這就像彈珠台遊戲宣告：「恭喜，你學到一些東西，可以繼續再玩！」在這種框架中，道路的終點（成功）其實是相較缺乏吸引力的選項，因為你已經抵達終點，不能再玩了！

　　有時候，客戶會詢問我們：「我們懷抱著希望，認為努力將獲得成功創新，但每一次的嘗試都可能失敗，我們要如何在希望與失敗這兩種可能性之間取得平衡呢？我們當然不可能預想自己會失敗，因為這樣就會失去動機。」

　　我們的回答是：把每一次的嘗試視為有保障的學習，因為不論發生什麼事，可以確定的是，你可以學到東西。誠如愛迪生所言：「你將會學到無數種無法發明出燈泡的方式。」答案就是把學習當成最終獎項，你大概聽過「成長心態」（growth mindset），又稱為「學習觀點」（learning stance）。[3]

　　請以長期觀察的視角看待自己的努力。你追求的不是眼前的成功，而是如何成功讓自己成為出色的創新者。在這種心智框架中，沒有任何一步是倒退走，因為你總是在學習新東西。有時候，你學到的是「別再這麼做」，但這仍然是向前邁進了一步。

　　假設你是愛迪生，正試圖找出一種符合經濟成本效益、可以商業化的燈泡。現在有一萬種可能的燈絲，先挑選出具有高

電阻率且不耗電的材料，因此選項縮減到剩下一千六百種。然後，你開始測試，很可能每次測試都失敗，但是，學習觀點（成長心態）如此看待每一次的失敗：「我現在距離發現合適的燈絲更進一步了！」也就是說，你保證可以學到東西。

馬斯克的 SpaceX 公司試圖讓火箭返航降落在海上的大型平台船，以回收火箭，重複使用。然而，降落失敗了。雖然沒能成功降落，但是火箭確實返航觸碰到大平台船，這已經非常鼓舞人心。馬斯克這麼說：「這次的失敗……預示前景光明。」[4] 你也可以這麼做：把失敗視為保證可以學到東西，因此，失敗預示的是前景光明。這麼想，有助於維持情緒動能。

Google 的 X 部門主管阿斯特羅・泰勒建議，不要把你向世界展示的東西，視為最後一項產品。想像你在對世界說：「你們認為如何？我們怎麼做可以把這個東西變得更好？」他說：「現在辨識出我們欠缺什麼，遠勝過多年後才去檢視，因為後者將花費更多金錢、投入更多情緒。」[5]

在某些情況下，有個好方法可以讓自己進入「願意失敗」的心態：把你正在做的事當成實驗，只要嘗試一次，不需要貫徹到底。並告訴自己：「這滿有趣的，我很好奇。來試試看吧！」舉例來說，如果你正在嘗試新的行為，有人提出意見，你只要說：「這是一項社會性實驗。」甚至可以提及一篇和這個行為有關的文章，來避開可能導致的窘境。創意專家蒂娜・希莉格很喜歡這句格言：「創造力就是能夠在最短的期間裡犯

最多錯誤。」她解釋，每一次的錯誤將提供實驗性資料與學習新東西的機會。她建議我們把「失敗」這個詞改為「資料」，來提升你（和其他人）做實驗的意願。[6]

對創意這個主題感興趣的人，我們非常推薦你希莉格的著作《學創意，現在就該懂的事》（*inGenius*）。她在書中解釋，嫻熟精通的發明家重視失敗的意外結果，因為在邁向突破創意的路上，每一次的意外結果都教會他們一些重要的教訓。他們相信，我們能否從失敗中挖掘寶貴資訊與獲得洞察，關鍵在於，把反覆嘗試與摸索的過程視為朝成功邁進的一連串實驗。

瞧瞧矽谷人帶給我們的啟示：他們不把失敗稱為失敗，而是稱為「策略轉向」（pivot），這個詞聽起來多麼不同！他們有許多方法可以清除失敗的汙名，其中一種方法就是改變名稱，另一種方法則是頌揚失敗。創投家藍迪・科米薩爾（Randy Komisar）說：「矽谷認知到，失敗是追求成功路上無可避免的一部分。」[7]

抽離

為了妥當處理失敗，你必須學習如何從失敗引發的想法與情緒中抽離出來。那麼，抽離的關鍵是？請意識到，存在腦中的東西未必真確，你感覺真確的東西，其實未必真確。

負面思想對你的影響很大，因為你相信大腦傳達給你的東

西是事實的真確描繪。其實不然，你的頭腦經常會用扭曲的透鏡來觀看世界。

在一項著名的研究中，哈佛大學研究人員讓實驗參與者觀看一部短片，影片裡有兩支隊伍在打籃球，研究人員要求實驗參與者計算其中一隊傳球的次數。影片中途，研究人員安排一名女性穿著大猩猩玩偶裝走進籃球場。

看完影片後，研究人員詢問實驗參與者，有沒有在影片裡看見異常的狀況？在多數實驗組中，過半數的實驗參與者沒有看到那隻大猩猩，儘管那隻大猩猩還曾經對著攝影機揮手呢！[8]

你大概會想，換做是你，一定會看到那隻大猩猩，是不是？我們來試試看。環顧你所在的房間，注意背景裡的所有東西。

接著，眼睛回到這一頁，看著這一句，別抬頭，試著說出你剛才在房間背景裡看到的所有紅色物品。試試看，我們等你。

好了，請再次環顧房間，是不是有很多你剛才沒看到的紅色物品？怎麼樣，有趣吧？

為什麼會這樣？因為我們的頭腦有很多事要做，能夠騰出腦力、有意識的集中注意力去做某件事的空間有限，這會限制我們在任何一個時間點能夠察覺到的資訊量。如果說視覺所見的世界是一片資訊海，那麼，我們在任何一個時間點能夠有意識察覺到的資訊量可以說是一條小溪，資訊海淹沒我們，讓我們招架不住。

於是，我們的頭腦聚焦於它認為重要的資訊，選擇性注意某些資訊，這表示我們會遺漏、忽視某些事，也意味著我們的大腦並沒有提供真確的事實，我們的世界觀並不完全。

多數時候，我們的大腦做出好選擇，讓我們獲得真確的事實描繪，但有時候，我們的心智會歪曲事實。這種歪曲往往會傾向負面，因為我們的大腦在努力保持安全的過程中，總是把負面事物看得最顯著、最重要，這就是我們在上一章談到的負向偏誤。

年輕的專案經理黛安現在負責一項專案，這是她踏入職場以來做過最大的專案，專案開始後不久，她接到客戶端窗口莎拉的電話，告訴她：「我覺得你的工作表現出色極了，我極力誇讚你和你過去一年的優異表現，但我的主管似乎不這麼認為，我猜想，你們初次見面時，他沒有對你留下深刻的印象，所以還沒機會改變觀點。不過，黛安，我想要你負責我們公司的所有專案，你做得很棒，我相信主管看到之後，一定會相當驚豔。我希望你在我們公司下次的管理會議上做專案簡報說明。」

莎拉說了很多讚美黛安的話：她的工作表現出色極了；她表現優異；希望由她負責自家公司的所有專案。但是，黛安的腦袋最先注意到的是談話中的負面資訊：

莎拉的主管對黛安沒有留下深刻印象。如果你也有過這樣的經驗，糾結於自己在一段談話中聽到的負面資訊，大概知道這對自信心的打擊有多大。

我們的心智演化成高度偏好擔憂所有可能會出狀況的東西，從這樣的觀點來看，心智就像猶太媽媽發出訊號：「開始擔心，詳情待述。」或是像心理學家史蒂芬・海斯（Steven C. Hayes）說的：「哈囉，我是你的大腦，你有意識到你應該開始擔心了嗎？」[9]

在應付內心自我批評時，需要使用抽離的技巧。抽離後，你的大腦就不會只有內心自我批評的聲音，而是變成眾多聲音當中的一個。為了把抽離做到淋漓盡致，你甚至可以為內心自我批評的聲音取名，例如「愛抱怨的奧斯卡」或「愛恐嚇人的丹尼斯」，把它當成天真的卡通人物看待。

當你察覺自己糾結在一則負面資訊而不斷沉淪時，請提醒自己：你對事實的認知很可能並不真確。如果把負面資訊擺在前端，你的頭殼裡抱持負向偏誤的大腦將會聚焦在這項資訊上，還可能宣布這項負面資訊很重要，同時又全然忽視掉正面的資訊。

實作練習：別再害怕

　　下列方法旨在幫助你平息負面思想的影響。請留意哪些方法對你來說最管用，練習到把它變成本能反應。這些技巧會應對負面想法，而不是試圖壓抑負面想法，也不是和它爭論。

- 不要因為不確定狀況而姑且相信自己的想法。雖然這是你的想法，但並不表示這樣的想法必然真確。首先，提醒自己，你可能遺漏或忽視很多東西，還有很多正面的東西等著你去注意。

- 想像你的想法就像牆上的塗鴉。

- 為你的感受（憤怒、焦慮、自我批評等）取名字，這麼做能夠幫助你減輕負面的感受。

- 盡量別把資訊想成是針對個人而來。把「我覺得很丟臉」改成「有丟臉的感覺」。往後退一步，模仿人類學家觀察某種儀式的方式來觀察這個感受，或者，想像你是一名在觀察某種現象的科學人員：「很有意思，一些自我批評的思想正在發生。」

- 想像你從太空觀看地球，現在，再靠近一些，觀看你的國家、你的社區、你的住家。看到自己了嗎？此刻你正在這顆星球體驗這個想像呢！

- 把你的負面思想想像成 Podcast 節目，然後摘掉你的耳機，打開放在旁邊的音樂播放器。
- 你擔心可能會發生的所有麻煩事如果真的發生，會出現怎麼樣的情境，把情境列出來。接著，想像你安然度過這個情境，存活下來。
- 回想以往有過類似的負面想法或焦慮經驗，你當時也不認為自己能夠安然度過，但你真的度過了。

海斯請他們的研究實驗對象在幾分鐘內不要去想黃色吉普車，一些實驗對象說，他們腦海中立即浮現黃色吉普車的樣貌，其他實驗對象則是能夠短時間就克制這個想法，但這段時間一過，黃色吉普車的樣貌馬上鮮明躍入腦海。實驗後接下來幾天，這些實驗參與者還是想著黃色吉普車，有些人甚至持續想了好幾週。

試圖壓抑一個自我批評的思想，只會讓你更想去想著它。因此，比起壓抑，減輕影響是比較好的策略。

把某項體驗去汙名化指的是，藉由了解這是正常、普通的事，不需要覺得丟臉，從而減輕它的影響作用。這麼做可以去除恥辱感，這一點非常重要，因為當你被恥辱感吞噬時，就無法好好思考。

遭遇失敗時，我們的心智自然會傾向想像最糟的情境。在

社會認同的傾向下，你會理解「每一個人」或「多數人」都有這種經歷。

我們對失敗的反應其實和我們對悲痛的反應很類似。當失去珍貴的人事物且無可挽回時，我們感到悲痛；失敗則是指你非常關心的某件事不成功。透過「庫伯勒－羅斯模型」（Kübler-Ross Model）來了解悲痛是最佳的方法；這個模型指出，我們的悲痛會歷經五個心理階段：

1. 拒絕接受：「不可能發生這種事。」「一定是哪裡出了問題。」
2. 憤怒：當一個人認知到無法繼續拒絕接受狀況時，會變得失望：「這該死的事怎麼會發生？」「到底是誰的錯？」
3. 討價還價：「一定有什麼辦法能挽回。也許，如果我們這樣做……。」
4. 沮喪：「事情真的發生了。」「我們失敗了，我們很爛，我們或許應該放棄。」
5. 接受：「好吧，我們失敗了，接下來呢？」接受是向前進之前的最後一個階段。

我們無法避免快樂、生產力與創造力像這樣下滑，但是我們可以減輕下滑的程度與時間，解決方法是接受，而非和它對

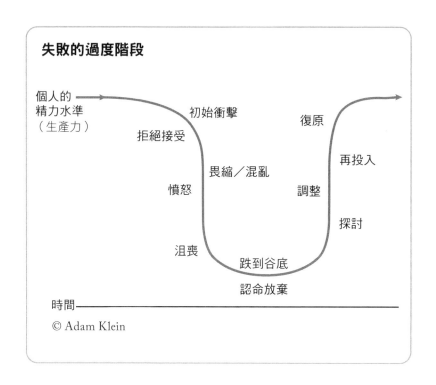

抗。誠如心理學家蕭恩・艾科爾（Shawn Achor）告訴我們：「對於無可避免的失敗造成的生產力下滑，你愈是接受，就會愈快度過。」[10]

運動心理學家喬安・達爾寇特則告訴我們：「歷經悲痛、應對憤怒、傷心等階段，是必要的過程。一旦忽視悲痛，可能引發憂鬱。」她指出，當計畫失敗時，很少團隊會花時間歷經悲痛階段，反而立刻繼續向前走，彷彿失敗不會造成任何情緒衝擊，她告訴我們：「不幸的是，壓抑情緒只會讓情況變得更糟。」

　　你需要哀悼的過程：無論是失去一個事業機會或一面競賽金牌，在嘗試從失敗當中學習之前，務必先花點時間感受悲痛、哀悼失敗。你可能會試圖繞過這些不愉快的感覺，因為這是我們的本能，每當感覺難過時，我們傾向抓住自認為可以揮去難過的第一件事物。以遭遇失敗的情況來說，我們想避開哀悼失敗時的沮喪感，又知道處於生產模式的感覺比較好，於是這種想法發揮極大的影響力，誘使我們直接從認知失敗跨入分析失敗。[11]

　　請別這麼做。哀悼失敗的過程和分析失敗的過程不同。哀悼失敗是一種情緒的過程，一種接受失敗發生的過程。歷經悲痛過程時，我們不問為什麼失敗，不去思考如何避免失敗發生。在悲痛與哀悼過後，你才要分析失敗，從中學習，但分析是一種智識的過程，不是情緒的過程。

　　科技專業人員暨創業家薩菲・巴寇（Safi Bahcall）解釋：「這是 A 型人經常落入的一種陷阱，A 型人往往把悲傷與哀悼失敗當成示弱的行為，這是個人經驗談。」*

　　那麼，要如何哀悼失敗呢？這取決於失敗引發的情緒衝

---

* 作者注：我們的朋友巴寇很有見地，他的父親是傑出物理學家，母親是天文物理學家，他擁有哈佛大學物理學士學位與史丹佛大學物理博士學位。在麥肯錫管理顧問公司任職多年後，巴寇共同創辦兩間成功的製藥公司，過程中獲得無數讚譽與獎項。你如果見過他，大概會覺得他是最友善的人，他真是難以置信的大好人。

擊，也許只是簡單花點時間承認失敗，也許需要充分的哀悼過程。達爾寇特建議她輔導的運動員，把想法與感覺寫出來，他們需要把憤怒表達出來，無論這股情緒是對著自己，或是向著他人（例如隊友在接力賽中掉棒），我們也對客戶提出相同的建議。

以下是達爾寇特幫助奧運選手處理失敗的一些方法：

- 客觀看待狀況。如果從十年後來看這場失敗，這場失敗有多重要呢？
- 聚焦於行為，而非結果。找出自己做對的事，例如，你在過程中是否保持良好的姿態？
- 失敗時，我們往往會提出負面的疑問，通常以「為什麼」開頭，例如：「為什麼我這麼愚蠢？」這類疑問總會引發內心的自我批評。不過正面、積極的疑問通常是以「做什麼」或「怎麼做」開頭，例如：「我可以從這次的經驗中學到什麼？」「這件事有什麼好處？」「我如何利用這樣的情形幫助自己獲益？」「下一步是什麼？」「我該如何繼續前進？」「我需要什麼工具與資源來幫助我繼續前進？」

我們非常贊同心理學家理查・韋斯曼（Richard Wiseman）的建議，用以下三步驟的流程為失敗畫下句點：

1. 寫下來：在紙上傾訴心中所有想法、發生什麼事、感覺怎麼樣等。這是一種心智的洗滌淨化，有些客戶稱為「嘔吐衝刺法」（vomit sprint）。

2. 把紙撕掉：用力撕、盡情撕，聽到撕裂聲，感受撕掉紙張的痛快。

3. 如果可以，把紙燒掉，正式宣告失敗結束。

社會認同

你有沒有注意到，一個人起舞時，看起來像是瘋子，但是當二十個人起舞時，我們就認為這是無所不在的即興創作＊？

另一種換框思考使用的是前文提及的社會認同原理：找到一位你景仰的人物，他曾經失敗、願意再度失敗、把失敗視為過程中可預期的一部分。一位受人景仰的權威人物接受失敗（或替換成任何你想去汙名化的體驗），這個事實讓失敗變得「不要緊，可以被接受」。

＊ 編注：無所不在的即興創作（Improv Everywhere）是一個以紐約為根據地的喜劇表演藝術團體。致力於在公共場合進行無傷大雅的小惡作劇，目標是要引起「混亂又喜悅」的場景。請參考影片：
https://www.ted.com/talks/improv_everywhere_a_ted_speaker_s_worst_nightmare?utm_campaign=tedspread&utm_medium=referral&utm_source=tedcomshare

一個人如果從未犯錯，代表他從未嘗試過新東西。

——愛因斯坦

　　試著找出至少五個失敗的例子。大腦習慣以三個為一組來思考，例如奧運獎牌（金、銀、銅）、童話故事《三隻小豬》等，一旦數目超過四個，就沒辦法馬上理解。[12] 當數目超過四的時候，我們的大腦就會把這個數目視為「很多」，或者是把它視為「所有人都這樣」。

　　你可以從任何領域挑選案例，名人與同儕的案例可以建立社會認同的標桿，權威人物可以建立權威的標桿。這些案例最好能夠涵蓋我們吸收資訊的所有方式：電台與 Podcast 節目訪談、YouTube 影片、書籍、信函、電子郵件；從中找到人們在這些媒體談論失敗經驗的例子。把自己沉浸在這種環境中，讓大腦產生一種印象：你的周遭世界都是這麼想。舉例來說，你可以提醒自己，幾乎每個成功的創新者都和愛迪生一樣，把失敗視為過程中必要的部分。[13] 你可以告訴自己，失敗是創新過程中固有的部分。愛迪生不信任沒有經過失敗的創新，他第一次聽到留聲機播放出他的錄音時，不禁開始擔心：「第一次就奏效的東西，總是讓我感到害怕。」

　　巴寇回憶高爾夫球選手魏聖美的教練說，他教魏聖美，每當她推桿而球沒有進洞時，就要對自己說：「我已經度過這個失敗，現在，我離高爾夫球史上最佳推桿球員更進一步了。」

巴寇說:「每次我遭遇失敗,總會想起這句話。」

3M 公司的科學家安迪・歐德柯克(Andy Ouderkirk)博士告訴我們:「自我懷疑是突破性創新過程中很自然的一環,因為在這個過程的早期階段,通常鮮少會得到他人的肯定。你必須了解,那些自我懷疑其實顯示出,你正在做的東西很可能是一個突破性構想,如果你有所懷疑,別人大概也有,或許這正是這個突破機會仍然存在的原因。我從經驗中學到,一開始沒有引發懷疑的發明,幾乎最終都不怎麼實用;那些受到質疑最多的發明,往往創造出最大的事業。我現在把更多的心力投注在那些引發懷疑的發明。」[14]

有一天,你可能會把懷疑的感覺當成讓人放心的感覺,因為這是一種跡象,顯示你走在正確軌道上。懷疑是邁向新事物路上的路標,是追求突破的過程中很自然的一部分,如果沒有人有懷疑,那就代表他們全都做過了!

當然,可以結合運用社會認同式換框思考與純粹的認知式換框思考。據說,愛迪生在發明能夠商業化的燈泡時,失敗過一萬次。如果有人問他如何能夠歷經千次失敗而仍然堅持下去時,他的回答是,他不認為這是「一千次的失敗」。[15] 他說他其實發現一千種不能發明出這種燈泡的做法,最終,他發明出可以商業化的燈泡。

如果換一個方式敘述這個故事,那麼人們對那些沒有成功的試驗,將立刻改變看法:「愛迪生全面尋找適合的材料與條

件，經過上萬次試驗，終於找到經實驗證實可行的燈泡構造。」

把「一萬次的失敗」當成「一萬次的試驗」是認知式換框思考。這句話出自愛迪生嗎？就把它視為社會認同吧。

給領導者的話

在失敗經驗當中，領導者扮演相當重要的角色。因為，當人們想要知道他們應該對某件事抱持怎樣的感覺時，通常會找上領導者。如果你是領導者，根據定義，你是這個團隊的主導者，人們仰賴你提供線索，讓他們知道應該如何看待各種情況，以及如何反應。

如果你能告訴他們，未來可能發生什麼事、他們的大腦會對失敗做出什麼反應、他們可能感覺到哪種情緒、必須注意哪些陷阱；當失敗發生時，他們就不會那麼不安。

為什麼愛迪生第一次失敗之後，仍然可以保持信心與專注呢？愛迪生的第一個專利發明是投票計數器，最終沒有獲得採用；相隔六年後，他才發明出成功的寬頻電報機。也就是說，他歷經漫長的六年，概念一直行不通；這是整整六年的失敗。但愛迪生卻這麼想：「如果我發現一萬種行不通的方法，那就沒有失敗，我不會灰心喪志，因為每丟棄一個錯誤的嘗試，就是向前邁進一步。」

練習失敗

> 遭受脅迫時，我們鮮少能發揮預期的水準，通常會跌
> 回訓練時的水準，這正是我們必須接受訓練的原因。
> ——美國陸軍訓言

上健身房時，你不會一開始就去舉三百磅的槓鈴，你會暖身，逐漸增加練習量。練習指的是在低風險的情境、安全的環境中嘗試一種新行為；練習就是在嘗試新行為的較小型版本，猶如幼兒學步。這是你在學習處理失敗時應該採取的方法：在低風險、安全的情境中練習，逐漸增加處理失敗的能力。

練習有兩類：物理的經驗練習與心理練習。多數人首先想到的是物理的經驗練習，也就是在真實生活中實際體驗。心理練習是在大腦中經歷這項體驗。

首先，我們來探討真實生活中的經驗練習。

經驗練習

這一小節討論的所有工具將幫助你重塑你對失敗的反應，透過不同作用來達成目的。有一些換框思考純粹是邏輯、認知性質的主張，使用的是執行網絡，例如認知行為治療。

其他的換框思考則更側重情緒，例如社會認同。這是你在

觀察到一種社會行為時會表現的本能反應，不管你是否了解背後的邏輯。例如當火車停下來，大家走出車廂，開始朝著同一方向行走時，你會本能的跟著大家一起走，隨波逐流。當一種人們廣為接受的行為實際上不合道理，例如一位受景仰的權威人物示範一種不合邏輯的行為時，社會認同仍然能產生作用。

私下失敗和公開失敗不同。事實上，失敗的光譜上有好幾個區段：獨自一人；和一小群你感到安心自在的朋友一起；和陌生人一起；處於一大群人的核心。不要一開始就拿唱卡拉OK 來練習失敗！請在安全的環境中練習失敗，了解你對失敗的反應，如此一來，一旦失敗，你才不會被嚇到。

以下是練習失敗的幾種方式。

運動

運動是練習失敗、建立失敗復原力的好途徑；聰明的公司知道這一點，也懂得善用這一點。例如，Google 知道員工在突破創新的路上必然經常面臨失敗，因此，他們專門尋找對失敗具有高度復原力的人才。

Google 的一位人才招募主管敘述，一位曾經打過職棒的應徵者在面試時告訴他：「我知道如何失敗，我被三振過一百萬次。」他當場就錄用這名應徵者。另一名 Google 主管告訴我們：「我的團隊裡有幾名棒球員，他們的工作表現全都很好。」

撲克賽

　　撲克賽是訓練如何處理失敗的優異選擇，撲克玩家必須接受一項事實：有一定比例的時間會輸。世界撲克大賽贏家安妮·杜克（Annie Duke）說：「你必須對輸牌感到自在，因為輸牌必然會發生。」無論你的牌技有多高超。[16]

　　撲克賽可以幫助你學習如何從失敗中重新振作。安妮說：「你無法在當下分析或反思，還不是做這些事的時候，你必須振作起來，因為下一把馬上就開始了，如果你還在惱怒、對其他人或自己生氣，下一把會打得很差。所以，請告訴自己先擱置、等下再好好分析。」

　　安妮解釋，在賽後分析決策時，不是要檢視贏輸，因為在撲克賽中，任何一把的輸贏都是非常隨機出現，有太多你不知道的東西。事後決策分析應該要分析你是否盡所能了解勝率與可能結果，以及你是否根據這些了解做出正確的決策。

烹飪

　　練習烹飪的好處在於，你可以同時練習失敗與創意。神經學家瑪麗·帕辛斯基（Marie Pasinski）是這類經驗練習的大粉絲，她推薦《藍色草莓烹飪書》（*The Blue Strawberry Cookbook*）；這是一本沒有食譜的烹飪書，鼓勵你創新與實驗。烹飪也是奧麗薇亞練習失敗的方法。

　　奧麗薇亞的廚房看起來經常像犯罪現場，在歷經創意實驗

後，到處都是食物，連牆上都有。她堅信創意的生成量和廚房的雜亂程度成正比，而且在她的廚房裡，最常聽到的話是：「哎呀！」有一次，她決定要用柳橙與義式臘腸來「改良」加蒔蘿的希臘式黃瓜優格醬（tzatziki），她堅持認為，在加入義式臘腸前，一切都做得挺好的。心胸較不開闊、沒那麼勇於嘗新的人可能會驚駭的拒絕那些實驗菜餚，所幸，她的黑色拉布拉多犬總是樂意吃下那些創意的結果。

你可以在家中試試下列兩種失敗練習，挑選比較適合你的那一種。限制資源烹飪法可以讓你練習擴散性思考與聚斂性思考。

- 如何使用廚房現有的材料與器具，製作一項甜點？不一定得美味可口，只要能夠入口、像甜點就行。真的，花點時間想想看，你是否感覺到大腦正在掙扎奮鬥呢？那就是神經可塑性正在運作。
- 打開冰箱，你可以用裡頭的材料烹飪出什麼主菜？
- 考慮廚房現有的材料與器具，你能做出煎薄餅，或是大致類似煎薄餅的東西嗎？例如，你只有幾條還沒熟的香蕉，就可以這麼做：把香蕉放入烤箱，把表皮烤到變成黑色加速熟成（這樣做更像是超級速熟法）。把香蕉搗成泥，預熱煎鍋，把香蕉泥當成煎餅麵糊來煎，直到它變成焦糖色，翻面再煎。祝

　　你烹飪愉快，吃得開心！

　　刻意烹飪失敗是鼓勵你刻意「做錯」某件事，來獲得可能的新洞察。

　　舉例來說，以錯誤的溫度烤餅乾，最後得到鬆軟的餅乾。心理治療師艾利瑞・梅塞爾（Erik Maisel）提供下列練習：用三顆蛋來煎歐姆蛋，但在過程中把蛋殼連同蛋液一起拌進鍋子裡煎，小心把煎好的歐姆蛋盛到盤子上。看看，你做出一個失敗的歐姆蛋。不過，它真的失敗了嗎？那些脆口的蛋殼突出來，形成有趣的型態，你不覺得很有趣嗎？你一定沒見過像這樣的歐姆蛋！把蛋殼放進煎鍋時，你沒有不同的感覺？是不是有點像觸犯禁忌，又好奇會發生什麼事嗎？你做過上百次正常的歐姆蛋，枯燥到你不會記得，但你一定會記得這個「失敗」的歐姆蛋，對吧？

即興劇

　　近年來，學術界與實務界發現，即興劇是一項優異的領導工具，年輕領導者在頂尖商學院上即興劇課程，幫助他們變得更自在的隨波逐流，更自在的和公司指派給他們的人員共事，信賴共同合作的過程。

　　即興劇練習就像在表演一齣戲，但所有卡司都像在走鋼絲，沒有預先寫好的台詞或劇本、也沒有排練過，只給演員一

個概念或情境，就讓他們即興演出，例如「在牙醫診所」。這可不容易，你必須從其他演員那裡取得最後一句台詞，根據他們的表現接著演出，並加入自己的創意，同時，還要試著述說一個連貫又有趣的故事。失敗無可避免，也在預料之中。

練習失敗時很重要的一點是：聚焦於行為，而非聚焦於結果。達爾寇特這麼說：「聚焦於過程目標，別聚焦於結果目標。」

奧運教練查理・布朗（Charlie Brown）解釋：「結果目標或表現目標會拿你和別人做比較。把它們視為抱負目標儘管很有用，但你無法掌控能否達成這些目標，你應該聚焦於自己能夠掌控的東西。表現目標會把你和預設的標準做比較，問題是，這項預設標準已經根據特定（最適）條件來假設，而你無法掌控那些條件。」

過程目標聚焦於你能夠掌控的東西，可能是行為或心理過程。就如同我們在前文說過，我們不能保證你一定能產生突破，但我們可以告訴你如何提高獲得突破的可能性。無論你想要追求的是什麼，過程目標可以幫你提高成功的可能性。

心理練習

你已經取得一些經驗練習的工具了，接下來，我們要談心理練習。心理練習的成效已經獲得廣泛研究，如今，在世界級運動訓練中，心理練習是絕對必備的項目。我們訪談的每一位

奧運教練，有至少一半的訪談內容都在談心理練習，其中一名
教練告訴我們：「我不認為你們可以找到沒有把心理練習納入
訓練的奧運選手。」事實上，有位奧運選手甚至說：「達到一
定水準後，一切就取決於心理素質。」

　　我們所謂的「失敗練習」，指的是練習你應對失敗的反應。
你無法掌控環境與條件，你無法掌控結果，但是你可以掌控自
己對結果的反應。這表示，你要改變自己對失敗的看法，實際
上，這指的是你得改變大腦如何應對失敗，改變大腦對失敗的
反應線路。改變心智就是在改變心智線路；每次改變心智，實
際上就是改變大腦的一個反應線路，這就是神經可塑性。

　　心理練習也稱作心智演練或是視覺化，這是從運動員、音
樂家到美國陸軍特種部隊，所有表現高超的人都會使用的一項
精英工具。心智演練是改變大腦線路的眾多方法之一，每當你
思考一個想法，大腦要不是建立新的連結，就是強化既有的連
結。因此，藉由演練應對失敗的全新反應方式，你的大腦將建
立起新的反應路線，然後強化這條反應路線。

　　運動心理學家衛斯理·賽姆曾和許多奧運選手與他們的教
練共事，他告訴我們一個關於心理練習的顯著案例，發生在他
輔導一名年輕的特技跳水運動員期間。

　　這位跳水運動員在練習跳水時，重重撞到跳水板後再重重
落入水中，導致他頸椎裂開，停止訓練六週，讓椎骨密合。這
段期間，他做了心理練習訓練，想像自己執行完美的跳水。能

夠在沒有進一步身體傷害下繼續練習，對他而言是一大慰藉。

賽姆使用「神經回饋」教導這名跳水運動員鎮靜心思，完全聚焦於當下的工作上，這也就是運動員常說的「進入狀態」。賽姆告訴我們：「神經回饋能夠顯著促進心理訓練，使你深度聚焦，讓意象更加深入心智當中。」經過六週的心理訓練，這名運動員再度參賽。賽姆告訴我們：「跳水是一項仰賴極度精準表現的運動，通常在比賽中，我們會看到五個完美的跳水，兩、三個還不錯的跳水，其餘則是普通的跳水。但是，這個孩子，六週沒有實際訓練，受傷後首次復出，每一次跳水都呈現出完美的表現。」

下列是能夠產生最佳視覺化的一些原則。

想像自己身歷其境

當撐竿跳運動員練習心智演練時，他們會練習助跑的每一步、插竿，感受空氣衝向他們。傳奇泳將麥可‧菲爾普斯（Michael Phelps）從十二歲起，每晚睡前都會練習划水動作，想像水在他皮膚上、鼻孔裡有空氣、肌肉緊繃、完成翻騰轉身時身體扭轉的感覺。

想要獲得最佳效果，你的演練必須以自身為中心，不能從外人的角度看自己，必須透過你的眼睛看自己，用自己的肺呼吸。切記，感覺愈豐富愈好。

聚焦於行為，而非聚焦於結果

我們有時候會被問到：「怎樣的狀態是有建設性的視覺化，怎樣的狀態只是幻想的白日夢？」

這兩者的差別有點像有益的批評與有害的批評之間的差別，儘管都是批評，但瞄準的目標大不相同。有益的批評聚焦於行為，也就是你能夠改變或調整的部分，這會帶給你進步感；有害的批評則使你感到挫折、灰心。同理，有建設性的視覺化聚焦於你想在特定時間表現的特定行為，而不是只聚焦於你希望的結果。

舉例來說，如果你在演練一場即將到來的簡報說明會，不要只是想像同儕的道賀、聽眾的喝采，而是應該聚焦於你在簡報每一個階段的感覺，想像自己要如何動作、走步、談話、呼吸。

不過，有兩個例外情況。在這兩種情況下，你應該花時間想像結果：當你想讓自己相信某項目標實際上可能達成的時候；當你想測試自己對某個可能發生的結果會有什麼感覺，想知道這是不是你打從心底想要的結果的時候。

演練所有可能的情境

切記，心理練習不能只是想像贏的情境，也必須想像每一件可能出錯的事，以及在這個情境當中最理想的行為反應。達爾寇特告訴我們：「太多運動員只想像完美的結果，但完美的

結果鮮少發生。」她要求她輔導的運動員想像面臨「如果⋯⋯
我就⋯⋯」情境時，要做的幾項行動計畫，例如：「如果發生
這種情形，我就⋯⋯」，並且盡可能涵蓋更多的可能情境。

馬修・布萊迪（Matthew Brady）是美國陸軍特種作
戰部隊的飛行員，為派遣伊拉克與阿富汗的美國陸軍黑
夜潛行者（Night Stalkers）精英部隊駕駛直升機。特種
作戰部隊是執行最危險任務的志願兵。

布萊迪解釋：「當陸軍詢問『誰想深入敵後？噢，還
有，我們不知道那裡有什麼在等著你，我們也可能無法
派遣支援』時，舉手的人，就是這些傢伙。」[17]

團隊成員通常從圍桌談話演練開始：所有人圍繞一張
桌子詳談，討論執行任務時「如果這樣，會怎樣」（what
if）的情境，可能發生什麼情況，可能出什麼錯。

還有，他們會使用電腦進行虛擬模擬。舉例來說，布
萊迪將執行飛經一座阿富汗山谷的任務，他把目標地坐
標傳回肯塔基州的陸軍坎貝爾軍營，那裡的模擬團隊會
建立電腦模擬地勢，回傳給布萊迪。

他們把模擬模型下載到飛行模擬機裡；這基本上就是
一個放置於油壓系統架上的大盒子，裡頭完全複製直升
機駕駛艙，「窗戶」是螢幕，顯示任務發生地的虛擬地勢。

在實際執行任務前的幾小時，布萊迪虛擬飛行五、六次，行經模擬的山谷，降落在山頂，他會輸入任務的變數，例如惡劣的天氣狀況等。因為這些演練，實際執行任務時，他感覺已經飛過相同路線許多次。他告訴我們，這些演練曾經多次拯救他的性命。

布萊迪回憶有一次，他在沒有月光的黑夜飛進阿富汗興都庫什山脈（Hindu Kush Mountains）的偏遠地區；在這種情況下，飛行員完全仰賴夜視鏡來看清一切。當時，兩架直升機要去載回前一晚在當地降落的特種部隊，把他們送回基地。他們沿著山區的廊道飛行，兩旁是超過 3,600 公尺的高山。

前頭的直升機瞄準降落，布萊迪駕駛的直升機在後方。但是，地勢太過險峻，前頭直升機下降時，側山突出的一塊岩石撞到直升機後方的液壓引動器，推動一條燃料管線，切斷輸送至右邊引擎的燃料。在 2,700 多公尺的高空，直升機無法只用一具引擎維持高度，因此，右邊引擎一停，直升機便往下墜，發生劇烈爆炸，更糟的是，彈藥也開始爆炸。

然而，一切宛如奇蹟，無人受傷。只不過，爆炸發出的強光照亮狹長廊道，導致戴著夜視鏡的布萊迪與副駕駛暫時失明。布萊迪回憶：「一個巨大的火球，在沒有月光的黑夜，從山區走廊戴著夜視鏡觀看，就像啟示錄中

的世界末日場景，只是比較明亮一些。」在看不見的情況下，他必須停留在 2,700 多公尺的高空等待。

「要讓直升機維持在同一個高度，比起讓它停留在定點飛行，繞小圓圈飛行或是以 8 字型飛行更省油，因為在定點停留需要更多動力。況且，以我們當時所在的高度，這樣做不僅更省油，也是絕對必要，如果我們停留在定點，就會像石頭般墜落，此外，當地附近八、九公里以內也沒有可供降落的地方。」因為高山上空氣稀薄，氣壓較低，直升機無法定點停留在低氣壓中，否則會造成尾槳停擺，導致直升機失控旋轉墜落。

想像一下，要在一條狹窄、兩側山岩突出的山谷中以 8 字型飛行，還要在看不見的情況下控制直升機。而且，你知道縱使只是偏離幾碼，機身也會撞上突出的山岩而墜落，讓你命喪黃泉。

「因此，我們一邊以小幅度的 8 字型飛行，一邊在腦海中搜尋『如果這樣，會怎樣』的情境。這可以讓我們的夜視鏡與雙眼有機會在不要面對火球的狀況下做出調校。」這全都是因為，我們事前針對當地地勢進行飛行演練，才有可能做到。

布萊迪回憶：「我們當時並不知道那架直升機發生了什麼事，他們被擊中了嗎？機械故障嗎？他們被發現了嗎？」但他們知道，天快亮了，天一亮，可能被敵方發

現，遭到攻擊。他們沒有時間，天空即將破曉，必須趕快離開。

　　他們飛回約八公里外的中途基地，降落直升機，全盤商討。他們攔截到塔利班的電台聊天內容，並且得知，由於美軍當晚恰好砲轟周圍山區，敵方將直升機墜毀的爆炸聲誤認為美軍的砲轟。

　　既然塔利班不知道那是美軍的直升機墜毀，布萊迪與副駕駛決定，他們可以等到明晚再回來。像這樣的情況，特種部隊通常會開玩笑說，那些受困的弟兄只能坐著等，先烤棉花軟糖吃了。

　　布萊迪飛回巴格蘭空軍基地，重新安排組員與裝備，準備下一趟飛行。翌日晚上，他們成功返回山區，載回所有弟兄，一個都沒少。布萊迪說：「因為我們曾經進行虛擬飛行練習，我們覺得自己能夠解決問題。而我們確實做到了，因為我們先前已經嘗試過。」

　　當你的袍澤剛摔機，受困於敵區山上，你卻貫徹實行「如果這樣，會怎樣」的假設情境，決定先撤退、再營救，或許這讓人覺得有點冷酷。但是，布萊迪解釋，在不確定性相當高的狀況中，這樣做才能幫他保持聚焦。他說：「我們不會感情用事的思考，我們像解謎般思考，側重診斷分析，這能幫助我們應付問題。」前文提到的「抽離」等工具，在這種境況下將有所幫助。

我們多數人雖然從未飛進阿富汗山區執行夜間任務，也沒有專為我們創造的虛擬地勢練習，但我們也不會陷入可能致命的情境當中。因此，我們可以用實際體驗來演練。

學習

上一章提到，戴森為了發展出突破性的吸塵器產品，採用愛迪生在門洛公園實驗室裡使用的試誤法：先打造一個原型，測試並分析為何失敗，做出修正，再打造另一個原型。這套方法相當有道理，你知道自己應該從失敗中學習。但是，如何學習呢？雖然每一個失敗（嘗試！轉向！）都是獨一無二的經驗，下列方針可以幫助你學習。

不要自責

從失敗中學習時，應該分析並評論決策、流程或行為，而非批評做出決策的人或執行的人。如同布朗所言，「我做了蠢事」和「我很蠢」這兩個想法的差別甚大。

希莉格建議，失敗後做的第一件事應該是像馬戲團的小丑般鞠躬：「失敗後，像馬戲團小丑那樣，張開雙臂，宣布『搭啦』（Ta-daaa），用這種姿勢，正面承認失敗。」

暫時別管結果

　　杜克說：「世界級撲克玩家會討論他們做出的決策，而不是檢討結果。」這些玩家懂得聚焦於能掌控的事，也就是他們做出的決策，而不是聚焦在結果。因為在撲克賽中，結果並不在他們的掌控之中。

　　杜克的意思是，你不應該根據決策結果來評論決策，因為你其實不能掌控結果。以她來說，她想知道自己是否正確計算勝率。舉例來說，她在賽局中已經正確評估，如果繼續留在賽局中，贏得彩池的可能性是 70％，但結果她卻輸了。這時，她不會認為繼續留在賽局裡的決策有錯，她接受自己有 30％的可能性會輸。她雖然輸牌，但這個結果並不會否定她的推理有誤。她解釋：「在撲克賽中，沒有百分之百的把握。」

　　學習不要根據結果來論成敗，而是要根據決策品質來論成敗。「你的悲喜應該取決於你所做的實驗品質，而非取決於結果。」泰勒說：「如果你做了一個漂亮、經過深思熟慮的實驗，但卻獲得糟糕的結果，你仍然應該慶祝。」

　　杜克說：「當你輸掉一盤牌局，後見之明的偏誤很容易讓你感覺自己錯了。一旦你心生這種想法，很可能導致你用很差的方式調整策略。」她告訴我們，當你跟注而輸牌時，你的決定往往其實是對的，你必須擁抱自己已經盡全力的事實：「不論我贏了這盤，還是輸了這盤，跟注都是對的決策。」

環顧失敗

瑪莉・居禮在「不完美」中發現鐳與釙這兩種元素。當時，她正聚焦於另外兩種元素，鐳與釙就存在於她實驗中產生的那些粉塵裡。因此，她的諾貝爾獎實際上是從她原本在研究的鈾礦的周圍粉塵、岩屑，以及不想要的物質中誕生出來。

她也永久改變物理學領域。一直到 19 世紀末，世人仍然相信原子無法分裂，也就是說原子是最小的物質單位，不能再分割。法國物理學家亨利・貝克勒（Henri Becquerel）首先開始懷疑這項理論，但最終推翻理論的是瑪莉・居禮。德國物理學家威廉・倫琴（William Roentgen）對 X 射線的研究發現吸引居禮的注意與興趣，她開始研究新發現的放射線現象。一些元素能夠放出能量，問題是如何放出。居禮是第一個察覺到這是物理現象、而非化學現象的人，原子可以透過物理作用分裂，釋出能量。

她構想出一項實驗來驗證推測，並且親自執行實驗。在她實驗室裡工作的一名核子化學家這麼描繪：「當許多人困在充斥奇異、無法解釋的現象的叢林裡思索與奮鬥時，她率先爬到高樹的頂端，四下環顧並大喊：『這是錯的叢林！』或是提醒：『這不是我們原本以為要降落的那片叢林！』」

居禮引領世界進入原子物理學與量子力學的年代。

諮詢回饋意見

　　諮詢你敬重的人的意見。請找一位或幾位在你所屬領域的人（例如導師或同事），以及幾位其他領域的人。為了避免諮詢對象的回饋意見受到後見之明偏誤的汙染，你可以使用世界級撲克玩家的做法，杜克解釋：「當世界級撲克玩家互相討論，幫助彼此分析比賽時，你絕對不會聽到他們一開始就提及結果。他們先陳述情況，以及已知的所有因素，然後才針對賽局中做出的每一個決策，逐一詢問每個人的意見。一直到探討完牌局中一連串的事件，取得其他人對每一項決策的意見後，他們才揭露比賽結果。」

　　你也可以對諮詢對象採取相同做法，不要一開始就告訴他們結果。先敘述你當時對情況的理解、情況中的變數，以及你在每一個時間點上做出的決策，詢問他們如果遇上這樣的情況，他們會怎麼做。再告訴他們，你當時想到的幾項選擇，看他們怎麼說。你應該等到取得每一個過程步驟與決策的回饋意見後，才告訴他們結果。

　　杜克說：「如果贏了，並非純粹幸運，這其中涉及數學。如果輸了，也不是純粹運氣差，這其中同樣涉及數學。你必須接受，因為有一定比例的時間你會輸。」她解釋，有時候，你的每一項決策都正確，但仍然輸了、或失敗了，這是數學。

　　你已經熟悉處理失敗所需的種種工具，以下是如何把這些工具結合起來，形成一份處理失敗的藍圖：

實作練習：處理失敗的藍圖

- 對失敗換框思考，學習把失敗視為突破過程中必經的部分。

- 練習失敗。

  - 經驗練習：運動、撲克賽、烹飪等。

  - 心理練習：排練與視覺化。

- 失敗時，以自我寬恕與自我慈悲平息自己應戰或逃跑的反應。

- 從失敗中學習：

  - 不要自責。

  - 暫時別管結果。

  - 分析過程。

  - 環顧失敗。

  - 諮詢回饋意見。

  - 寫下事後檢討。

- 認知到其實有「正確」的失敗之道，這能幫助你反駁下列畏懼失敗的徵狀：

  - 內心自我批評：「我們正遵循處理失敗的藍圖行動。」

  - 冒牌者症候群：「或許我們是冒牌貨，但我們有一份藍圖可以遵循，幫助我們把事情做對。」

  - 完美主義：「我們完全遵循處理失敗的藍圖，但這份

藍圖需要不完美與失敗才能奏效。」

▪ 極大化傾向:「這是善加利用過程的方式。」

🦋 本章重點

- 失敗帶來的內在感受是恥辱、沮喪、失望、絕望。

- 處理失敗的技巧幫助你保持學習模式,讓你可以盡快重新振作,再度嘗試。

- 換框思考幫助我們把失敗轉變成學習的機會。認知式換框思考是理性、邏輯導向的論述;社會認同式換框思考提醒你,很多人都有相同的遭遇。

- 從失敗的情緒與想法中抽離,幫助你建立看待失敗的全新角度。

- 學習處理負面想法,而不是試圖壓抑它,否則只會產生反效果。

- 我們對失敗的反應其實近似於對悲痛的反應。

- 練習失敗,包括經驗練習與心理練習。

- 心理練習(或稱視覺化)是幫助控管失敗反應的有效工具。

- 學習不要以結果論成敗,而是以決策品質論成敗。

- 諮詢其他人的回饋意見。

09
寒冷：未知的不確定性

你是否曾經有過懸著一顆心等待最終結果的糟糕感覺？有時你甚至覺得，寧願是負面結果，也不要受到懸而未決的折磨？

想像你搭飛機繞了地球半圈，才剛降落，正在排隊通關，感覺疲倦、全身髒兮兮、被時差折磨、對周遭很不熟悉。終於，移民局官員向你招手，要你上前，你遞出護照，試著盡量友善的向他打招呼。

他盯著你看了很久，然後打開你的護照。翻到最前面，看看護照上的相片，再看看你，又看看護照。他一邊拿戳章，一邊瞄向電腦螢幕，突然愣住，接著他闔上護照說：「請在這裡等一下。」你看著他離開窗口，手裡拿著你的護照。

你知道自己不是恐怖份子、毒品走私犯或國際偷畫賊（我們誠心希望你不是），但仍然心跳加速，腎上腺素大量分泌，瞬間警覺起來，明顯焦慮。

怎麼了？移民局官員在電腦螢幕上看到什麼？你因為某些

理由而被特別標記嗎？或許是出了什麼錯，有人和你同名同姓？你開始擔心自己會不會被移民局留置幾個小時。

你腦海裡開始跑過種種情境，站在窗口前已經焦慮難耐，只希望那位官員趕快回來，就算是壞消息也行，就是別讓你繼續杵在不確定的狀態。

現在，想像移民局官員看過你的護照之後說：「我的讀碼機出了點問題，請等一下，我去問問同事，一下就好。」聽完這句話，你可能不以為意，拿出手機，開始玩糖果傳奇（Candy Crush），耐心等候。

這兩種情境的唯一差別是：對事情的發展以及即將發生的事，不確定性程度不同。

面對不確定性，每個人自在的程度不一。我們每個人都有一個範圍的安適區，在這個範圍裡，事情似乎都可以預料，人生好像有點乏味；超過這個範圍，不確定會讓你不安、困惑、不知所措。不確定性光譜的極端就是混沌，完全無法預料。

在希臘神話中，宇宙創造者泰坦族（Titans）誕生的地方名為「混沌」。但更高的不確定，代表更高的創造力嗎？從某種意義上來說，沒有錯。我們將在後文看到，在追求突破的過程中，應付不確定性絕對是必要的能力。

不確定性和失敗一樣，都是生活中無可避免的一部分。商業與技術的前進速度不斷加快，無法預料的經濟劇變經常上演，不確定性是我們日常生活中恆常存在的一部分，誠如演

說家暨商業顧問艾倫・魏斯（Alan Weiss）所言：「環境每個小時都會改變，今天早上做的策略，到了午餐時間可能就不再管用。」

　　欠缺忍受與應付不確定性的能力，將付出種種代價，導致我們做出不成熟的決策。人們太常對不確定性感到高度不安，導致他們願意為了擺脫不確定性狀態而去做任何事。於是，他們過早下決策，或是過早扼殺計畫，只因為不安感受太強烈而不願意等待事情發展。

　　無法應付不確定性是追求突破路上的一大障礙，對於突破性創新來說，應付不確定性的能力尤其重要。不確定性和失敗一樣，如果你不願意做結果不確定的事，就只會去做那些鐵定成功的事。什麼是鐵定成功的事呢？就是已知的事物。根據定義，已知的事物就不是創新。

　　突破性創新的本質就是涉入不確定的領域：不知道自己在哪裡、不知道該朝向哪裡前進，或是不知道要如何到達目的地。想要創新，就必須容忍一定程度的不確定性。事實上，不確定性對創新行動來說是那麼的必然、也是必要，因此多數公司只要提升員工應對不確定性時的自在程度，就能發現創新明顯增加。

　　對不確定性的不安，可能會透過更隱晦的方式影響我們。有時候，當你發覺自己感受到的不確定性，已經超出讓你自在的範圍時，神經學家稱為「虛談者」的大腦言語處理區，會建

構一個故事或理由，來創造確定感。這個故事會變成你用來看待其他體驗的框架，而框架可能形成限制：虛談者可以引發我們的確定感，但作用就像讓馬兒戴上眼罩，你變得只能看到框架裡的東西。

關於突破，讓人感到沮喪的一點是：在突破發生以前，你不知道突破離你還有多遠。直到突破浮現前，你看不到一絲光線，然後，突然之間，突破浮現，光出現。但是，你必須願意持續整個過程，但不知道要經過多久，突破才會出現。

不確定性爲何會讓人不安

面對不確定性時，多數人都會感到不安。實際上，不確定性會讓大腦非常不舒服。不確定性對大腦產生的影響和痛苦一樣，會激發杏仁核變得活躍。

我們自然而然會對不確定性感到不安，因為這傳承自我們的生存本能。我們傾向對熟悉的事物感到更自在安適，因為它們顯然還沒有殺死我們。未知的事物可能有危險性，我們最好搞清楚它們到底危不危險。回到本章開頭的例子，當你被獨自留在海關移民局窗口前面的時候，雖然不是面臨性命受到威脅的狀況，但你的大腦體驗到的不確定性，和我們的遠祖在演化過程中想要避開的感受相同。

我們渴望確定性，因為這會帶給我們掌控感（但這種感受

往往是錯覺），多數人喜愛掌控感，這讓我們感到安全。另一方面，不確定性通常源於我們無法掌控的事物，而且事實上幾乎總是如此，除非它是由我們自身的優柔寡斷所導致。

此外，對於現今的我們來說，不確定感尤其難受，因為我們生活在充斥著答案的年代。打從我們開始求學，人們評價我們的標準就是我們懂了多少、答對多少題目。有解答，就可以為情況提供確定性。父母希望能夠解答孩子的疑問；老師希望能夠解答學生的疑問；科學家希望能夠解答對大自然的疑問。沒有人想站在他人面前，卻只能回答：「我不知道。」

但是，這其中存在一個有趣的弔詭：雖然我們知道答案，並建立確定性的時候，可以因此獲得社會的報償；但是社會的進步實際上卻仰賴於有人說「我不知道」，以及有人涉入與探索未知。

突破不是來自選擇確定的答案的人，而是來自有勇氣選擇不確定的問題的人。

我們在測驗中答對並且得分的解答，最早是由那些願意站在未知領域去探索的人找到或發掘出來。解開這個世界的謎團，並且為我們提供答案的那些突破之所以能發生，是因為有人願意忍受不確定性，不畏縮、不逃避。他們願意站在不確定性中，詢問為什麼。如果沒有這些過程，我們根本不會獲得解答。

解答與疑問就像是銅板的一體兩面，我們的科學家、人類

學家、經濟學家、哲學家、藝術家、數學家、創新者等,有精神與勇氣活在疑問中,為我們的世界找到解答或創造答案。

19世紀時,大英帝國坐擁全世界半數的遠洋船,在海洋為主要貿易管道的年代與世界,那是非常有利的地位。但是,與此同時,英國人也必須對付海盜、戰爭、大自然力量等不確定因素。為了對付海盜,他們建立起舉世最強大的海軍;為了應付船難損失,他們成為全世界的保險中心。[1]

本章提供的工具,基本上也具有心理層面的相同功能,包括保護與保險。有一些工具可以降低不確定性,或減少不確定性造成的心理不安。你將會學到如何藉由「增加確定性桶子的內容物」來限制不確定性,以及如何運用撲克玩家思維來降低不確定性。你也將學到如何練習不確定性,讓你變得比較不會受到影響,並且愈來愈有能力來應付不確定性。其他工具就像保險,當不確定性太高,高到讓你不知所措、陷入缺乏創造力的心理狀態,這些工具可以幫助你中和不確定性。

現在,你已經知道為什麼不確定性會讓人感到不安,也知道妥善應付的重要性。接下來,我們就來看看一些可以幫助你應付不確定性的工具與練習,甚至可以因此擁抱不確定性,帶來助益。

平衡不確定性

每個人都有一個不確定性的門檻，超過門檻，心理就會進入應戰或逃跑狀態。當我們不知道自己在哪裡、不知道應該向哪裡前進，或是不知道要如何抵達目的地的時候，我們的自然反應就是啟動交感神經系統，於是產生種種不良影響。

我們本能的尋求把不確定性維持在門檻之下，如果你的不確定性應付容量滿了，你已經盡所能應付了，就會逃避掉任何新增的不確定性。如果此時，你正在研究與追求一項突破，這種狀態可能有害，因為不確定性對創造力而言是必要的因素。在這種情況下，你應該減輕非必要領域的不確定性。

想像一座天秤，一邊裝著不確定性的桶子，另一邊裝著確定性的桶子，如果你想要有能力應付更多不確定性，就需要將確定性的桶子內容物等量增加，以便達到平衡。要怎麼做呢？重拾舊喜好。

撰寫一本書的過程中，有一種特別的痛苦。從事重大創作的人，幾乎都會歷經種種困難階段，感到迷惘、迷失方向、不知所措、害怕後果。這些狀況實在司空見慣，但弔詭的是，這往往是你即將進入有趣領域的跡象。

我們認識的一位作家，在寫作期間總會本能的去翻閱自己熟知、非常喜愛的書籍，她這麼做是想在其中找到享受體驗時會帶來的確定感。而且，閱讀時不會出現任何的不確定性，閱

讀書中熟悉的句子，具有安撫心靈的作用。

她在撰寫最近一本書的期間，從頭到尾閱讀了珍・奧斯汀（Jane Austen）的《傲慢與偏見》（*Pride and Prejudice*）八次，她說：「閱讀熟悉的句子與內容，讓我感到安心、踏實、舒適，字字完美，句句樂趣。」

增加確定性桶子的內容物

法國文學家古斯塔夫・福婁拜（Gustave Flaubert）有句箴言：「在你的生活中保持井然有序……這樣，你就能在作品中狂野奔放、新穎奇特。」[2] 許多創作者的生活型態都偏向這樣的觀點，很多知名藝術家、小說家或設計師在他們生活中的非創作領域，都採行有條不紊的日常例行公事、儀式與行程。

前文提到，美國部落格作家梅森・柯瑞曾研究近兩百位史上最多產的創作人與創新者的習慣，他寫道：「一貫的日常例行公事為一個人的心智精力形成一條磨刻得很深的常軌，有助於避免心情大幅起伏的危害。」[3] 柯瑞研究的許多對象會建立標準化的每日行程，從睡醒那一刻到上床睡覺那一刻都按表操課，而且每週七天，天天如此。打破每一項傳統芭蕾舞編舞規則的著名編舞家崔拉・夏普（Twyla Tharp）每天在同一時間起床，吃相同的早餐，做相同的暖身操等，每一天的每一刻都依循相同的例行公事與習慣，直到上床睡覺。德國哲學家康德每天在相同時間去鎮上廣場散步，精確到人們都說可以根據他

的作息來校準手錶。

　　每天 90％的生活有這麼高的可預測性，使得夏普這類創作家能夠在剩餘 10％最需要創造力的創作時間展現高度創意，大膽進入不確定性的領域。把不確定性限制在最有用的領域，你就能夠在生活的所有領域保持一貫穩定的表現。

　　在這方面，你需要建立日常例行公事與儀式*，你可以使用一些最有效的工具來幫助你，為生活增添可預測性與可靠性。無論發生什麼事，這都會成為你可以信賴的踏實體驗。這些活動的一貫性讓它們產生效力，提供心理上的岩床，以及一條途徑來幫確定性桶子增量，以便平衡不確定性桶子。

　　近年來，很多科學家深入研究人們的習慣，探討習慣如何形成的科學主題非常有趣，各位可以在「推薦文獻與資源」找到幾本相關的傑出著作。史丹佛大學說服科技實驗室創辦人、「小習慣法」（Tiny Habits）研究者佛格認為，習慣養成是一種基本的必要技巧，應該納入學校教育，他說：「尤其是在現今生活中遍布分心事物的年代。」

　　研究快樂學的心理學家蕭恩・艾科爾也告訴我們：「習慣可以永久提高我們的快樂基準線。」就算你以為自己的生活中完全沒有規律可言，事實上，你生活中的規律比你想像的還要

---

* 作者注：雖然人們經常把日常例行公事（routine）和儀式（ritual）這兩個名詞混用，但實際上它們的意思不太一樣。日常例行公事是不經思考的去做，儀式則是刻意而為。

多，每個人都有對自己有益的一些日常例行公事，例如刷牙。

習慣養成的科學

我們可以從梅森‧柯瑞的研究學到：沒有任何一項儀式、
日常例行公事或習慣可以激發突破。但有兩項共通點值得
注意：

- 化學物質：酒精當然是其中一種，但幾乎你能想像到
  的每一種藥物或毒品也包含在內。奧麗薇亞驚訝的發
  現，很多聞名世界的數學家與科學家天天使用安非他
  命。要說詩人、作家與藝人使用安非他命，或許不那
  麼讓人吃驚。但是，科學家、物理學家使用這種藥
  物，那可就太讓人震驚了，因為照理說，他們是受到
  尊崇的正派人士啊！朱達曾在火人節待很長一段時
  間，久到看遍神職人員到政治人物，幾乎每一個人都
  受到化學物質的種種影響。
- 每日散步：每天散步是一種很棒的儀式，有雙重功
  用。可以增加確定性桶子的內容物，也可以幫助你
  評估突破工作或構想。

固然，最理想的狀況是，你希望自己的所有儀式都具有這

種雙重功能。但是，不要陷入想著所有儀式或習慣都必須具有雙重功能的陷阱，那是你的「極大化傾向」在作祟。不要追求「最佳」儀式，只要做有幫助的儀式就夠了。

最理想的狀況是，你的儀式會讓你從工作中獲得一些步調上的變化。工作效能研究者暨作家東尼·史瓦茲（Tony Schwartz）發現，我們的大腦很容易疲乏，需要暫時休息，才能重新聚焦、創造與生產。

他告訴我們：「當我們不提供大腦所需要的充電時間，它將或多或少開始停擺，出狀況的情形漸增，直到我們被迫傾聽它的需求。到了這個時候，我們通常已經花費很多時間在無效能的工作上，這段時間，工作實際上沒有什麼成效、也沒有成果。如果你不讓大腦休息充電，你的創造力、認知功能與生產力將顯著降低，也讓自己陷入畏懼與焦慮的邊緣。」[4]

因此，建立儀式的目的是讓你從正在做的工作中暫停。你的大腦需要停工期，無法一整天都維持在巔峰的效能模式，或是持續處在任何一種穩定狀態。它需要從高效能模式切換至低效能模式，就像鯊魚需要持續游泳才能存活。

就算只是三十秒鐘的醒腦儀式（或是任何對你有效的儀式），也能讓你的大腦緩降，獲得需要的波動，以避免當機。我們了解你有多忙，但別告訴我們，你一整天無法規律的抽出幾個三十秒鐘空檔。

下列訣竅可以幫助你建立可行的日常例行公事、儀式以及

習慣。

從小地方做起

我們訪談的每一位儀式與習慣專家，都強調從小地方做起的重要性。佛格的「小習慣法」，教人們用訂定小目標以提高成功可能性的做法來養成習慣。[5] 這麼做不僅可以提供「小贏」，來累積你對執行動力的信心，也可以滿足人類對於「完成、實現」的基本需求。畢竟，我們已經不再能夠從全職工作中獲得這樣的滿足感。

奧運教練布朗說，沒有什麼比達成目標更有助於建立信心。因此，訂定你知道自己可以達成的小目標，將會建立起信心。

把你的新習慣搞得更容易一些，輕鬆到看起來很可笑也沒關係。舉例來說，如果你想養成經常使用牙線清潔牙齒的習慣，佛格建議你從「只清潔一顆牙齒」的小目標做起，你知道這個目標已經夠容易。我們有一位客戶做了十年的靜坐冥想練習後，決定暫停幾個月。但是，靜坐冥想練習和所有的訓練或塑身方案一樣，太容易荒廢；很快的，幾個月變成一年，然後變成兩年。

她認為自己應該立刻恢復先前的練習量，每天做滿四十五分鐘。但是，總是有一個「好理由」讓她把練習拖到隔天再做。最後，她很不情願的認知到，她必須從小地方做起。真的很

小，她從一天只做兩分鐘開始，她說：「你真的很難有藉口說你一整天抽不出兩分鐘的時間。從這個小目標做起，更容易再增加一分鐘，因為只不過是增加六十秒而已嘛。後來變成五分鐘，再變成十分鐘，就這樣漸漸增加下去。」

艾科爾開始做研究，想要測試哪些習慣最有助於創造快樂。起初，他列出一張包含十五種習慣的 Excel 表單，他告訴我們：「到了第二天，我覺得自己招架不住，已經下午 2 點，除了那些有關於快樂的東西，我啥事也沒完成。到了第三天，我完全放棄了。」現在，他建議一次只選擇一項新習慣執行。

具體化

把目標轉為明確、具體的行為，舉例來說，如果你的目標是多運動，那就轉化成必要的行為：每天早上去跑步、買個彈跳床等。史瓦茲告訴我們：「儀式必須明確，才有成效：時間、地點，以及其他可以針對你想要採行的行為訂定的細節，都要很明確具體。」

找個觸發器

什麼事會引發你去做你想要建立的行為？有些行為是自然發生，例如睡醒；其他行為則是需要設計或決定，例如接電話。對我們這位想要重拾冥想靜坐習慣的客戶來說，適當的觸發器是把靜坐場地設在前往衣櫥的必經之處，這樣她就一定能

看得到。

建立誘因

　　暢銷書《一週工作 4 小時》（*The 4-Hour Workweek*）作者提摩西・費里斯（Timothy Ferris）告訴我們：「尋求建立新習慣、新儀式，或是達成新目標時，人們會太聚焦於技巧的部分。其實，他們更應該把焦點放在誘因上。釐清為什麼要做、要怎麼做之後，習慣自然會水到渠成建立起來。」他解釋，技巧很吸引力，因為它們看起來像是可以毫不費力、無止盡測試的變數。

　　為了強化習慣的養成，我們這位靜坐冥想客戶想到頒發金星的做法，但加入一項利用損失趨避心理的小伎倆：在開始打坐前，她頒發一顆金星給自己，如果沒能完成，她就必須繳回這顆金星。不想失去已經到手的金星（趨避損失），反而變成採取行動的誘因。

為失敗做準備

　　心理學家凱利・麥高尼格的研究顯示，預測自己可能因為什麼事、會在什麼時候違背誓言，有助於提高保持決心的可能性。你在什麼時候最有可能受到誘惑而放棄？哪些事物最有可能導致你從專心變成分心？你的大腦會用什麼理由來說服你「就這麼一次」而略過你的新習慣？想像自己處在這種狀況時，

會是什麼感覺，又會怎麼想。想想看，意志力通常是如何潰敗；思考哪些行動可以幫得上，然後想像自己成功了。

麥高尼格說：「你的理性自我為你制定了一條可以遵循的路徑，但是當誘惑出現，它便會受到誘惑，往往在最後一刻決定改變路徑，最終導向自我破壞。」在《輕鬆駕馭意志力》中，她引用行為經濟學家喬治・安斯利（George Ainslie）的建議：「採取行動，做出預測，把那個自我當成另一個人，加以約束。」[6]研究你那個受到誘惑的自我，看看它會做出什麼選擇，然後，把事情安排成讓你可以掌握最佳的成功機會。

不要仰賴意志力

意志力又稱為「自我控制」，麥高尼格形容意志力是一種肌肉，當你使用這塊肌肉時，它會漸漸疲勞；如果你不休息，可能變得筋疲力竭。事實上，動用意志力真的會使我們體力漸衰。[7]意志力是一項有限的資源，因此，你必須先建立策略，決定什麼時候使用它、在哪裡使用它。

各位務必了解的是，每一項自我控制行為都會消耗意志力，不論是要努力保持鎮靜、拒絕一塊餅乾，或是撐過一場枯燥乏味的會議。凡是必須克制衝動、濾除分心事物，或是迫使自己去做困難的任務，你都會用到更多意志力。其中甚至包括日常瑣事，例如在二十種洗衣精品牌之中做出選擇。每當必須做決策時，也都會耗用你的意志力。

　　當我們的意志力儲備量見底時，我們就會採用阻力最小的路徑，或是回到預設值，也就是讓事物保持原本的狀態，除非你花費精力去改變。[8]

　　哥倫比亞大學決策科學中心（Columbia University's Center for Decision Science）學者艾瑞克・強生（Eric Johnson）與丹尼爾・高德斯坦（Daniel Goldstein）在 2003 年於《科學》期刊（*Science*）上，發表他們所做的一項研究調查結果。[9]這項非常有趣的調查顯示，歐洲各國人民的器官捐贈同意率差距甚大，下列兩組鄰近國家的差距尤其明顯：德國（12％）與奧地利（99.98％）；丹麥（4.25％）與瑞典（85.9％）。

　　為何在其他層面的社會與醫療保健政策非常相似的國家，在器官捐贈這個議題上會如此迴異？這是因為一個微小而簡單的差異：預設值不同。在瑞典，同意器官捐贈是預設值，除非你刻意勾選不同意，否則就代表你同意。在丹麥，預設值是不同意器官捐贈，除非你刻意勾選同意，否則就代表你不同意。

　　你可能以為，人們極度關心自己的器官是否會被摘除，事實上，他們沒那麼在意，至少意願沒有強烈到讓他們表達自己的偏好。絕大多數的人會讓預設值代表自己的意願。

　　有鑑於這些原理，你應該設法讓自己很容易就能採行新行為，容易到變成預設值。有一個典型的例子是，把你的運動鞋與健身裝備袋擺在靠近門口的位置。

　　更好的方法是，把不採行新行為變得很困難。如果必須花

更多心力，才能不去做你想養成習慣的新行為，那就很理想了；不做比做更費力，那你通常會去做。為了把舊行為變得比新行為更難執行，有一位作家把他的筆記型電腦給拆了，以防止他的內在自我受到誘惑跑去上網，而導致他拖延工作。另一位作家則是移除電腦的無線網卡，並摧毀乙太網路埠。

在想像新行為的時候，如果你假想在這個情況下的那個人是最疲憊、鬧情緒、筋疲力竭、飢餓又想睡的你，你的成功機會將更高。更好的是，想像那是一個疲憊、鬧情緒的孩子。別找那個成年的你說話，因為它完全理性，很好說服。你應該聚焦在大腦較不理性、更原始的部位，它才會抗拒改變。

費里斯說，他的成功以及持續成功，其實是自然而然發生，不是刻意追求的結果。在體能（肌肉量、武術、探戈）與心智（速讀、語言學習）兩個層面上皆有優異成就的費里斯解釋，他的讀者與觀眾大多先入為主認為他有鋼鐵般的意志力，以及修道士般的自律力，他說，其實：「我跟別人一樣，喜歡浪費時間。自律力與意志力的功效實在被高估得太嚴重了。」

降低不確定性

在世界撲克大賽贏家安妮・杜克看來，最優秀的撲克玩家和其他人的關鍵差別，在於他們擁抱不確定性。她解釋，你可

以降低不確定性，可是，一旦有百分率範圍，你就知道自己只可能有某個比例的時間是正確的，因此：「一切得看你能多精確的估算百分率範圍，並且接受事實就是：你永遠無法百分百確定。」

　　不管你知不知道，實際上，你總是活在機率範圍當中。你往往可以從職業撲克玩家的交談中聽到，機率範圍的概念深深滲透到他們的日常生活裡。杜克的哥哥與妹夫都是職業撲克玩家，他們聽說她要去約會時，就開始討論她和約會對象結婚的機率，她的妹夫說：「我認為，他們結婚的機率是2比1。」*

　　「我們經常用到機率範圍的概念。」杜克說：「這桌客人在五分鐘內離開的機率是多少？她只是女服務生、沒有其他身分的機率是多少？如果你是撲克玩家，你總是會思考機率。」

　　杜克在生活中，幾乎都用機率來表達每一件事，因為這是她的思考模式。挑選耶誕節禮物時，例如要為男友買一件外套，她會考慮對方可能不喜歡這件外套的機率。如果男友果真不喜歡這件外套，她也不會覺得難過，因為她知道他喜歡或不喜歡的機率各為 50 ％，她在碰運氣，對這件外套「建立市場」。

　　各位可以在本書的「推薦文獻與資源」中找到杜克的著作，

---

* 作者注：杜克的家人甚至把她與約會對象結婚的選項稱為EBAD（她們兩人的姓名縮寫），最後這件事變成家人之間傳頌的笑話。

我們強烈鼓勵你閱讀其中任何一本，並且去上她的課。如果你是必須在不確定的狀況下做決策的主管，將會獲益匪淺。

練習不確定性

自我慈悲的研究者暨作家克里斯多福・卓門解釋，多數人對苦惱不安的忍受度很低，他們一感覺到不安，就會想方設法要盡快擺脫那種感覺。他們找方法撫慰自己或轉移注意力，有些做法有用也有益，有些則否。

其他時候，他們會依循本能，努力去對抗不愉快的情緒，並試圖壓抑它。不幸的是，通常情況只會因此更加惡化。如前文所述，壓抑悲痛很可能引發慢性憂鬱症。就如同努力想睡著，可能反而使你整晚失眠。對我們內心的感受發動對抗戰，反而會產生反效果。更有幫助的做法是，把不安視為生活中正常、無可避免的一部分，無論你是誰、做什麼工作，每一個人都會有這種經歷與感受，而且是常常面臨這種情況。

接受焦慮實際上會減輕焦慮，就連有慢性焦慮症的人也有同樣的效果。弔詭的是，當廣泛性焦慮症患者接受自己生活中的種種限制與慢性焦慮，不再對抗焦慮時，往往可以擺脫那些限制造成的焦慮感。[10]

靜坐冥想教師肯尼斯・弗克（Kenneth Folk）建議，把自己正在感受的情緒名稱說出來之後，再加上一句「這不要緊」，

例如：「我此刻感到很焦慮，這不要緊。」試試看，如果可以，大聲說出來會更有效。靜坐冥想教師塔拉・布萊克提供另一種變化版本，改為在後頭加一句：「我的人生很幸福。」在前文探討「感激」時我們闡述過，你的人生真的很幸福。你可以藉由聚焦在自己的無數福氣與幸運，開始來一趟催產素洗腦。

我們可以練習失敗，也可以天天練習小程度的不確定性。你可以每天做一件不同的事，例如走一條不同的路去上班、讀不同的報紙、右腳先穿襪子（假如你平時習慣左腳先穿），藉此在每一天的生活中加入少許不確定性。

神經學家瑪麗・帕辛斯基建議人們「縱情嘗新」，在日常例行公事中做出小改變，以刺激大腦，最終將有助於拓展智識的視野。「新體驗的滾雪球效應，著實讓我驚奇。」帕辛斯基告訴我們：「你早上在一間新商家購買咖啡時，看到某間畫廊開幕的宣傳海報，你去參觀畫廊的開幕活動時碰到一位老友，她邀請你加入她的讀書會。絕對別低估一個行動的潛在影響性。」[11]

看電影

挑選一部懸疑片或驚悚片，挑選好看的片子。你可以事先查看評價或部落格評論，或是採用老方法，從信賴的朋友那裡獲得推薦。最理想的是，事前對電影內容一無所知，盡可能不要取得任何劇透。接著開始看電影，但在結果出現前關掉。

　　不論你現在是什麼情緒、心理或感官的感覺如何，請繼續坐定在螢幕前。你不知道劇情接下來如何發展，你是否感到心神不寧，彷彿哪裡很癢，但卻搔不著癢處？你會不會想起身去吃東西、喝東西，或是找人說話？你的大腦有什麼反應？腦海裡是不是正上演各種可能性？留意你身體對這股不確定性的感受做出什麼反應，大部分的感官有什麼感受？是什麼類型？壓力、緊張、束縛、激動？

　　什麼都不做，一直停留在當下感受到的任何不適或難過當中，真的非常難。有時候，停留在情緒感覺、思想與感官感覺中，讓當下的感受一直翻滾，是最難、最需要勇氣的事，你強烈想要逃離這種內心不安適的體驗。習慣靜坐冥想的人在談到難受情緒時，有時會開玩笑說：「別動，別找任何事做，坐著！」

　　或者，如同文學家法蘭茲・卡夫卡（Franz Kafka）所說：「不需要離開房間，只要一直坐在桌前聆聽，甚至不需要聆聽，就這麼坐著、等著，學習如何安靜、靜止、孤獨。」[12] 這是很棒的建議，但是，卡夫卡向我們保證：「這世界將無拘無束以真面目面對你，別無選擇，它還會忘形湧向你腳邊。」

　　在整個練習過程中，請留意，你的任何反應都不會對結果造成任何影響。

觀看比賽

　　你也可以在觀看運動比賽中體驗不確定性，學習在面臨不確定性時保持安定。即時觀看運動比賽之所以如此引人入勝，其中一大原因是不確定性，我們不知道結果。在運動比賽中，不確定性令人感到興奮，由此可以顯示，不確定性並非總是和焦慮有關，運動比賽中的不確定性引發的不是焦慮疑懼，而是熱切預期。

　　你可曾聽過某人說：「懸而未決真是急死我了！」那是因為大腦解讀不確定性的方式和解讀痛苦一樣，縱使身處大致上愉快的情境中，我們也會把不確定性形容成痛苦的感受。觀看運動比賽是一個很不錯的方法，可以在安全的環境下體驗不確定性，並且自在應對這種感官感受。

　　選擇任何你喜歡的運動，最好選擇攸關季後賽資格或冠軍地位的重大賽事，體驗會更強烈。在比賽過程，深入你體驗到的感官感覺，留意你的身體對不確定性的反應與感受。

　　也請留意，當你支持的那隊領先或落後時，你感覺如何。你的身體感受如何變化？你的行為如何變化？你有沒有站起來不停走動？你是不是寧願比賽其實早就結束，你已經知道結果，以此讓不安的感受平息下來？你是否在分析和這些運動員有關的最微小細節，試圖洞察將會發生什麼事？懸而未決的狀況與不確定性是否抓住你所有的注意力？想要平息不確定性的欲望，可能會導致你把全副注意力集中在比賽上。

　　比賽結束後，你感覺如何？你支持的那隊贏了，感到很興奮？你支持的那隊輸了，感到難過？無論狀況如何，請留意你在不確定性終於落定後的感受。

─────────────

　　上述練習的目的，是要幫助你從不確定性激發的感受中抽離，客觀看待狀況，如同你看待冷、熱等身體感覺那樣，如此一來，你可以鬆開不確定性，讓它不要對你緊抓不放。知道你在面對不確定性時會傾向有什麼情緒、身體感覺與行為，也可以提醒你，避免你過早採取行動，或做出不成熟的行為。有時候，我們並不知道自己處於不確定性帶來的干擾，我們做出決策、採取行動，卻不知道自己不是基於理性的考慮在做決策，而是下意識想結束不確定性才做出的決策。

中和不確定性

　　畏懼不確定性的反面是需要確定性。想像你正在應付一個結果不確定的困難狀況，你設想各種可能發生的情境，思考應付每種情境的最佳策略。截至目前為止，一切處理得當。考慮過每一種可能的情境以及應付的策略後，接下來，理性且合理的行為是把這個狀況暫時拋諸腦後，繼續過日子，直到實際需要採取行動時，才來處理。

　　但是，許多人不會這麼理性行動。我們的腦海會一再思考各種結果，修改已經研擬過的各種計畫，重播各種可能的情境，演練未來的對話，還不是只做一、兩次，而是一再重複到厭煩的程度。這是因為我們無法在不確定性中安定心神。究竟要到什麼程度，我們可以說這種重複修改與演練的行為很不理性呢？

　　我們如何使不確定性不那麼讓人憂懼，變得讓人自在？本質上，大多數強迫性的習慣，無論是思考或是行為上的習慣，都是為了讓自己感到安全、有保障的方法，也讓自己覺得已經盡所能避開失敗的可能性。

　　當我們為不確定的情況擔憂時，其實真正擔心的是事情會不會順利解決。如果我們能夠使自己相信一切都將解決，那麼，縱使我們無法確知一切會如何順利解決，仍然會感到更加心安。奧麗薇亞歷經多年發展出一項名為「責任轉移」的心理工具，幫助人們更自在的應對不確定性，擺脫對確定性的需求，或是以更有效的方式找到所需的確定感。我們把這項工具的修改版本提供給客戶，不論是經驗豐富的執行長，或是職涯剛起步的學生，許多客戶都反應這項工具很有幫助。

實作練習：責任轉移

- 舒適的坐下來或躺下來，閉上眼睛。

- 深呼吸兩、三次，吸氣時，想像吸入清新空氣到你的頭部；吐氣時，讓空氣從頭流到腳，把所有煩憂沖掉。
- 挑選一個你認為仁慈的存在，像是宇宙、上帝或命運之神，任何最符合你信仰的存在都可以。
- 想像自己把所有憂慮的事，例如會議、互動、一整天的行程等，從肩上卸下，放到剛才選擇的仁慈的存在的肩上，現在，改由他負責了。
- 想像重擔從肩膀上卸下，感受一下差別。你現在不再為這些事的結果承擔責任，一切都有人料理，你可以放輕鬆，好好享受一路上發現的好山好水。

　　許多客戶告訴我們，做完責任轉移練習後，感覺輕鬆多了。有些人則是告訴我們，彷彿胸膛挺了起來。如果你嘗試這項練習時，身體沒有任何反應或是心理沒有放鬆的感受，也許是因為不確定性根本沒有帶給你焦慮。如果你的確有不同感受，那就太棒了，這代表你已經將責任轉移。

　　下一次，當你感覺自己在考慮一個狀況的各種可能結果時，請特別留意。你的大腦正在繞圈圈，不停想著可能的結果，這個時候，請試著用責任轉移來減輕焦慮。想想看，可能有一個全能的存在，不論是宇宙、上帝或命運之神，把你的憂慮全都交給他吧！

　　經過一段時日後，許多客戶發現自己經常使用這套方法，頻繁到變成他們的本能反應。每練習一次，就更容易發揮想像，把日常的煩憂轉移出去，享受這種轉移帶來的心理效果。

　　你現在應該已經知道這套方法為什麼有效了，當某種情境浮現時，我們大腦的第一個反應是這件事可能會發生。前哈佛大學與麻省理工學院保健科技專案（Harvard-MIT Health Science and Technology program）研究員威廉・波斯爾（William Bosl）解釋，近期有一項科學研究使用功能性磁振造影機器來觀察大腦，試圖了解我們對相信、不相信與不確定性的反應，並說明這些反應的含義。[13]

　　「我們大腦的天生運作機制是首先試圖理解，接著是相信，最後是不相信。由於不相信需要較多認知作業，因此，我們首先得到的是相信所引發的生理作用。雖然，相信某件事的時間可能只維持片刻，但已經足以產生情緒與身體上的安心作用，改變我們的思想型態，幫助減輕不安的感覺。」[14]

　　換句話說，視覺元素繞過較緩慢的認知迴路，直接進入大腦的情緒中心，在不相信的認知匯入大腦前，我們的生理機制已經做出反應，獲得有益的洗腦。

　　責任轉移實際上並沒有讓不確定性消散，結果依然是不確定的，責任轉移只是減輕我們對不確定性的不安感。這樣的區別很重要，因為很多人會想方設法去擺脫不確定性帶來的焦慮，可能導致他們做出不成熟的決策，最終出現不好的結

果；或者，他們會使用種種改變狀態的物質來使自己失去焦慮的感覺。

責任轉移並沒有試圖消除不確定性，只是減輕不確定性的影響作用，把人們從經常伴隨未知而來的負面心理與身體狀態中拉出來。因此，雖然眼前狀況的結果可能仍然不確定，但你將不再因此而感到那麼焦慮。

向你的心智提出責任已被轉移的可能性，是善加利用奇妙的安慰劑效果的做法，我們的大腦無法區別想像與現實。縱使我們知道這是自我欺騙，安慰劑效果仍然有效，可能是因為我們的大腦天生在處理不相信的認知時，需要比較多作業時間。哈佛醫學院所做的一項研究顯示，不需要欺騙也能產生安慰劑效果；當人們知道自己服用的是安慰劑，仍能產生安慰劑效果。[15]

❧ 本章重點

- 不確定性讓人不安，卻是發揮最大創造力與獲得突破的必經之路。迴避不確定性或許能夠減輕短期的焦慮，卻會限制我們的潛力，導致不成熟的決策並錯失機會。
- 我們可以用生活中其他領域的健全習慣、日常例行公事與儀式，來增加確定性、平衡不確定性。
- 養成有益的新習慣時，從小地方做起，明確定義新習慣或

儀式的目標，找到觸發器來鞭策自己。為自己建立誘因，
但要有心理準備，過程中將出現某種程度的失敗。

- 光靠意志力根本不夠。在養成新習慣的過程中，意志力是
  有限的資源，還很容易耗竭。不能仰賴意志力來達成我們
  想要的新行為，應該設法讓新行為容易執行，變成預設值。

- 練習適應不確定性。例如：玩撲克牌、說出不確定性引發
  的情緒名稱並接受它、在安全的環境下體驗不確定性。

- 使用責任轉移來減輕不確定性引發的焦慮感。雖然責任轉
  移後，不確定性仍然存在，但不安感將減輕，甚至消除。
  必要的話，重複這項練習。

結語

超級工具

　　西元 1429 年，法國中部的奧爾良城（Orléans）已經被包圍長達五個月。自阿金庫爾一役潰敗後，法軍士氣低落、一蹶不振，據他們自己說，法軍已經完全喪失進取心。英格蘭與法蘭西已經交戰九十二年，奧爾良市的戰略重要性極高，如果被攻陷，英方可能成功攻占整個法蘭西。情勢非常糟糕，就在此時，十六歲的農村文盲少女貞德（Joan of Arc）現身，改變了歷史。

　　年輕的貞德心懷強烈使命感，要「把英國人踢出法國」，於是離開父親在小農村棟雷米（Domrémy）的農場，行經備戰區，不屈不撓，最終抵達當時的王宮所在地希農鎮（Chinon）。她覲見年輕的法國王子，說服他派她領軍去解救被英軍包圍的奧爾良城。

　　在貞德領軍抵達前的五個月期間，士氣低落的法軍僅僅做出一次解救奧爾良城的行動。但在貞德揮旗領軍下，法軍在五天內就發動三次攻擊，九天就讓奧爾良城解圍，那是法軍十四

年來的第一場重大勝利。

　　聖女貞德的成就有多非凡，再怎麼強調都不嫌誇張。在中世紀歐洲，一介未婚的年輕農村女孩能夠進入王宮，已經非常難得，她還能覲見王子，更是讓人吃驚。不過，她成功說服王儲派她領軍，這才是十足非凡的成就。

　　同理，在追求突破的路上，使命感的重要性，再怎麼強調都不為過。知道自己正在為一個更崇高的目標奮鬥，可以為你提供力量與勇氣，使你勇於冒險，失敗後再嘗試，或平息內心告訴你要放棄的聲音。

　　在本章提供的三項超級工具當中，「更崇高的使命感」就是其中一項。有些工具比較像修練，和你有需要的當下可以立即取用的工具不同，但效用將與日漸增。我們把它們稱為超級工具，是因為這不僅能活絡你腦中的天才模式，還能破除創造力的阻礙。

超級工具一：更崇高的使命感

　　你可能有一個非利他性質的使命感。當一名年輕的銷售員認為人生目標是竭盡一切向上攀爬，做到公司執行長，他的確懷抱目的行事。但是，這不能夠帶給他突破的力量，利他性質的使命感才能帶給他這種力量。

　　我們訪談過的傑出創新者，全都意識到他們的創新將會幫

助全人類，他們的共通點不僅僅是具備強烈的好奇心，還有造福世界上所有人的欲望。

阿爾弗烈德·諾貝爾（Alfred Nobel）的弟弟在自家經營的工廠爆炸時喪命，引起爆炸的是非常不穩定的化學混合物硝化甘油（nitroglycerin）。於是，諾貝爾決心要找到穩定這種化學物質的方法，最後他找到了，還把這種混合配方取名為「矽藻土炸藥」（dynamite）。這位諾貝爾獎設立者遵循更崇高的使命感，一路得出突破性創新。[1]

使命感往往聚焦在外部，例如在世界上做某件事，創造一個改變，幫助他人，做出影響。使命感也往往會伴隨一項目標，就像聖雄甘地想要使印度擺脫英國的統治；聖女貞德想要拯救法國免於被英國統治；約納斯·沙克（Jonas Salk）和其他許多人，則是想拯救孩童免於罹患小兒麻痺症。這些使命感驅使他們採取行動、達成目標。

矽谷也是由使命感創造而成。當年，那些發明新科技的男性與（少數）女性，大多在為美國政府發展基礎系統的公司裡工作。[2] 他們致力於在冷戰中勝出，換句話說，他們的工作有更深層的使命感。他們當中許多人都有核心信念，相信他們在做必要且正確的事。在突破性創新繁茂的地方，經常可以發現這種使命感的情感基礎。

當你有任務在身，要為一項崇高的使命感努力，並認為這是你的責任、你的天職時，你的每一個心智機能都會超高速運

作。你的心靈之火已經點燃，你的大腦也啟動所有引擎。這正是賈伯斯要讓自己扮演先知的原因，也是魅力型領導人能夠明顯激發更多突破性創新的原因。

把工作轉變成使命

請感受一下「執行一項專案」和「肩負一項使命」的不同之處。如果聖女貞德把反擊英軍的行動視為一項「專案」，她能夠激勵法軍嗎？肩負重要使命的感覺能夠激勵你去成就非凡。聖女貞德的強烈使命感如同情緒之浪，擴散到全法軍，他們原本感覺自己像是洩氣的失敗者，卻轉變成像是受到神的召喚激勵。聖女貞德的崇高使命感把一場政治戰爭轉變成一場聖戰。

我們並不是要你認為人生只有「唯一一件事」要做，也不是要你成為聖女貞德。我們的意思是，如果你感覺自己致力朝向更崇高的使命感來行動，將會產生更多的突破。

傳奇的加州科學院（California Academy of Science）首席科學家瑪格麗特・羅曼（Margaret Lowman）說：「我不是天生的冒險者。」[3] 事實上，羅曼生性害羞，還曾經在簡報前緊張到嘔吐。但是，她對於探勘亞馬遜叢林尚未被發現的樹冠層懷抱高度熱情。想要根據熱情而活，她就必須冒險，這是唯一的途徑。

首先，她要冒的是社會性質的風險，進入當年只有男性從事的領域；接下來，她要冒的是身體性質的風險，因為當時根

本沒有安全裝備，而且這種情形還持續好段期間。羅曼對樹冠的熱情促使她為自己製作一個彈弓，還自行設計步道，她解釋：「我遭遇自然條件限制，沒有工具，只能自己發明。」

環境迫使她依賴自己解決問題。她冒險並存活下來，每次冒險後存活下來，她的信心就更增添一點，下次的冒險就變得容易多了。

使命感對於突破性思考還有許多助益，可以強化我們在遭遇艱難挑戰時的決心。例如，使命感使你更有復原力、更專注，也更能應付壓力並做出決策。使命感是快樂的基石之一，甚至可能讓你更長壽，例如：

- 使命感幫助你探索不確定性。當一切似乎都不確定時，使命感可以提供一個穩固且可依附的基石。過程中，你也許不知道自己在哪裡，或是不知道會發生什麼事，但你知道自己朝向哪裡前進。

- 使命感可以提高自信。使命感能減輕冒牌者症候群，幫助平息內心自我批評。事實上，就我們所知，在提高自信方面，使命感的成效僅次於去汙名化。我們經常詢問那些對演講感到緊張的客戶：「如果你的演講內容和你發現的一種癌症療法有關呢？」或者：「如果你的演講是上帝賦予你的使命，要你向世界傳達一個訊息呢？」這樣一來，你還會

感到緊張嗎？

- 使命感使你更健康。一份新研究顯示，在生活中抱持強烈的使命感，能夠降低老年人大腦組織損傷的可能性。一支研究團隊把年度心理評估拿來和驗屍結果相較後發現，抱持強烈生活使命感的男女，發生大腦組織損傷的可能性降低達44%，一位共同研究員結論：「懷抱使命感，對你的身體健康大有助益。」[4]

尋找使命感的方法

我們將提供幾種方法幫助你找到使命感，例如快速的疑問思考、密集視覺化等。雖然這些方法不能保證讓你找到使命感，但能幫助你找到方向。

找個安靜的地方，讓你不受干擾思考幾分鐘。逐一閱讀下列疑問，每讀完一個，就暫停一下，讓心思漫遊。

1. 你希望自己的墓碑上寫些什麼？
2. 當生命走到盡頭時，你希望這世界因為你曾經來過而有什麼不同？
3. 想想你的幸福，你擁有的物質或非物質優勢，無論是金錢、時間、知識、技能或性格等。你獲得

這些上天賜予的禮物，你曾經運用這些優勢來造
福他人嗎？

實作練習：在百歲壽宴上尋找使命感

- 坐下或躺下，閉上眼睛，建立場景。你的百歲壽宴在
  哪裡舉行？是一週裡的哪一天？當天的什麼時間？天
  氣如何？看看壽宴的場地周遭；看看到場的人。有誰
  來了？他們的穿著如何？現在，進入建築物裡，環顧
  一下。有看到花嗎？如果有花，聞聞空氣中濃厚的花
  香。看著走進門的人，也許，他是正前往吧台拿飲
  料，或是到自助餐台取食物。想像一下，也許所有人
  圍著圓桌而坐，他們坐的是怎樣的椅子？這些椅子感
  覺像什麼？

- 有人敲敲杯子，吸引大家注意，並宣布開始舉杯祝
  福。想想你最在乎的人，或是他們的意見對你而言最
  重要的人，他們在想什麼？看著他們逐一站起來對你
  說話，或是講述和你有關的故事，他們說了什麼？他
  們是否提到你的成就？有什麼遺憾？

- 現在，想想看，你希望他們說什麼？（如果你有所成
  就），你希望他們提及你哪些成就？你有什麼遺憾？

超級工具二：利他行為

想像你這天過得糟透了，有一場重大的會議要上台做簡報，但技術出了問題，投影片畫面沒有出現。你本來有時間解決這個問題，但是因為女兒醒來後吐了你一身，你忙著換衣服，等候你的母親來你家照顧女兒。於是，你趕到公司時已經太遲，沒時間解決投影片的問題。你盡力撐過簡報，然後回到辦公室，找專案經理與設計部主管討論。大家大聲爭論不休，眾人離去後，你決定今天就到此為止。

你在電梯裡為這一整天發生的事惱怒不已，然後，電梯在五樓停下，你不禁氣惱，以為可以直接坐到一樓大廳，你真的不想見到任何人。五樓到了，一位女士抱著四個箱子走進電梯，她想按地下二樓停車場的電梯按鈕時，手上的兩個箱子掉下來。

起初，你只是惱怒，接著，你不情願的說：「我來！」伸手按下地下二樓的按鈕，並且把地上的兩個箱子撿起來。她露出微笑說：「非常感謝！」她的致謝讓你感到愉快，這是一整天下來的第一樁好事，於是，你提議幫她拿第三個箱子，還幫她拿到車上。這位女士的笑容更燦爛了，她說實在太感謝了，因為這棟大樓的人有點冷漠，你的體貼令人耳目一新，你真是樂意助人。幫她把箱子拿到車上的途中，你這一天的所有糟糕事開始被沖淡。

　　途中，她告訴你，她不喜歡這份工作，薪水很低，辦公室裡沒有一個人像你這麼友善。你把最後一個箱子放進她的後車廂後，她向你致謝，說你讓她的這一天好過不少。

　　想像有這麼一項工具，可以：

* 幫助你應付畏懼、冒牌者症候群與內心的自我批評。
* 幫助你處理失敗，讓你面對失敗時更有復原力。
* 幫助你應付並探索不確定性。
* 活絡你的突破天才議會，提升創造力。
* 讓你的大腦獲得有益的化學物質洗滌。

這項工具還有附加的好處，可以：

* 使你更快樂、更健康。
* 增進你的社會連結感。
* 降低你的孤立感與憂鬱風險。
* 讓你更有說服力、魅力、吸引力，帶給你更高的人生滿足感。

　　歡迎來到利他行為的奇妙世界。聽起來難以置信嗎？我們也這麼想。在研究與撰寫此書時，我們一再看見利他行為的概念。要在一本商管書中把利他行為寫成最有成效的工具之一，

這讓我們感到相當不自在。在此必須承認，我們甚至試圖設法繞過，不談利他行為。但是，相關證據太多、太明顯，還有堅實的科學佐證，事實上，利他行為出現的次數太頻繁，我們決定全部集中在一起討論。利他行為和使命感一樣，都是促進突破性創新的重要超級工具。如果持續執行利他行為，可以在對抗一些重大的創造力障礙上獲得保險與防護。例如：

- 利他行為可以有效減輕失敗感、冒牌者症候群、內心自我批評（讓人認為：「至少，我是在行善。」）。助人往往會提升自我價值感，也會增進自我慈悲，使你更容易寬恕自己（你知道自己意圖良善，真的已經盡力），激發共同人性（這是自我慈悲當中很重要的一個部分）。

- 利他行為幫助你探索不確定性。首先，它會提供一些確定性，讓人認為：「至少，我很確定自己在為多數人的利益而努力。」；其次，它為大腦提供催產素洗滌。

- 利他行為使你走出自己的大腦，離開多數混亂發生的地方，更聚焦在外部世界。有了更廣泛的聚焦，你將會更容易從他人的觀點看待事物。光是這樣，就能增進擴散性思考，最有益於激發創意。

亞當‧格蘭特告訴我們：「他人的需求是發明之母。」[5] 他的研究發現，當人們抱持利他心境時，自然會變得更有創意，產生在專家看來更新穎、更有用的構想與產品。

他告訴我們：「利社會行為使你更能敞開心胸接納他人的想法，更願意助人，更想使世界變得更好，比較不會聚焦在居功、邀功。利社會行為讓更多人的聲音得到傾聽，使人們更願意分享想法。」

利他行為會透過許多層面來增進創造力。首先，利他行為激發正面情緒，讓大腦受到有益化學物質的洗滌，洗去緊張、焦慮等，以有益的神經化學物質取而代之，促進更廣泛的聚焦、擴散性思考、冒險意願，以及創造力與突破性創新所需要的其他種種混合物。如果這還不夠，請看看下列其他益處：

- 利他行為使你更健康。我們的科學顧問喬恩‧利夫（Jon Lieff）解釋：「利他行為對我們的免疫系統有益。」
- 利他行為使你更快樂。格蘭特說：「就獲得快樂來說，利他行為是最划算的。」利他行為在促進心理衛生方面也有同等的優異功效。
- 利他行為讓你更有說服力與魅力，因為它會提升你的信心。知道自己在行善，使你感覺自己是個有用的人，進而提高你的魅力商數。當然，這也會提高你的

親切友好程度，沒有約會對象嗎？試試利他行為。

最後，同樣重要的是，藉由提高自信與熱情，利他行為可以提高你的說服力。進而增進你在組織中推動構想，以及實現構想的能力。

利他行為的實務做法

利他行為可以很簡單，例如，讓某人搭便車回家；為陌生人開門；在市場或超市結帳時，看到手上只拿了一、兩項商品的人，讓他們排在你前面。或者，你自願加班完成專案，讓同事早點回家陪新生兒。或者，在機場安檢門前，看到焦慮不安、明顯在趕時間的男士，讓他排到你前頭。

你也可以隨機行善，例如，繳過路費時，順便為後面那輛車付錢；大塞車時，讓一輛車切到你前方。隨機行善之所以有幫助是因為，如果你期望利他行為可以獲得外部回報，成效將會受到限制；但是，你匿名行善時，可以任意想像任何一種讚譽、報酬或影響，因此刺激大腦分泌催產素。催產素的益處就是回報。

值得一提的是，如果利他行為是出自愧疚，或是懷抱對方回報的期望才做，將不會產生充分效益。想知道自己內心是否潛藏著獲得回報的期望，只需要問問自己：如果我知道做這件事永遠不會贏得讚譽，我仍然想做嗎？

　　為了獲得最佳效益，格蘭特建議針對個人量身打造利他行動：「也許是你真正關心的一個理想，或是使用你的個人長處，或者兩者皆是。我們可以從觀察自己過去的行為當中學到很多。」回顧你的人生，想想你曾經展現的利他行為（或格蘭特所謂的「利社會行為」），你最喜歡哪些？哪些行為產生的影響使你獲得最多回饋？

　　格蘭特說：「很多人會犯一個錯，他們試圖成為德雷莎修女或聖雄甘地。我們多數人都無法企及那樣的程度。」在他的研究中，格蘭特聚焦於大量執行五分鐘左右的善行，留意哪些善行最能鼓舞自己，哪些善行會產生最大的影響力。這令人想起德雷莎修女的理念：「用大愛做小事。」

　　如果你想做最有成效的利他行為，來看看影響力慈善（impact philanthropy）。

影響力慈善

　　一直到不久之前，多數慈善人士都不太講究策略，他們施與是因為他們覺得責無旁貸、想回饋社會、為了提高個人聲譽，或者是因為某個問題影響到他們。雖然他們大多意圖良善，不過這種慈善行動充其量只產生零星效果。但是，近幾十年，慈善行動出現一個大突破，名為「影響力慈善」，概念是：用捐款創造最大差異，產生最大社會利益。這是有策略的行善，而非感情用事。

穆拉戈基金會（Mulago Foundation）董事凱文・史塔爾
（Kevin Starr）說：「我們執著於影響力程度，組織如果能提出
可以擴大規模的解決方案，並展示出實現目標的能力，我們將
提供無上限的資金。」[6]

　　穆拉戈基金會是一個高影響力慈善的私人基金會，專門資
助致力於為最貧窮者解決生活基本需求的組織，這是穆拉戈基
金會堅定支持者奧麗薇亞特別熱中的領域之一。她經常說：
「坦白講，這是我所知道效益最大的慈善捐款使用方式。」凡
是基金會資助的組織，都會受到嚴謹評估，或者，套用奧麗薇
亞的話：「他們（基金會）會進行徹底的盡職調查，因此，身
為捐款人的你就無需費心做調查了。」你可以瀏覽基金會資助
的組織，從中挑選你喜歡的組織作為捐款對象，透過這個組織
的慈善行動，你將對世界做出影響，也因為確知自己產生影響
力而獲得滿足感。

使命感＋利他行為

　　如果世界上有任何一條神奇公式，那就是這個了。

　　喬許・波克（Josh Balk）還清晰記得他獲得第一個突破的
當天晚上：「我正在觀看一部有關食品產業的紀錄片，片中，
他們開始談起雞。」

　　他從影片中得知，雞是在穩定的社會團體中生活的動物，
能夠靠臉部特徵辨識彼此與上百種其他生物。雞也能夠使用二

十四種發聲方式彼此交談，溝通大量資訊，例如是否有來自空中、陸地或海上的掠奪者。牠們能夠辨識影像、記得隱藏的物體、遊玩小型樂器、解決問題，甚至進行簡單的數學運算。

和喬許此生學習和雞相關的知識的時間相比，他觀看這部紀錄片所花的時間大概有三倍之多。但是，他發現自己看得津津有味，欲罷不能。

紀錄片中描述，雞會和彼此建立密切關係，也和其他物種（包括人在內）建立關係。牠們可以展現各種情緒，例如失去小雞或是和牠們有關係的生物時，牠們會感到悲傷。

喬許回憶：「就在此時，我的狗兒走進客廳，一屁股坐在地毯上，把頭靠在我的腳上，我突生感想：為什麼我愛我的狗，卻完全忽視其他這些同樣能夠強烈感受到痛苦的動物呢？」那天，他決定奉獻餘生，致力於減輕動物的痛苦。自此，這個使命感驅動他從一個突破邁向另一個突破。

各位大概知道，雞蛋產業的標準實務做法，是讓至少四隻母雞擠在一個小籠子裡，每一隻被關在籠子裡的母雞終其一生的活動空間比一台 iPad 還要小，最多只能移動幾公分，無法伸展翅膀。想像你在一個這麼小的籠子裡待超過一年，無法抬起手臂。難怪這些被關在窄籠裡的母雞經常抓狂，攻擊彼此，甚至自殘。所以，養雞場才會把小母雞的喙子給去除。

過了一、兩年，母雞被抓出籠子，塞進一個二氧化碳的箱子裡，窒息而死。喬許說：「你在超市看到的幾乎每一盒雞

蛋，就是這麼來。」

雞在雞蛋產業裡的生命，堪稱是任何食品生產業的養殖動物當中最痛苦的一個。雞孵出來之後，就會依照性別區分公母，放進不同的滑運道或輸送帶。公雞被送進「浸漬機」裡活活攪碎，因為牠們不能下蛋，在雞蛋生產業無用武之地，而且，牠們品種太小，無法被用在肉品產業裡。

雞是唯一被《人道屠宰法》（Humane Methods of Slaughter）排除在外的農場動物，因此，牠們在養殖場的待遇無法可管。每年有超過兩億隻小雞被活活攪碎，一位不具名的業內人士說：「多數人認同，虐待動物是不對的行為，但我們多數人在不知情的狀況之下，付錢給一個虐待動物的產業。」

這也是喬許為什麼要把改變雞的待遇，視為優先要務的原因。

他知道自己無法直接和農場業者交涉，雞蛋生產公司不會因為他的友善要求就改變實務做法。他認知到，除非是客戶要求，否則這些公司沒有誘因去改變實務做法。於是，他把焦點放在客戶上，例如連鎖餐廳、雜貨超市、食品製造商。就這樣，在一個冰冷的冬天，喬許行經明尼亞波利市一處地面結了冰層的停車場。

他正要去會見通用磨坊公司（General Mills）的十幾位領導人，試圖說服他們停止購買關在籠子裡的母雞下的蛋。

通用磨坊的一些主管認同，這些母雞受到的待遇確實太殘

忍，改為購買非籠飼養雞隻所下的蛋，是正確的事。但是，這些雞蛋比較便宜，通用磨坊仍然會繼續購買籠飼母雞下的蛋。

會面就此結束，離開時，喬許相當失望，覺得自己失敗了。他跑遍全美各地拜訪公司，大多都碰一鼻子灰，他們說這樣做「太貴」、「太費工夫」，或是「改變太大」。

於是，他思考第二個突破：如果食品公司不需要雞蛋來製造產品呢？如果我們能夠把正確的事變得更便宜、更容易呢？非籠飼母雞下的蛋如果成本太高，可不可以用別種效果相同、價格更低的材料來取代雞蛋呢？如果使用取代雞蛋的材料，能否同時生產出更便宜、更可口、更安全的食品呢？

喬許原以為這件事必須從內部來解決制度，但後來他認知到，不需要受限於此。食品公司內部根深柢固的制度不可能一夕之間改變，有些公司甚至永遠不會改變。所以，與其不斷碰壁，倒不如甩開限制，他決定採取側翼戰術。

於是，喬許和他的童年玩伴喬許・泰崔克（Josh Tetrick）共同創辦漢普頓溪食品公司（Hampton Creek），公司的第一個願景是生產出一種植物性雞蛋替代品，最終取代烘焙食品或沙拉調醬中使用的雞蛋材料。但是，這樣的過程很緩慢，必須等待生產美乃滋、沙拉醬、糕餅麵團、餅乾等食品的公司試用這項替代品，提出回饋意見。而且，這些公司實際上也不急於使用這項替代品。

喬許承認：「這是我們公司歷史中令人沮喪的一段時期。」

於是，兩位喬許想出另一個突破。與其等待食品製造公司使用他們的產品，何不乾脆把公司改變成一間自行生產食品的公司呢？

因此，漢普頓溪從一間小型食品材料公司變成《意識企業》（*Conscious Company*）雜誌評價的「舉世成長最快速的食品公司」，在全美各地雜貨超市銷售美乃滋、沙拉調醬、糕餅麵團、餅乾等食品。事實上，這間公司生產與銷售的一項產品贏得的口碑非常響亮，甚至引起一間食品業巨擘的注意，進而發生不愉快的插曲。

在充當公司總部的汽車修理廠裡，泰崔克正在和他的經營管理團隊聊天，快遞員走進來，交給他一個白色大信封袋。拆開後，泰崔克取出一張紙，那是一張法律通知函，告知漢普頓溪食品公司，他們被世界上數一數二的大型企業聯合利華（Unilever）控告。

聯合利華聲稱，漢普頓溪食品公司生產的「Just Mayo」不當搶走聯合利華旗下經典美乃滋品牌 Best Foods 與 Hellmann's 的市場占有率。這間新興的食品公司到底是如何「不當」對抗全球巨擘呢？這樁訴訟引用 20 世紀初期制定的一條法規，這條法規規定，凡是標示「美乃滋」的產品，必須內含蛋。漢普頓溪食品公司生產的 Just Mayo 當然不含蛋了，這就是問題所在。

兩位喬許起初感到絕望，他們這間只有幾十名員工的新創

公司如何能夠對抗一間營收高達 1,370 億美元、擁有強大律師團隊的跨國食品帝國？「我們當然是嚇壞了！」喬許回憶：「打官司似乎是不切實際的選擇，勝訴的可能性渺茫。」

　　但是，使命感的驅動力會帶來堅持、勇氣、解決事情的幹勁。或許就是這個原因，我們經常在有關於社會利益的故事中看到「尤里卡時刻」，這是熱情倡議行動當中很常見的狀況，由決心、同理心與勇敢所帶來的回報。兩位喬許繞著他們居住的舊金山小街區走了一趟又一趟，從每一個角度考慮所有情況。最終，當他們大膽把情況顛倒過來看待時，突破就浮現了：「如果我們碰上的這個最糟糕事件，這椿官司，反而變成我們碰上的最佳機運呢？」

　　聯合利華引據的法規適用於標示「美乃滋」（mayonnaise）的產品，漢普頓溪的產品裡並沒有這個標籤，名稱是 Just Mayo。兩位喬許不僅站在這場官司中有理的一方，他們也認知到，輿論也將站在他們這一邊：當巨人葛利亞攻擊試圖使世界更美好的大衛時，誰會站在葛利亞那一邊呢？

　　兩位喬許預料得沒錯，從《紐約時報》、《華爾街日報》（*Wall Street Journal*）到全國公共廣播電台（NPR）與美聯社（Associated Press），甚至脫口秀節目主持人大衛・賴特曼（Daivd Letterman），所有人都責罵聯合利華。光是第一週的報導，漢普頓溪食品公司就獲得 2,100 萬美元的免費媒體宣傳。

　　在引發媒體強烈譴責的困窘狀況下，聯合利華靜悄悄撤銷

控訴，兩年後，在自家公司推出不含蛋的美乃滋。

喬許在明尼亞波利聖保羅機場想出第一個突破，僅僅五年後，漢普頓溪食品公司已經擴張到在美國與中國的幾萬個雜貨超市據點，銷售四十多種植物性食品，包括餅乾、糕餅麵團、鬆餅、蛋糕、杯子蛋糕等。比爾・蓋茲（Bill Gates）預測，這間公司將成為「永久改變食品體制的三間頂尖公司之一」。[7]

那麼，你的突破會把你帶到什麼境界呢？

超級工具三：靜坐冥想

「靜坐冥想這個名詞，描述種種刻意的心智活動。」我們的科學顧問利夫解釋：「有人定義（靜坐冥想）是一種集中注意力的方式，也有人定義為自我研究自己的心智流程，還有人定義這是超脫煩憂的一種方法。」靜坐冥想可以幫助人們增進正念（mindfulness），這對突破來說很重要。什麼是正念？就是每一刻都專注於當下發生的事。喬治・德麥斯楚（George de Mestral）在一次散步後注意到，芒刺沾在他的衣服和狗兒的毛髮上，牢牢不放。他在顯微鏡下檢視芒刺，發現這是由細小的鉤狀物構成，這最終引領他發明出魔鬼氈。這屬於聯想思考的案例，同時也是仿生學的早期案例。

心律調整器也一樣。水牛城大學（University of Buffalo）電機工程教授威爾森・格雷特巴奇（Wilson Greatbatch）有一

天在設計一種心跳記錄器時，無意從箱子裡拿出錯誤的電阻器。但是，他後來注意到，這個錯誤的電阻器反而發出穩定、規律的跳動，就像心臟跳動的頻率。他靈機一動，想到或許可以用這個裝置來影響並穩定心跳的頻率。

另一個優秀的案例是鐵氟龍。1938年，杜邦公司（DuPont）的化學家羅伊・普朗基（Roy Plunkett）正在研究如何改良冰箱，他把氣體灌入缸瓶中靜置，隔天早上才能繼續做實驗。但是，第二天早上他返回實驗時，發現缸瓶空了，可是缸瓶的重量卻沒有變化。於是，他把缸瓶鋸開，發現缸瓶內部覆蓋了一層非常滑潤的物質，也就是我們後來所知的「鐵氟龍」。想想看，普朗基多麼細心又有觀察力啊，換作其他人，大概只是感到惱怒，就去做別的事了。

經常練習靜坐冥想的人，前額葉皮質的灰質比較多，久而久之，他們的大腦變成穩定的意志機器。更有益的是，靜坐冥想可以直接提高大腦中突破天才議會的馬力。近期有一份針對各種靜坐冥想練習所進行的研究顯示，靜坐冥想會促進大腦中和記憶、學習與情緒相關部位的連結力。[8]

另一項不久前公開的大型研究顯示，靜坐冥想的所有主要技巧都可以增加皮質皺摺，也就是增進腦迴化（gyrification）。研究人員認為，腦迴形成增加就是增加處理資訊的能力。因此，靜坐冥想實際上會讓你變得更聰明。[9]靜坐冥想之於大腦，就如同健康與體適能訓練之於身體，可以視為一種心智體

操，用來訓練大腦。神經學家發現，當你要求大腦冥想時，不僅會變得更善於冥想，注意力、壓力管理、衝動控制以及自我覺察等廣泛的自我控制技巧也會變得更嫻熟。

換句話說，靜坐冥想很像運動。當我們透過運動來鍛鍊身體，身體會變得更健康結實，進而產生種種經過科學證實的體能益處。

同理，使用靜坐冥想來鍛鍊大腦，大腦也會變得更健康結實，進而產生種種經過科學證實的好處，包括改善健康、減輕壓力、提升專注力、增進快樂、建立更令人滿意的人際關係，甚至提高對流行性感冒的抵抗力。一些研究顯示，在減輕負面情緒、焦慮與提高專注力方面，靜坐冥想比運動更有效。[10]

靜坐冥想也對睡眠品質有幫助，可以讓你從相同的睡眠時間中獲得更多精力補給。[11]

行動中冥想

對於很難安靜坐下來的人，一開始可以先把自己的動作當作冥想對象。有些靜坐冥想傳統在靜修時會進行正式的「行禪」，例如太極氣功或五律禪舞等動作修練，就是為了冥想。你也可以用跑步來冥想，但我們建議，在跑步冥想時不要聽音樂。

其實，你可以使用任何動作當作冥想對象，例如，洗碗筷時，你可以注意水濺在手上時的感覺。許多冥想教師也談到迷

你冥想的概念：使用簡單的事物作為練習正念的機會，例如洗手、走樓梯、刷牙。

　　你也可以聚焦於外部動作。觀看火焰或篝火等，都是非常好的起始點。人類凝視火苗的歷史悠久，不是沒有道理的。你也可以觀看水流或樹枝在風中沙沙擺動。

　　不論你選擇什麼形式的冥想，我們保證，你的心思將會從聚焦的對象上飄走、分心。但別擔心，只要你注意到心思飄走時，慢慢再把注意力轉回聚焦的對象上就行了。

　　「放手」則指的是鬆開你對掌控情況的需求，停止告訴自己應該怎麼做。一些教師把這項練習稱為「抓與放」的流程，你被抓住，然後釋放自己，一再循環。

　　抓：「為什麼我沒有做⋯⋯。」

　　放：「噢，我在想的是⋯⋯。」

　　抓：「我真的應該去做⋯⋯。」

　　放：「我腦海中浮現這樣的想法，並不代表我必須相信它。」

　　⋯⋯諸如此類。

　　你並不是在試圖使心思靜默不語，而是要讓它回歸平和與快樂。冥想教師以薩克・布朗（Issak Brown）告訴我們：「關於冥想，最糟糕的一個迷思是，誤認為這是一種使心思靜默的

修練。固然，你的心思最終會靜默下來，但我寧願沒有人誤傳
這個迷思。因為我的客戶在冥想時，腦海裡不停想起這個、浮
現那個，他們就以為自己的冥想修練失敗了。」

一個呼吸就夠了

　　奧麗薇亞的好友是佛教禪修者陳一鳴，著有《如何用 100
分鐘駕馭你的心》（*How to Master Your Mind in 100 Minutes*）、《搜
尋你內心的關鍵字》（*Search Inside Yourself*）、《隨心喜樂》（*Joy
on Demand*）等書，他在書中提供實用、簡明又有趣的建議，教
導讀者如何達到內心的平和。陳一鳴在閒聊時會說服你，禪修
不會很複雜，其實可以相當輕鬆容易的執行。如果有人問他：
最起碼要修練多久才能見效呢？他會說：「一個呼吸就夠了。
來，現在就試試看，我保證，沒有比這更簡單的事了。」

> **實作練習：陳一鳴的懶惰修練**
> 　　要不要閉上眼睛都可以，徐緩深呼吸，並且把所有注
> 意力都放在呼吸上，全然並溫和的去感受你的呼吸，就
> 是這樣而已。如果你偏好更具體的指示，請在呼吸時，
> 留心你鼻子或肚子的感覺。

　　「只需要留心呼吸這一個動作，任何時間、任何環境，都

能獲益。」

　　陳一鳴說，徐緩的深呼吸能刺激迷走神經，因而活絡副交感神經系統，最後減輕壓力，降低心跳率與血壓，基本上就是讓你鎮靜下來。

　　陳一鳴和許多的靜坐冥想教師與習慣專家一樣，都建議要找一項日常例行公事作為提示。他解釋，可以將睡醒的那一刻或晚上躺到床上的那一刻作為觸發機制；或者，可以在智慧型手錶或智慧型手機上設定響鈴，在睡眠時間以外提醒自己每小時做一次留心呼吸。

　　他說：「這些方法全都很不錯，我都有使用。不過，我最推薦的是，每一次當你必須等候某件事的時候，就開始留心呼吸。我每天花很多時間在等候，我猜想你也一樣，在紅燈前等候，午餐時排隊等候，在機場等候，在火車站等候，在計程車招呼站等候，等候會議開始，等候貴賓到來，等候電腦開機，等候網頁出現，實在有太多事要等候。每次必須等候，我就會留心呼吸。這是好處很多的一項修練。」

實作練習：養成習慣留心呼吸

- 選擇一個提示來啟動留心呼吸的習慣，我們最推薦的提示是，在任何必須等候的情況下做練習。
- 每當提示出現，徐緩的深呼吸，把一定的注意力放在

呼吸上。基於安全考量（例如，你正在走路或開車），
你可能仍然需要在留心深呼吸的同時，繼續把適量的
注意力放在周遭環境上。

- 如果留心呼吸讓你感覺更好，就注意一下這種感覺，
  因為這樣的收穫將會強化這項習慣。

各章摘要

第1章 翅膀：關於突破的一切知識

突破是一種構想，讓人可以用嶄新的方式來解決問題或滿足需求。我們已經找出四種類型的突破。尤里卡突破很清楚、但會突然出現，而且它已經成形，會讓人非常興奮，你很清楚知道這項突破會解決什麼問題、如何解決。隱喻型突破通常會以隱喻或類比的方式呈現，往往出現在夢裡，必須進一步解讀才能了解它將解決什麼問題、如何解決。直覺型突破無法用邏輯說明或解釋，往往只是一個開端，引領我們走上一條更長的路徑來取得進展。典範型突破會以清晰、明瞭的形式顯現，這一點和尤里卡突破很相似。但它會帶來敬畏與驚奇，遠勝興奮的感受，也是最罕見、但影響力最大的突破類型。每個人都有適合自己的一、兩種突破類型，但各種類型的突破之間沒有優劣之分。

第 2 章　成蛹：突破從哪裡來

　　突破發生在兩種不同但相關的腦部模式切換的時候：一個是「執行網絡」的專注模式，另一個是「預設網絡」的漫遊模式。執行網絡是目標與行動導向，預設網絡善於聯想、偏好非線性思考；有條理的在這兩種網絡之間切換，有助於產生突破。執行網絡專注於問題，把問題傳送給預設網絡（天才議會），讓預設網絡在你不工作的時間研究問題，兩者共同合作發現潛在突破。入睡前與清醒前的狀態，是特別有利於突破的沃土。

第 3 章　捕捉：如何進入天才模式

　　突破發生在心思漫遊的時候。研究顯示，在動用大量認知能力的工作和不花腦筋的工作間切換，可以提升創造力。散步是誘發突破的最佳活動，記得隨身攜帶工具，以便在途中記錄靈感。所有步行都有幫助，在戶外步行最理想，但在辦公室裡或跑步機上行走也很有幫助。改變環境也有助於激發突破，你可以改變外在環境、聽覺、社交或心理環境。別忘了設定限制，無論是財務限制、時間限制或創造性限制，都是有益的做法，移除限制也同樣有效。

第 4 章　羽化：如何產生突破

　　聯想思考是在兩個看似無關的概念與主題之間產生聯想，對突破性思考很有幫助。有一項工具是七個基本創新疑問，可以指引你或團隊進行產生新聯想的流程。另一項實用工具是型態辨識，能幫助你把兩個概念聯想在一起，看出故事、主題、本質、角色等基本型態、關聯性與相似性，進而發現新的應用方式。

第 5 章　花園：打造吸引蝴蝶的環境

　　神經可塑性是我們追求突破時會運用的一項重要工具。終其一生，我們的大腦都具有可塑性，有能力形成全新思維。雖然每個人的神經系統或多或少都已經走樣，但我們可以提升神經可塑性來改善狀況。當我們做以前沒做過的事、學習新事物，以及體驗新的動作、味道、視覺、聲音、故事等新事物時，神經可塑性就會提高。或者，我們可以試試愛因斯坦風格的思考實驗。蒐集大量資訊，對我們的神經可塑性很有幫助，可以讓天才議會產生更多突破。請從你擅長的領域、鄰近的領域，甚至更遠的領域蒐集資訊，並尋求其他領域人士的意見。別忘了使用仿生學，從大自然中尋找啟示。記得把筆記集中在一個地方存放，方便日後參考。可以考慮使用筆記本，或是 Evernote 等線上應用程式，方便同步在多種平台，如手機、筆

電或桌機等。

第 6 章　收網：評估天才模式的產出

　　我們在這章探討，如何用幾種不同的方法，來評估捕蝶網中的潛在突破構想，狄波諾的六頂思考帽是評估分析的好工具。取得他人的回饋意見，將為你提供新洞察，也幫助你辨識出可能的盲點。請組織班底，尋找一群你信賴的人當顧問，在建立班底時，請仿照大腦的特色來找人才。你的班底成員需要涵蓋以下特質：同理心、脈絡聯想、記憶；你也需要這幾種類型的成員：行家、創造者、理論家、通才。記得添加催化劑，並指定一個人扮演執行網絡的角色。我們也在本章討論紀良育的腦力激盪思辨方法，說明如何建立界限，寫出所有的限制條件。把突破構想放到現實世界中試驗，看看會發生什麼事。

第 7 章　蜘蛛：畏懼的心網

　　畏懼是追求突破路上的重大阻礙，我們天生偏好災難化思維，但這只會強化負向偏誤的心態。我們必須學習如何處理面對失敗時的畏懼心理，並了解失敗無可避免。阻礙我們產生突破的畏懼心理有四種主要表徵，第一種是冒牌者症候群，對抗方法是定義新的自我形象，蒐集並展示證據來支持新的自我形

象的，並採取新行為。第二種是內心自我批評，對抗方法是找出你認為的「每一個人」究竟指的是誰，然後，創造一個新的「每一個人」，取代舊的「每一個人」。第三種是完美主義，對抗方法是提醒自己，錯誤既稀有而珍貴，找一個你欽佩又能鼓勵你接納不完美的人，把他的照片張貼在周遭環境。第四種是極大化傾向，對抗方法是對你加諸在自己身上的要求與期望設限。為了應付畏懼心理，請注意你當下的身體感受，並採取打呵欠、放輕鬆、練習感激、自我寬恕與自我慈悲等做法。

第 8 章　黃蜂：失敗的恥辱感

　　失敗帶來的內心感受是恥辱、沮喪、失望，甚至絕望，但運用處理失敗的技巧可以使我們保持學習模式，讓我們從失敗中學習，迅速重新振作。採取認知式換框思考或社會認同式換框思考，我們就可以把失敗想成學習機會。我們也可以從失敗引發的情緒中抽離：存在你腦海裡的東西未必真確。學習處理你的負面思想，不要壓抑情緒。從失敗中振作和從悲痛中振作很類似，你愈能接受現況，就能愈快速走過低谷。練習失敗可以幫助你更習慣失敗，你可以進行經驗練習，例如在運動、撲克賽、烹飪或即興劇中練習失敗；切記，要聚焦在行為上，而不是聚焦在結果上。你也可以做心理練習，包括想像自己身歷其境，演練所有可能的情境。學習不要以結果論失敗，應該以

決策品質來論成敗，並學習他人如何做決策。

第 9 章　寒冷：未知的不確定性

　　不確定性是突破過程中無可避免的一部分，你可以藉由增進生活中其他領域的確定性，平衡你追求突破時遭遇的不確定性。例如，你可以建立穩定的日常例行公事、習慣與儀式，從簡單又明確的小目標做起，找觸發器來鞭策自己，但要預期過程中可能會伴隨某種程度的失敗。你也可以學習像撲克玩家那樣思考機率。切記，我們雖然能夠把不確定性縮限在一個範圍以內，但不可能完全消除。練習不確定性會有幫助，觀看電影或運動比賽時，請注意在觀看過程中，你的身心對於結果的不確定性有什麼感覺。責任轉移也可以幫你減輕不確定性帶來的痛苦與焦慮。

結語　超級工具

　　知道你的計畫有更崇高的使命感，並且經常自我提醒，有助於減輕可能干擾突破性思考的憂慮與自我懷疑。研究證明，小小的利他行為對於增進快樂、健康與創意思考很有幫助，但是不要作假。冥想是讓大腦更強壯、更健康的一種絕佳修練方式，可以在日常生活中等待某件事的時候試試看。

重點練習

運用睡眠進入天才模式

入睡前和清醒前的時刻是突破的沃土。睡眠讓我們經由半夢狀態，引導預設網絡聚焦於解決問題；從睡眠中醒來，讓我們經由半醒狀態，發現預設網絡想出的解決方案。

如何進入半夢狀態

進入半夢狀態的方法如下：

- 清理雜亂到讓你分心的房間。
- 將手機設定成飛航模式，拿出紙筆或錄音機準備記錄。
- 調暗燈光或是戴上眼罩。
- 讓自己處在安靜的環境，或是只有白噪音的環境。
- 別讓自己太舒服，例如不要裸體或躺在床上。

- 試著在正午或飯後，當你已經有些疲倦的時候挪出時間執行。
- 設定十到十五分鐘的鬧鐘。
- 先花一點時間讓大腦聚焦思考問題，然後不再思考，放鬆、漸漸入睡。

如何進入半醒狀態

進入半醒狀態的方法如下：

- 看一部你不熟悉主題的紀錄片。思考新的敘事將啟動新的神經迴路，幫助大腦形成新的連結。
- 瀏覽舊照片。你的預設網絡可能會在記憶檔案中，找到你遺忘多年但有價值的東西。
- 閱讀青少年時期讀過的書。以前的想法與感受將會因此湧現。
- 出外散步。這可以幫你的大腦補充氧氣，出其不意的變更你睡前的例行公事，讓你感受一下比在浴室泡澡更有趣的東西。
- 選用漸進式鬧鐘，一開始鬧鈴聲較徐緩，但會慢慢提高音量。這樣做就可以避免你猛然驚醒，反而略過你想利用的臨界狀態。選用大自然的聲音將會很有幫助。
- 在身邊擺放記錄裝置，方便你書寫、打字或錄音。在半醒

　　狀態出現的突破可能很短暫、稍縱即逝，如果不立刻記錄，等到你完全清醒，就會從你腦裡溜走。

進行不花腦筋的活動

為了獲得重要突破，我們必須讓心思漫遊。研究顯示，在動用大量認知能力的工作和不花腦筋的工作間切換，可以提升創造力。你可以這樣做：

- 玩拼圖或走迷宮。
- 看一部已經看過好幾次的電影。
- 對牆壁丟皮球。
- 觀察穿過樹木枝葉落下的陽光。
- 凝視窗外。
- 跑步。
- 手洗碗盤。
- 玩電玩遊戲。
- 折衣服。
- 整理雜亂的空間。
- 繪畫、塗鴉或是在著色繪本上著色。
- 煮一道拿手的餐點。

激發創意的散步

研究顯示,散步是提升創造力的最佳活動。散步是創造環境與條件的好方法,但是除了漫步,你必須做一些事來激發創意。

- 定義問題:用言語描述目前正在思考的問題,這可以幫助你開始尋求解答。
- 檢視材料:再次閱讀最近蒐集到的資訊,查看所有隨意張貼的便條紙與隨手寫下的筆記,或是任何數位紀錄。
- 設定目標:你打算一直走到突破某個阻礙、只步行一段預定的時間,或是走到抵達某個目的地為止?
- 留意周遭:稍微分心出神也沒關係,但不要完全忽略沿途的景色。
- 攜帶紙筆:確保手邊有工具可以隨時記錄你的想法。
- 手持物品:一枚銅板、一顆石頭、一根迴紋針、一尊星際大戰人物模型,什麼都可以,我們不會多作評判。人類的雙手會向大腦傳送大量資訊,保持這些資訊管道暢通,可以讓大腦維持在一個比較有聯想力的狀態。Siri 開發者亞當‧切爾總是會在辦公桌上放一個魔術方塊,好讓他在思考的時候把玩。
- 隨時記錄:當洞察出現時,不要過度沉浸在當下,一直在腦中反覆思索。把好構想遺忘,是讓人再懊惱不過的事。

改變環境

改變環境的方法很多，你可以改變實際的周遭環境、改變聽覺環境、社會環境，甚至是心理環境。

改變視覺環境

- 擺放稜鏡，這種鏡子結合了光線、色彩與兩者的變動。
- 在室內的創意空間引進大自然元素，例如植物、石頭、小噴泉、光線等。
- 爬樹。真的，我們沒開玩笑。你可能很久沒有這麼做了，但這正是你應該這麼做的原因。從奇特的角度看世界，有助於解放全新的觀點。
- 如果你住在城市，請到高樓的頂端遠眺四方。如果你所在的公共空間有窗戶，請走到窗邊向外望。到辦公室另一頭，和窗外景觀不同的同事借用座位。用新的視角遠眺窗外景觀，注意不同之處：街道布局如何？樹木長什麼樣子？有沒有河川湖泊等，位在哪裡？如果讓你來設計這座城市，你會怎麼安排？

改變周遭環境

- 此時此刻，環顧四周，找出你喜歡的五種顏色。
- 觸摸周遭物品，找到五種讓你覺得摸起來很舒服的材質。
- 找出五種不同的手部動作。做吧，我們等你，用雙手做出

各種動作。

改變聽覺環境

- 有一款名為 Coffitivity 的應用程式，可以營造咖啡廳的環境
  噪音。這款應用程式的開發者，原本的目的就是為了測試
  背景噪音對生產力會有多少影響。

- 假如你正陷入執行重複性工作的循環裡，可以試著聽聽雙
  耳節拍音樂；這類樂曲會在左右兩耳提供聲音頻率些微不
  同的音樂，可以幫助你度過將洞察轉化為現實時必經的辛
  苦執行工作。

- 試著聽聽看電子音樂，這類音樂的特色在於，用重複的基
  本旋律漸漸鋪陳出敘事。

- 火車行進發出的聲響、洗衣機的運轉聲等，都是非常療癒
  人心的聲音。你可以在網路上找到無數這類聲音的剪輯片
  段。

- 想找特定的環境音樂，可以參訪 AsoftMurmur.com。這個網
  站提供許多選擇，你還可以自行混合或配對音樂，例如，
  雨聲加雷聲、海浪聲加風聲、海浪聲加雨聲。

改變心理環境

- 任何主題都可以，隨機觀看一部紀錄片。接下來，請試著
  從紀錄片的內容當中，找出和你正在思考的問題有關聯的

部分。舉例來說，你觀看的肯塔基州鄉間的新世界波本威士忌釀酒廠紀錄片中，有哪些地方和你目前正在思考的護唇膏行銷企劃案相似？

- 找一天把自己打扮得像其他人。假如你平常穿得很休閒，就試著穿正式的套裝；假如你平常都穿著正式服裝，就試著穿無袖上衣與短褲。當其他人用不同的眼光來看待你，你的感覺有何不同？穿著其實是心理環境的一部分，許多研究都顯示，當受試者穿著醫師的白色長袍時，自信與專注程度都會提高。

- 在接下來的二十分鐘裡，請屈服在你的首要衝動之下，去做你想做的任何事。這比想像中還要難辦到，對吧？因為我們總是克制自己不要去做許多事。

七個基本創新疑問（SEIQ）

你可以自己使用這項工具，也可以和團隊一起使用，請從每一個角度、每一種可能性來檢視你（們）的問題或需求。你（們）可以依照下列清單依序檢視，也可以跳著看。每當在某一項卡住的時候，就選擇清單上的另一個項目，改變一下方向。

1. 檢視

更高處：從 9,000 公尺以上的高空俯瞰。

反面：從反面、背面，或另一面檢視。

價值：從價值的觀點來檢視。

小孩：從小孩的角度檢視。

忽視：撇開已知的經驗與知識來檢視。

宏觀：從整體的角度檢視或是系統性的檢視。

2. 使用

利用：如何用這樣東西來利用其他東西？

基礎：如何用這樣東西來建立其他東西的基礎？

取代：如何用這樣東西來取代其他東西？

層面：如何用新的方法來使用這樣東西的某個層面？

改變：如何用這樣東西來改變你正在做的某件事？

應用：如何用新的方法來應用這樣東西？

3. 移動

加入：能不能加入新元件來做出改變？

重新架構：如何重新架構來做出改變？

替換：能不能互換或替換某些部分來做出改變？

移除：能不能移除某些部分來做出改變？

速度：能不能加快或減緩速度來做出改變？

頻率：能不能增加或減少發生的頻率來做出改變？

4. 連結

效能：可以連結什麼來打造效能更高的東西？

結合：可以結合什麼來打造出新的東西？

網路：可以建立什麼網路來打造出新的東西？

透明：可以揭露什麼資訊來打造出新的東西？

開放：可以對外開放什麼東西來促成新的東西誕生？

夥伴：可以和誰建立夥伴關係來打造出新的東西？

5. 修改

品質：可以改善哪些部分的品質？

設計：可以改變哪些設計？

性能：可以怎麼做來提高性能？

美觀：可以怎麼做來改變外觀？

體驗：可以怎麼做來改善體驗？

標準化：可以怎麼做來和其他東西搭配？

6. 打造

流程：可以建立哪些新流程？

意義：可以創造或灌輸哪些新的意義？

裝配：可以裝配什麼東西而變成新東西？

舉例：可以把哪些東西用實例說明來轉化成新東西？

功能：可以創造哪些新功能？

專攻：可以專攻或聚焦在哪些部分上？

7. 想像

擴大：如何在想像中讓某樣東西擴展？

更容易：如何在想像中讓某樣東西更容易使用、購買、銷售或
　　　　組裝？

負面：可以修正哪些負面的要素？

天馬行空：隨心所欲想像各種狀況。

科幻：想像一種科幻式的解決方法或改進方案。

嘗試：嘗試以各種方式使用資訊科技，看看會發生什麼事。

鍛鍊神經可塑性

動作實驗

- 用你的非慣用手去做各種動作，例如刷牙、使用叉子、拿
鑰匙開門、寫你的名字。這也是讓你體驗建立新連結會是
什麼感受的有效練習，你將實際感受到神經可塑性正在運
作。

味覺實驗

- 去餐廳點一道你沒有在這間餐廳點過的餐點，好好品嘗它
的味道。這道餐點有什麼不同？你的大腦必須創造新連

結，才能建立新的結構來解讀新的味道。

- 烹煮一道料理，但不要加鹽巴，好好品嘗它的味道。請特別注意沒加鹽巴會如何改變這道料理的風味。接著，加一點點鹽巴，再嘗嘗味道。然後，再多加一點鹽嘗嘗看。最後請逐漸加鹽進去，直到鹹淡剛好為止。

視覺實驗

- 去上班、上市場或是回家的時候，試著走不同的新路線，並且盡量注意沿路的新事物。第二天，再走一次這條新路線，試著預測你會看到哪些地標。

- 觀看一部外國電影二十分鐘，不要播放字幕，看看你能拼湊出哪些情節。你會不會比較注意演員的臉部表情？在沒有字幕的狀況下，你對角色的情緒狀態了解多少？

- 坐在咖啡館裡，假裝你在閱讀這本書，然後觀察周遭的人都在做什麼。別擔心，他們很專注於自己正在做的事，不會注意到你。觀察他們的臉部表情，再觀察肢體動作，他們動得很快還是很緩慢？他們看起來有沒有提心吊膽、緊張兮兮、神經質？接下來，隨便挑選一個人，想像他今天早上過得如何。如果他正在用電腦，試著想像他輸入的是什麼內容？和工作有關嗎？在搜尋新房嗎？正在網路上購物嗎？在寫信給舊情人嗎？創造一則情節敘事，納入是誰、做什麼、為什麼、什麼時候、怎麼做等資訊，這正是

鍛鍊可塑性的好方法。

聽覺實驗

• 聆聽其他文化圈的音樂，例如寶萊塢舞蹈音樂、非洲藍調
或阿富汗傳統音樂，讓自己完全浸淫在不同的節奏裡。如
果你在家裡，可以試著隨音樂起舞。當你試著推敲如何隨
著不熟悉的韻律擺動身體時，會迫使你的大腦把新的聲音
轉譯成動作。

可塑性思考實驗

• **地心引力**：想像地心引力會在晚上 10 點後消失，這樣的世
界會是什麼模樣？床會浮在天花板上嗎？我們從事的運動
會有什麼改變？我們要如何移送物品？人們會不會在覆蓋
著網子的樹上開派對？會不會出現專門製造這種網子的新
企業？如果網子沒有發揮作用，人們被迫在空中任意飄浮
整個晚上，會不會為此和企業打官司？會不會有這種主題
的電影：早上地心引力恢復時，飄浮者在某處落地，結果
遇到真愛？會不會有青少年故意破壞網子，好來一趟飄浮
冒險之旅？

• **社會規範**：假設法律容許人們在被嚴重激怒的時候反踢對
方一腳，這樣的世界會是什麼模樣？你要如何證明某人真
的激怒你了？會不會出現特別的法院，負責審判你是否真

的被激怒了？根據法律，你可以踢得多重？市面上會不會出現特製的鞋款，讓你可以踢了人但不留痕跡？會不會出現一種社會和平運動，提倡禁止踢人的行為？

- **年齡：**想像一下，你剛發現自己肯定可以活到一百三十歲，而且還能一直保持良好的身體健康狀態。這時你可能會注意到內心的反應，或許你會瞬間想到：「慢著，我以為自己會活到……。」人們總會自然而然下意識的訂定一些期望。你有意識到自己一直都以這個歲數作為指標嗎？現在，試著想像，當你發現自己可以活到一百三十歲，生活會變成什麼模樣？會對你的決定產生影響嗎？你會一直保有目前的職業嗎？你會維持目前的婚姻或情侶關係嗎？如果每個人都能活到一百三十歲，社會將出現哪些改變？每個人都會預期自己不只結一次婚嗎？人們會等到幾歲才生養小孩？壽命增加會不會讓人口過剩，導致人們必須排隊等候獲准生養小孩？人們會不會把自己的生養權拍賣給其他人？

- **奇幻：**你可能聽過類似的奇幻故事：整座城市建築在高架上，人行道懸浮在半空；整座城市由水管、線路、浴缸、蓮蓬頭、閥門等零件構成錯綜的迷宮，沒有任何樓房建築；或者，這座城市的人使用記憶作為交易媒介，只有分享記憶才能購物。如果讓你設計一座奇幻城市，那座城市會是什麼模樣？城市裡的人們如何互動？有哪些規範必須遵

守？以下是一種可以更加增進大腦可塑性的方法：想像你在某個場景裡，就像高度仿真電玩遊戲裡的角色。你走在街上，開門，轉頭左右張望觀看新事物。請想像自己舉起手，感受風在吹拂，走在大街，聆聽車水馬龍的聲音。

用六頂思考帽評估突破構想

找到有天賦或具備多種思考風格的人，和他們討論構想，取得他們的回饋意見。試著找齊分別具有下列六種思考風格的人。

- **藍色**帽子聚焦於流程、時間控管，但不忘宏觀大局。
- **白色**帽子聚焦於既定事實、數字、指標、現實的狀況。
- **紅色**帽子聚焦於情境與解決方案的情感共鳴，包括你的同理心與畏懼心理，此外也注重其他人可能受到的影響。
- **綠色**帽子聚焦於創意思考、新的可能性、對情境與解決方案的新觀點，以及提煉新的構想。
- **黑色**帽子是帶有懷疑心態的觀點，會考量風險、解決方案的潛在問題與阻礙，以及計畫的弱點。
- **黃色**帽子和黑色帽子相反，會抱持樂觀的態度，正向思考，聚焦於可能解方的益處與最佳情境。

團隊的突破工具

建立突破班底時，成員應該具備下列特質：

- **同理心：**善於站在別人的角度思考、天生能感受他人可能對新構想做出什麼反應的人。通常我們難過的時候，會去找這種人。
- **脈絡聯想：**任職或是曾任職於不同產業的人；有雙主修科目的人，例如數學與詩學、法文與經濟學；深深熱愛某項興趣、而且興趣和工作差異很大的人，例如修練太極拳的電腦程式設計師，或是喜愛繪畫的高階主管。
- **記憶：**歷史學家或對歷史感興趣的人，可能記憶力不錯。曾經在類似領域有成功突破經驗的人，曾經尋求突破、並且省思經驗的人，可能也會有所幫助。

班底成員應該具備下列性格：

- **行家：**你的班底中應該有人了解市場、公司、文化的脈動，知道未來五年的預期發展情勢，以及即將在六個月內發生的重大事件。這個人能夠評估你的突破構想是否夠新穎、與眾不同，是否符合文化的發展趨勢。
- **創造者：**機械工程師、設計師、建築師等，能夠繪製與建

造原型，把構想變得具體的人。你必須腳踏實地尋求真正
可行的做法。

- **理論家：** 對主題有深度知識的人，縱使他們可能沒有嘗試
過打造物品，但他們深入鑽研過主題。理論家往往能夠為
那些只關心如何應用構想的人，提供他們可能沒注意到的
深刻型態辨識與新洞察。也就是說，不要排除年紀稍長的
人。

- **通才：** 這些人具備廣泛的知識，也善於取得新資訊。他們
會學習新事物，並將新事物和其他事物融合、連結起來。
就算是傾聽不熟悉的主題，他們可能也會有重要貢獻，因
為欠缺知識能讓他們敞開心智，容易產生有幫助的連結與
洞察。

腦力激盪思辨法

1. 首先，讓每個人說說看可行的突破構想，把構想寫在板子
上。選定目標，例如總共要提出十五項可行構想。
2. 不要用條列的方式寫下構想，而是在板子上隨機寫下構
想。不要列表、不要排序、不要從上方或下方等特定方向
依序書寫。
3. 在每一個構想旁邊畫一幅圖。圖畫會啟動大腦的另一個部
位，也就是非語言區的部位。

4. 告訴所有人盡量不要評斷。試著敞開心胸，不要發表任何意見，不要把你的自我意識加諸到板子的任何一個構想上。

紀良育建議，在三十分鐘內達成目標，提出十五項可行的構想。接著，建立過渡時刻，做法如下：

5. 安靜兩分鐘。請所有人認真檢視板子的內容，讓大腦開始產生連結。

安靜檢視板子上的內容，是為了清出大腦的空間，讓執行網絡指示預設網絡的天才休息室開始建立連結。這樣做可以建立儀式，讓所有人進入他們的聯想狀態。

6. 請參與者將他們覺得有關聯的構想連線，並且在板子上畫出連線，用不同顏色的筆代表不同的關聯性。（板子很快會變得像一張蜘蛛網，但沒關係，連線的數目會自然慢慢減少。）

7. 請參與者說明他們看出哪些連結的故事，並解釋構想如何產生關聯。這些故事將鼓勵參與者進一步建立連結。

8. 互相連結的構想形成群集，等到出現六個、八個或十個群集時，詢問參與者對這些群集的看法。請他們用 1 到 10 分，為這些群集打分數。

9. 只檢視平均得分在 7 分以上的群集。

改變自我形象

- 定義目標：你想要怎樣的自我形象？
- 蒐集證據：回顧過去，寫出你展現創造力的方式，請列出至少五種。
- 展示證據：把證據清單釘在牆上，或者使用便利貼。每天晚上進行這個步驟，連做十天。在最後一天晚上，一次唸出所有項目，查看你現在對自己的自我形象有什麼感想。
- 擁抱全新的自我形象：利用小贏的科學，累積許多小成功。

應付冒牌者症候群

捷徑 1：改變標籤

試著改變你渴望達到的狀態的名稱，查看有沒有其他說法更能符合你現階段的自我形象。舉例來說，奧麗薇亞從來不認為自己有創意。她足智多謀嗎？是的。她頭腦靈敏嗎？沒錯。這兩個形容詞都讓她感到自在，但「有創意」就讓她感到不自在，因為這不符合她的自我形象。在她看來，這個形容詞應該屬於有設計鑑賞力的藝術家，以及從事音樂、繪畫或戲劇等創作工作的人。對她來說，創造力無形、難以捉摸，她無法看到輪

廓。不過,在「頭腦靈敏且足智多謀」的自我形象下,她得到同等的創造力。

捷徑 2:翻轉情境

想想看,在你的個人經驗、性格或學歷背景當中的哪些部分,冒牌者症候群的影響力最大,讓你感覺自己像個假貨?每次只針對一個部分,把情境翻轉過來。

例如,把「我太年輕,無法勝任這份工作」翻轉過來,變成「我的年紀是一大優勢,因為……」因為你對新科技認識比較多?對同年齡的客層更了解?更願意冒險或嘗試新事物?

或者,把「我沒有在這個產業任職的經驗,所以我不是產業裡的專家」翻轉過來,變成「我不是這個產業的專家,反而成為我的一大優勢。因為這個產業已經有多到數不清的專家,不需要再多一個。而我擁有大量新觀點與不同的經驗,我可以把在這個產業以外學到的東西,帶來應對我們面臨的問題」。諸如此類。

處理畏懼的快速解方

當你覺得自己處於缺乏創意的狀態時,請試試下列幾種快速解方:

- 檢查一下呼吸。緩慢的深呼吸，利用身體的機制來影響心智。
- 改變身體姿勢。展現強勢、自信的身體姿勢能讓你真的感到更有自信、更有力量。如此一來，你的肢體語言也會跟著調整。
- 想像你愛的人給你一個長達二十秒的熱情擁抱。
- 說出當下的感受。請把當下的感受說出來，例如焦慮、恐懼、羞愧等。
- 打呵欠。打呵欠會啟動我們的副交感神經系統，讓身體放鬆。你經常會看到運動員在比賽前打呵欠，就是這個道理。

放鬆反應

1. 挑選一個用來集中精神的單字、片語、圖像，或是利用呼吸調節來集中精神。
2. 找個安靜的地方，以舒適的姿勢靜坐。
3. 閉上眼睛。
4. 漸漸放鬆全身的肌肉。
5. 緩慢、自然的呼吸。呼氣時，靜靜在腦海裡重複或想像你用來集中精神的單字、片語、圖像，或是單純集中注意呼吸節奏也可以。

6. 抱持被動的態度。當其他思想浮現時，想著「好吧，都可以」來敷衍過去，然後重新集中注意力。
7. 繼續這套練習，平均每次持續約十二到十五分鐘。
8. 每天至少做一次。

保羅・札克的催產素刺激練習

- 給某人一個擁抱。目標是一天給人八個擁抱！
- 試試慈悲靜坐冥想。
- 跳舞。
- 泡熱水澡。
- 用禮物給某人驚喜。
- 撫摸狗狗。
- 和一位朋友去健行。
- 寫張感謝卡或便條紙給老師或導師。

寫你的傳記

把自己當成旁觀者來描述你的生活，聚焦在你這個人所有正向的層面。

描述你的職業，以及職場裡周遭的人。描述你覺得最有意義的

個人人際關係，思考這些人可能對你有哪些正面評價。找出今天發生、帶有正向意義的事實，不必在意規模或重要程度。

花點時間寫下這些描述。光是在腦中想，效果沒那麼好。

慈心禪

- 坐下來，調整坐姿讓自己坐得舒適，閉上眼睛，深呼吸兩、三次。吸氣時，想像吸入大量清新空氣送到你的頭部；吐氣時，讓空氣從頭頂流到腳底，把你的煩憂沖掉。

- 回想你在生活中展現的良好行為，無論大小。只要是一個良善的行動，展現真誠、寬容或勇敢的時刻即可。請聚焦在回憶這個時刻。

- 現在，想像一個你有好感的存在，無論他來自過去或現在，無論是神或是人（耶穌、佛陀、德雷莎修女、達賴喇嘛都可以），也可以是一隻寵物，甚至是一個填充玩具。

- 在心中想像他的存在，想像他的親切、仁善與慈悲，看著他的眼睛與面孔，感受他的溫暖照耀、籠罩著你。

- 透過他的眼睛，以親切、仁善與慈悲的眼光看著你，感受他完全寬恕你內心自我批評指出的一切錯誤缺失。你得到完完全全、毫無保留的寬恕，變得乾乾淨淨。

- 感覺他全心全意接納你，接納此時此刻的你，還處於成長

階段的你，接納你的不完美，接納你整個人。

接納宣言

- 你很完美，在這個發展階段，你很完美。
- 在這個成長階段，你很完美。
- 在這個完美階段，你很完美。
- 在你的大腦與心靈存在的一切事物下，你很完美。
- 在你的種種不完美當中，你很完美。
- 對於這個成長時期而言，你很完美。
- 在這個發展時期，在此時此刻，你的一切完完整整的得到接納。

別再害怕

這些技巧是要讓你了解如何應對負面想法，而不是試圖壓抑負面想法，也不是和它爭論。

- 不要因為不確定狀況而姑且相信自己的想法。雖然這是你的想法，但並不表示這樣的想法必然真確。首先，提醒自己，你可能遺漏或忽視很多東西，還有很多正面的東西等著你去注意。

- 想像你的想法就像牆上的塗鴉。
- 為你的感受（憤怒、焦慮、自我批評等）取名字，這麼做能夠幫助你減輕負面的感受。
- 盡量別把資訊想成是針對個人而來。把「我覺得很丟臉」改成「有丟臉的感覺」。往後退一步，模仿人類學家觀察某種儀式的方式來觀察這個感受，或者，想像你是一名在觀察某種現象的科學人員：「很有意思，一些自我批評的思想正在發生。」
- 想像你從太空觀看地球，現在，再靠近一些，觀看你的國家、你的社區、你的住家。看到自己了嗎？此刻你正在這顆星球體驗這個想像呢！
- 把你的負面思想想像成 Podcast 節目，然後摘掉你的耳機，打開放在旁邊的音樂播放器。
- 你擔心可能會發生的所有麻煩事如果真的發生，會出現怎麼樣的情境，把情境列出來。接著，想像你安然度過這個情境，存活下來。
- 回想以往有過類似的負面想法或焦慮經驗，你當時也不認為自己能夠安然度過，但你真的度過了。

為失敗畫下句點

心理學家理查・韋斯曼的建議，採用以下三步驟的流程為失敗

畫下句點：

1. 寫下來：在紙上傾訴心中所有想法，發生什麼事、感覺怎麼樣等。這是一種心智的洗滌淨化，有些客戶稱為「嘔吐衝刺法」。
2. 把紙撕掉：用力撕、盡情撕，聽到撕裂聲，感受撕掉紙張的痛快。
3. 如果可以，把紙燒掉，正式宣告失敗結束。

處理失敗的藍圖

- 對失敗換框思考，學習把失敗視為突破過程中必經的部分。
- 練習失敗。
  - 經驗練習：運動、撲克賽、烹飪等。
  - 心理練習：排練與視覺化。
- 失敗時，以自我寬恕與自我慈悲平息自己應戰或逃跑的反應。
- 從失敗中學習：
  - 不要自責。
  - 暫時別管結果。
  - 分析過程。

- 環顧失敗。
    - 諮詢回饋意見。
    - 寫下事後檢討。
- 認知到其實有「正確」的失敗之道,這能幫助你反駁下列畏懼失敗的徵狀:
    - 內心自我批評:「我們正遵循處理失敗的藍圖行動。」
    - 冒牌者症候群:「或許我們是冒牌貨,但我們有一份藍圖可以遵循,幫助我們把事情做對。」
    - 完美主義:「我們完全遵循處理失敗的藍圖,但這份藍圖需要不完美與失敗。」
    - 極大化傾向:「這是善加利用過程的方式。」

責任轉移

- 舒適的坐下來或躺下來,閉上眼睛。
- 深呼吸兩、三次,吸氣時,想像吸入清新空氣到你的頭部;吐氣時,讓空氣從頭流到腳,把所有煩憂沖掉。
- 挑選一個你認為仁慈的存在,像是宇宙、上帝或命運之神,任何最符合你信仰的存在都可以。
- 想像自己把所有憂慮的事,例如會議、互動、一整天的行程等,從肩上卸下,放到剛才選擇的仁慈的存在的肩上,現在,改由他負責了。

- 想像重擔從肩膀上卸下，感受一下差別。你現在不再為這些事的結果承擔責任，一切都有人料理，你可以放輕鬆，好好享受一路上發現的好山好水。

在百歲壽宴上尋找使命感

- 坐下或躺下，閉上眼睛，建立場景。你的百歲壽宴在哪裡舉行？是一週裡的哪一天？當天的什麼時間？天氣如何？看看壽宴的場地周遭；看看到場的人。有誰來了？他們的穿著如何？現在，進入建築物裡，環顧一下。有看到花嗎？如果有花，聞聞空氣中濃厚的花香。看著走進門的人，也許，他是正前往吧台拿飲料，或是到自助餐台取食物。想像一下，也許所有人圍著圓桌而坐，他們坐的是怎樣的椅子？這些椅子感覺像什麼？

- 有人敲敲杯子，吸引大家注意，並宣布開始舉杯祝福。想想你最在乎的人，或是他們的意見對你而言最重要的人，他們在想什麼？看著他們逐一站起來對你說話，或是講述和你有關的故事，他們說了什麼？他們是否提到你的成就？有什麼遺憾？

- 現在，想想看，你希望他們說什麼？（如果你有所成就），你希望他們提及你哪些成就？你有什麼遺憾？

陳一鳴的懶惰修練

要不要閉上眼睛都可以，徐緩深呼吸，並且把所有注意力都放在呼吸上，全然並溫和的去感受你的呼吸，就是這樣而已。如果你偏好更具體的指示，請在呼吸時，留心你鼻子或肚子的感覺。

養成習慣留心呼吸

- 選擇一個提示來啟動留心呼吸的習慣，我們最推薦的提示是，在任何必須等候的情況下做練習。
- 每當提示出現，徐緩的深呼吸，把一定的注意力放在呼吸上。基於安全考量（例如，你正在走路或開車），你可能仍然需要在留心深呼吸的同時，繼續把適量的注意力放在周遭環境上。
- 如果留心呼吸讓你感覺更好，就注意一下這種感覺，因為這樣的收穫將會強化這項習慣。

科學附錄

神經可塑性

　　本書科學顧問喬恩・利夫博士自耶魯大學取得數學學士學位後，於哈佛醫學院取得博士學位，專長是精神病學、神經學、內科學。

　　他解釋，為了形成新的思維，你需要建立思考的實體結構，這意味著，你的大腦必須建立新的神經傳遞物質受體，讓神經元以新的方式彼此連結。

　　你可以把神經元想像成一群高空鞦韆高手，為了形成新的思維，這些高空鞦韆高手必須和一批新的高空鞦韆高手連結。但是，他們的手全都長得不一樣。所以，如果其中一個人盪出去，要讓另外一個人接住他，就必須長出新的手，以便和另一個高空鞦韆高手連結在一起。你的思考能力就是這樣運作，為了形成新的思維，你的神經元必須建立新的手來接住彼此。你的頭腦如何做到這一點呢？

　　我們都聽過「去氧核糖核酸」（DNA），也就是雙鏈螺旋結構的基因，但是，記得核糖核酸（RNA）的人並不多。由核苷酸構成的 RNA 形狀像單鏈螺旋；有些 RNA 是「信使RNA」（messenger RNA，縮寫為 mRNA），會傳遞指示給另一種 RNA，名為「轉移 RNA」（transfer RNA，縮寫為 tRNA），tRNA 的形狀像三葉草，有三個 U 形迴路。

　　當你產生新的思維時，mRNA 會傳遞指示給 tRNA，就像一間小工廠般開始製造蛋白質；它們會根據特定的順序，以毫秒的速度，把一個氨基酸疊到另一個氨基酸上，就像一串珍珠。當氨基酸鏈完成，tRNA 便停止堆疊，這個氨基酸鏈會自行折疊成適當的形狀，變成一個蛋白質，這個蛋白質將轉變成一個新的神經傳遞物質受體。這一系列的動作會在毫秒內發生數百萬次。

　　這些新的神經傳遞物質受體，讓你的頭腦有能力形成全新的神經元連結，也就是說，你現在有能力用不同的方式思考了。新的思維有實體，因為神經元彼此之間的連結是實際的結構，存在真實的世界裡。新的思維需要神經元的新連結，也會增進新連結產生，舊的思維則不會。

　　神經可塑性指的是你建立這些新的神經傳遞物質受體的能力，如果你的大腦能夠建立大量的新受體，就被視為可塑性高，能夠產生很多新思維。如果你的大腦不能建立大量的新受體，則被視為可塑性低，無法產生很多的新思考。

　　利夫向我們說明一個思維的運作：在每個心智事件中，大量神經元內外的細胞外間隙、神經元之間的突觸，以及神經膠質腦細胞，全都會出現顯著的結構性變化。這些分子變化是透過眾多不同的機制，根據特定的迴路，瞬間發生於腦部各處。

　　在每一個不同的事件中，相同的神經元可以被用在完全不同的迴路中，迴路中的信號和其他種類的電訊同時發生，包括細胞外電位的同步振動與變化。在每一個學習新事物的事件中，幹細胞會鑄造出新細胞，融入神經元迴路。這只是一個思維在大腦中的部分運作情形而已。

　　為什麼神經傳遞物質受體對於新思維（或所有思維）如此重要呢？神經元上有長得像樹枝的細長結構，名為樹突（dendrites），會從神經元的細胞延伸出來，接收來自其他神經元的訊息，而這些訊息是以化學神經傳遞物質的形式進入細胞，例如多巴胺、血清素等。當樹突接觸到神經傳遞物質時，會向神經元的細胞本體發出電訊，這就是神經元之間的溝通方式，樹突是神經元彼此連結溝通與傾聽時使用的實體結構。

　　細長的樹突上有許多小頭，也就是神經傳遞物質受體，如同高空鞦韆人員的手，用以接收來自神經傳遞物質的訊息。如果是可塑性高的人，神經元上樹突的頭部通常比較大、受體比較多，自然能夠處理更多資訊。此外，神經元樹突頭部受體較多，神經元就有更多機會彼此溝通，大腦就有更多機會產生新思維。

　　如果你的可塑性高，大腦就會不斷建造帶有神經傳遞物質
受體的樹突頭部；如果你的可塑性低時，這些樹突頭部就會被
修剪掉。

預設網絡

　　什麼是預設網絡？

　　首先，我們來談談預設網絡在大腦中的結構與運作。我們
不能只是把大腦看成一組各就各位、各司其職的器官。實際
上，沒有任何一個大腦部位是獨立運作的孤島，大腦是一個非
常複雜、相互連結的系統。[1] 大腦是廣泛開枝散葉的網絡，和
其他網絡連結、重疊。

　　神經學家達多・托瑪西（Dardo Tomasi）與諾拉・沃爾科
夫（Nora Volkow）的研究辨識出覆蓋 80％大腦灰質的七個重
疊網絡，其中包含四大皮質網絡（預設網絡、背側注意力網
絡、視覺網絡、體感網絡），連結至四個中樞：腹側楔前葉／
後 扣 帶 迴（ventral precuneus/posterior cingulate）、 下 頂 葉
（inferior parietal cortex）、楔葉（cuneus）與後側腦迴（postcentral
gyrus），以及三大副皮質網絡，再連接至小腦、視丘與杏仁核
等中樞。

　　簡單來說，覆蓋 80％大腦灰質的七個重疊網絡其中一個
就是預設網絡；這七個網絡可區分為兩大群：一個是四大皮質

網絡，另一個是三大副皮質網絡。預設網絡具有聯想力，可能是因為它是由大腦的一些主中樞、重要交叉路與轉換站所構成。

預設網絡屬於大腦的內在系統，總是處於運作中的狀態，不需要我們有意識知道或努力啟動它。如同我們有系統維持呼吸與心跳，我們也有系統來探索外在環境、探索內在環境、思考自身狀況，並且使用所有資訊來理解世界。投入這些無意識內在活動的精力，占全部精力的比例可能高達 90％。

接下來，讓我們更進一步深入探索構成預設網絡的一些大腦部位。

位於大腦左側的後頂葉和位於大腦右側的下頂葉有數百萬神經連結至身體感官（手、手指、皮膚、平衡等），因此，大腦經由頂葉接收所有身體感官資訊，再解讀這些資訊，形成一幅身體體驗圖，可以讓預設網絡拿去運用。

如果你不是專注在做某項工作，只是在做一些體力活動，這些資訊便進入前扣帶迴皮質（anterior cingulate cortex）、後扣帶迴皮質、楔前葉、內側前額葉皮質與預設網絡的其他部位，它們會開始交流分享資訊。

檢視大腦中的預設網絡，有助於解釋像突破這種內在無形的東西為何經常和身體活動有關，以及其中有哪些奧祕。你的身體活動在你的創新過程中扮演重要角色，散步、水流經手部、聽音樂、運動，任何類似活動都可以使你的預設網絡活

躍，觸發概念之間的一連串關聯，激發突破。

　　想想阿基米德踏入澡盆裡，牛頓看到蘋果從樹上掉下來，這些身體活動會激發洞察，並非偶然。

　　這個網絡的另一個部分是顳葉迴（temporal gyrus），大腦左右兩側各有一個。但是，說到洞察時刻，右邊那個比較重要，右顳葉迴處理更多抽象、側重脈絡的理解。在洞察與突破時刻，前上顳葉迴的伽瑪腦波會激烈波動，實際上，在你還沒察覺自己獲得突破之前，神經學家就能從腦波變化看出端倪。顳葉迴司掌隱喻的解讀，例如我們經常在夢中得到的隱喻，或是引領我們得出突破的隱喻。

　　顳頂葉交界區（temporoparietal junction）和心智理論有關，所謂心智理論，指的是我們推論他人在想什麼的能力。海馬迴是腦部形成記憶的部位，也是讓我們記得過去和想像未來的部位。

　　扣帶迴是「警覺網絡」的一部分，負責把內部注意力從預設網絡轉移至執行網絡。大部分時間，你的預設網絡是下意識在運作，達到一個門檻時，警覺網絡會把注意力從預設網絡轉移至執行網絡，突然之間，突破進入你的意識，你察覺到自己產生了突破。

　　我們總以為，預設網絡負責創造，執行網絡負責評估，警覺網絡則讓你跨越意識，在兩種網絡之間來回切換。但實際上，執行網絡與預設網絡都參與了產生突破構想的評估工作。

　　扣帶迴包含前扣帶與島葉（insula），司掌廣泛的認知功能、展開行動、激發動力、目標導向的行為。背側前扣帶（dorsal anterior cingulate）司掌把注意力導向最重要的環境條件，以及出現在內在事件與外部事件中的刺激。[2]

　　這套系統如何運作並激發突破呢？坦白說，迄今無人確切知道，誠如神經科學家馬克斯・瑞可所言：「我們對此所知有限，我們的大腦複雜極了，而且，長久以來就像是一台預言機，我們無法確切知道它如何辦到這些事。」不過，英屬哥倫比亞大學認知神經科學家卡麗娜・克里斯多夫（Kalina Christoff）做了一項新研究，我們可以從中獲得一些洞見，進一步了解這個人人都可以使用、讓我們有能力成為突破機器的神祕強大流程。

　　海馬迴是大腦中形成記憶的部位，負責把新體驗編碼，讓大腦記住。當你在做某件事、執行某項任務時，你的海馬迴汲取資訊，創造出成群的連結神經元，變成你的記憶。但這只是第一個階段，在這個階段，你正在執行任務，所以預設網絡變得有點安靜。

　　接著進入下一個階段，你停止去做手邊正在做的事，現在，你沒有在執行任務。如果你正在休息，海馬迴便會重播你的經驗，如同零星點火，啟動記憶的軌跡，或是把一些記憶重新結合，形成新事件，而且是你沒有經歷過的事件。有時候，它則是會模擬未來的事件。

　　這一切都在你無意識的狀況下進行。海馬迴似乎和思想的源頭有關，這些思想在你沒有意識到的時候生成，在你休息、作白日夢、睡覺的時候，從海馬迴裡浮現。你的海馬迴自發性的重組和重啟記憶痕跡與片段，然後（這部分對我們來說仍然是謎團），到達一個門檻，或是完成一個型態，到達某個程度的意義，這些記憶痕跡與片段便進入你的預設網絡。

　　當你刻意以目標為導向在吸收資訊時，海馬迴會處於接收資訊的輸入模式，把資訊編碼，形成記憶。當你的心思漫遊時，海馬迴則進入輸出模式，我們就是在這個時候開始生成新思維，實際上也就是大腦開始建立新的神經元連結。目前學界提出的理論是，當海馬迴處於輸出模式，開始送出那些自發且隨機的記憶軌跡時，就是在訓練腦皮質變得更有可塑性。藉由重新結合記憶中的經驗，大腦皮質創造出新連結，以嶄新、有時是怪異的方式重播大量經驗。

　　就連瑞可發現預設網絡的存在，也是自然發生的思考流程。他說自己當時剛結束一場會議，走在走廊上；在這之前，他已經花很多年思考有關大腦與內在系統的運作方式。他任職的實驗室發展出第一個正子掃描（PET Scan），當時，他的工作是探索可以用這種掃描儀來做什麼事。科學家和認知心理學家起先掃描檢視大腦的各種活動情形，他們把一種活動情形拿來和另一種活動情形做比較，但是瑞可注意到，掃描結果並不是非黑即白，也就是說，並不是一個區域完全關閉時，另一個

區域就完全啟動。他注意到，腦部一直都在活動，這些實驗只是讓大腦在這邊推敲一下、到那邊琢磨一下。他也注意到，不論要求大腦執行什麼活動，在活動期間，大腦總是有幾個區域變得更安靜，這些區域似乎位於靠近後腦的內側頂葉皮質（medial parietal cortex）附近。於是，瑞可建立一個名為MMPA（Mystery Media Parietal Area，神祕的內側頂葉區）的檔案夾，開始蒐集資料。

　　如他所言，他思考這個現象許多年。回到一開始的話題，那天瑞可開完會，走在走廊上時，他思考著電腦與電腦裡頭的預設值，就這麼自然的想到大腦的預設模式，他說：「大腦有一個預設運作模式，這個概念很貼切。」

　　瑞可大腦的預設網絡促成一個自發的突破，這個突破就是：大腦裡有個預設網絡。

推薦文獻與資源

關於突破性思考

- Italo Calvino, *Invisible Cities* (New York: Harcourt, 1974). 繁體中文版《看不見的城市》由時報出版。建議將此書當作提升神經可塑性的練習本。

- G. H. Hardy, *A Mathematician's Apology* (Cambridge, U.K.: Cambridge University Press, 1940). 自然科學家以第一人稱撰寫創意流程，一本理性、優異的著作。

- Jeff Hawkins, *On Intelligence* (New York: Times Books, 2004). 繁體中文版《創智慧》由遠流出版。這是一本優異的大腦功能入門書。

- Arthur Koestler, *The Act of Creation* (New York: Penguin, 1964). 本書深入探討突破的本質。

- Rollo May, *The Courage to Create* (New York: W. W. Norton and Co., 1975). 繁體中文版《創造的勇氣》由立緒出版。本

書較側重藝術與心理的突破方法。

- Edward Slingerland, *Trying Not to Try* (New York: Broadway Books, 2015). 本書探討如何以古老的中國方法來進入預設網絡。

關於設計思考

- Tim Brown, *Change by Design: How Design Thinking Transforms Organizations and Inspires Innovation* (New York: HarperBusiness, 2009). 繁體中文版《設計思考改造世界》由聯經出版。
- Tom Kelley, *The Art of Innovation: Lessons in Creativity from IDEO, America's Leading Design Firm* (New York: Crown Business, 2001).
- Tina Seelig, *inGenius: A Crash Course on Creativity* (New York: HarperOne, 2015). 繁體中文版《學創意，現在就該懂的事》由遠流出版。
- Tina Seelig, *Insight Out: Get Ideas Out of Your Head and into the World* (New York: HarperOne, 2015). 繁體中文版《史丹佛最強創業成真四堂課》由遠流出版。

關於移除突破阻礙

- Tara Brach, *Radical Acceptance: Embracing Your Life with the Heart of a Buddha* (New York: Bantam, 2004). 繁體中文版《全然接受這樣的我》由橡樹林出版。這是一本關於情緒訓練的傑作，我們經常稱此書為「心靈的研究所」。

- Olivia Fox Cabane, *The Charisma Myth: How Anyone Can Master the Art and Science of Personal Magnetism* (New York: Portfolio, 2013). 繁體中文版《魅力學》由天下文化出版。這本書告訴你：魅力不是與生俱來的，而是可以學習的。

- Robert B. Cialdini, *Influence: The Psychology of Persuasion*, rev. ed. (New York: Harper Paperbacks, 2006). 繁體中文版《影響力》由久石文化出版。本書堪稱影響力主題的聖經，席爾迪尼的著作是多數企管碩士班的必讀書單。

- Keith Ferrazzi and Tahl Raz, *Never Eat Alone, Expanded and Updated: And Other Secrets to Success, One Relationship at a Time* (New York: Crown Business, 2014). 繁體中文版《別自個兒用餐》由天下雜誌出版。

- Viktor E. Frankl, *Man's Search for Meaning*, rev. ed. (New York: Pocket Books, 1997). 繁體中文版《活出意義來》由光啟文化出版。本書能鎮定情緒，值得任何面臨危機的人閱讀，且鮮有書籍能以這麼少的頁數，提供如此灼見。

- Christopher K. Germer, *The Mindful Path to Self-Compassion: Freeing Yourself from Destructive Thoughts and Emotions* (New York: Guilford Press, 2009). 如果你想聚焦鑽研「自我慈悲」這個主題，這是一本很棒的著作。

- Adam Grant, *Give and Take: Why Helping Others Drives Our Success* (New York: Viking, 2013). 繁體中文版《給予》由平安文化出版。本書是「利他行為」為主題的首選之作。

- Adam Grant, *Originals: How Non-Conformists Move the World* (New York: Viking, 2016). 繁體中文版《反叛，改變世界的力量》由平安文化出版。

- Jonathan Haidt, *The Happiness Hypothesis* (New York: Basic Books, 2006). 繁體中文版《象與騎象人》由究竟出版。這是一本探討快樂學的傑作。

- Steven C. Hayes, *Get Out of Your Mind and Into Your Life* (Oakland, Calif.: New Harbinger Publications, 2005). 繁體中文版《走出苦難，擁抱人生》由張老師文化出版。關於如何處理「自我心理」這個主題，這是我們找到的少數佳作。

- Jon Kabat-Zinn, *Wherever You Go, There You Are*, tenth anniv. ed. (New York: Hyperion, 2005). 繁體中文版《當下，繁花盛開》由心靈工坊出版。這是我們迄今找到關於「正念」的最佳入門書籍，開頭兩章就能帶給你好幾個突破。

- Hal Stone and Sidra Stone, *Embracing Your Inner Critic:*

Turning Self- Criticism into a Creative Asset (New York: HarperOne, 1993). 本書將帶領你開始了解內心的自我批評，非常易讀。

- Mark Williams, John Teasdale, Zindel Segal, and Jon Kabat-Zinn, *The Mindful Way through Depression: Freeing Yourself from Chronic Unhappiness* (New York: Guilford Press, 2007). 繁體中文版《是情緒糟，不是你很糟》由心靈工坊出版。本書是探討困難主題的頂尖之作，如果你感到憂鬱或心愛的人被憂鬱所困，請務必閱讀本書。

線上資源

- 我們非常推薦各位用「五分鐘日記」來進行每日的感激練習，並且將這份生產力規畫當作萬用工具，請參考網址：www.intelligentchange.com。
- 安妮・杜克的決策策略與思辨課程：annieduke.com。
- 請造訪本書提及的網站，可以幫助你從本書獲得最大助益。

預約演講

- 奧麗薇亞和朱達經常受邀擔任主題演講人、研討會主持人、領導群策會輔導人，如果各位想預約演講、觀看主題

演講實況精采片段、了解他們的專長，請造訪網站：www.
askolivia.com，或透過網站信箱和他們聯繫。

輔導與顧問

- 想獲得更密集、更深入、更針對你或你的組織量身打造的
  體驗，你也可以探索奧麗薇亞和朱達豐富的輔導與顧問服
  務，他們的客戶包括 Google、德勤、美國陸軍特種部隊，
  你可以在這裡找到更多資訊：www.askolivia.com。

謝辭

研究與撰寫此書的過去四年間，我們有幸獲得科學顧問的指導：神經學家 Dr. Kalina Christoff、Dr. John Kounios、Dr. Jonathan Schooler；催產素專家 Dr. Paul Zak；精神病學家 Dr. John Beebe、Dr. Jon Lieff、Dr. Srini Pillay；生化學家 Dr. Joseph Orgel；物理化學家 Dr. Andrew Ouderkirk；系統科學家 Dr. Dario Nardi；理論物理學家 Dr. Geoffrey West。

感謝與我們分享經驗與洞見的許多專家，他們的貢獻也將會出現在我們未來探討突破性組織的書中：Michael Arena、David Arkness、Gilles August、Patricia Carson、Pablo Cohn、Andrew Douglass、Regina Dugan、Alan Fine、Ken Gabriel、Dr. Temple Grandin、Dr. Eric Grigsby、David Hall、Courtney Hohne、Maggie Hsu、Andy Hunt Sara Johnson、Reg Kelly、Lisa Kimball、Michelle Kreger、Dr. Greg Maguire、Mark Monroe、Darya Pilram、Razz、Ron Ricci、David Shearer、

Craig Silverstein、Vytus Sunspiral、Mary Uhl-Bien、Don Vaughn、Jason Apollo Voss。

感謝贊助者：Jennefer English、Kelly Lehman、Andrew Pederson、Kristin Posehn、Brian Sharp、Stephanie Sharp、Victoria Spadaro-Grant、Jeff Thomson、Jeff Williams。

感謝許多審閱者提供寶貴意見：Linda Anderman、Safi Bahcall、Paul Bartley、Jennifer Basco、Kyle Bellin、Ali Binazir、Michael Burkett、Melanie Carter、Eric Cohen、Bob Covello、David Desrochers、Franziska Deutsch、Danielle Dudum、Aaron Emigh、Debbie Falconer、Karen Fannin、Nathalie Feleus、Ella Frank、Paul Grew、Beth Hatchel、Doug Hathaway、Kaily Heitz、Teresa Jones、Jerry Keenan、Jeff Kleeman、Glenn Leifheit、Janet Lim、Mehul Mandania、Amy Merrill、Eden Moafy、Derek O'Leary、Henry Petty、Laurence Piubello-Coqueron、Dom Ricci、Saumitra Saha、Courtney Strobel Salazar、Tammy Sanders, Kevin Sauer、Ray Schmitz、Holleigh Schoors、Oscar Serra、John Shamberg、Felicia Spahr、Ken Shubin Stein、Daiki Sueyoshi、Jordan Thibodeau、Robin Turner、Bart Volger、Adrian Weekes、Ben Weston、Mike Zwiefelhofer。

感謝 Niki Papadopoulos 與 Leah Trouwborst 領導的 Penguin 出版公司團隊，他們以優異的技巧、投入、耐心、親切與慷慨，

大力協助本書。我們衷心感謝超級經紀人 Jim Levine，感謝他的
智慧、洞見、經驗、指導、幽默，以及對我們的深度了解。

奧麗薇亞的感謝

感謝四位了不起的女性：Carina Levintoff、Catya Martin、
Elisabeth Puissant 與 Natalie Risacher。女士，一切始於你們。

感謝一路上以智慧指引我的老師：Tina and Mitch
Beranbaum、Tara Brach、David and Shoshana Cooper、Leil
Lowndes、Victoria Moran。感謝我的家人與大家庭：Guillaume、
Marine、Ernie，以及柯班家族所有人；Dave and Doris
Schoenfarber；Bradoos；Barney Pell and Nadya Direkova；Devon
and Pablo Cohn；Ana and Michael McCullough；Ava Reich and
John Rigney；Serafim Batztoglou and Katya Stanton；Ruth
Owades；Tom Breur。

感謝幫助我保持健康與理智，提供友誼、鼓勵、咖啡因與
工作天堂的人：Alex Maki-Jokela、Joel Kraut、Ian Price、
Semira Rahemtulla、Fernando Diaz and Vince Beaudet、Shauna
Mei、Catherine Pernot、Kushal Chakrabarti、Steven Puri、Mark
Herschberg、David, Brooke, Lenore, Dan, and Asa；Todd and
Elaine；Tynan，以及遊戲與巧克力幫所有人。

感謝 Marissa Mayer 與 Zack Bogue 好心把當年我這個默默

無聞的作者納入他們的羽翼，當時的贊助太難能可貴了，謝謝
你們。

　　此外，我想把這本書獻給我的客戶，因為我們一起分享、
發現、坦承、笑鬧、艱辛、勝利、驕傲與喜悅，我期望一起繼
續我們的旅程。

　　感謝最早建議朱達和我共同合作的 Fabian Cuntze，當然，
還要感謝朱達，感謝你的智慧、指導、理性之聲，以及多次
（多到我數不清）拯救我的理智。

　　感謝我的先生布萊恩提供冷凍棉花軟糖與新鮮椰汁，還有
Devon Cohn、Natalie Philips、Sunita de Tourreil，你們都在我
心中占據重要的一塊。

朱達的感謝

　　感謝我的共同作者暨親愛的朋友奧麗薇亞，謝謝你克服我
們對彼此的內向羞怯，在那晚的派對上主動和我打招呼，那個
相談甚歡、我們都不願離去的派對。和你共事，真的很棒。

　　感謝我在陸軍的朋友，你們教我的東西超過一介平民有權
知道的範圍：Mark Monroe、Razz, Mike Rogan、JB、Patricia
Carson、Darya Pilram、Dave Horan、Phillip Pattee、Angela
DiGiosaffatte、Dan Hoeprich、Ryan Kranc、Mike Loveall。感謝
Dana Pittard 的省思與洞見。

感謝創新與系統以及團隊等組織發展領域專家：Regina Dugan、Ken Gabriel、Geoffrey West、Ron Ricci、Michael Arena、Mary Uhl-Bien、Lisa Kimball。感謝 Sara Johnson 的仁慈、智慧，以及願意告訴我怎麼回事。感謝 Cami Clark 的預知未來、談話，以及在預言難以置信成真時的笑聲。

感謝 Dario Nardi 提供有關於大腦與性格的洞察，感謝 John Beebe 和我共進午餐，回答所有疑問，鼓勵我探索人類性格的完整性。和我情同手足的 Daniel Shapiro，感謝你的友誼與謙遜才智。感謝 Whitney Hirschier 坦率直言，從不被愚者愚弄，擁有真誠靈魂。

感謝實驗室裡聽我發牢騷的男孩：Alex、Andrew、Vadik、Sergey、Keaton、Greg、Andrei and Andrey、Cameron。還有 Wren，謝謝你的微笑與歡樂。感謝 Joe 的傾聽與封面設計（雖然我們最終沒有用上）。感謝 Esther 的點心與會意的一瞥。

感謝神祕的 Christos、觀察者 Lieba、誠實的 Amanda。感謝 Lambies、Italian、Bengali。

感謝下列 DJ：Kem、Stickybeats、Rus、Dave "MoFo" Simon、BettyRay、Mo Corleone、LeftCtrl、kev/null、Derek Ryan、Aaron Dyson Xavier、Adi Shanti、Ghost Squadron。感謝大好人 Nachi。

感謝我的老師：「輪碾機」Isa、「治癒者」Lori 與「惡作劇妖精」Rosenberg。感謝 Nicole W. 在旅程中逗留於休息站。

深深感謝我的家人：Dr. Pants、好姊妹 Katester 與 Darci、好兄弟 Dov 與 Allan、Allison、最佳腳踏車乘客 Eyla T.、我的父母、女巫團的身體代表 Meg、靈魂代表 Sera 與心靈代表 Tara。感謝 Tara 總是讓我心神蕩漾，我好愛你。

注釋

前言

1. 取自愛因斯坦的談話、通信與兒子漢斯・阿爾伯特・愛因斯坦（Hans Albert Einstein）的回憶。參見Dennis Overbye, *Einstein in Love: A Scientific Romance* (New York: Penguin, 2001)。

2. Salvador Dali, *50 Secrets of Magic Craftmanship* (New York: Dover, 1948), 36-37.

3. Randy L. Buckner, Jessica R. Andrews Hanna, and Daniel L. Schacter, "The Brain's Default Network," *Annals of the New York Academy of Sciences* 1124, no. 1 (2008): 1-38.

4. Aaron Kucyi, Michael J. Hove, Michael Esterman, R. Matthew Hutchison, and Eve M. Valera, "Dynamic Brain Network Correlates of Spontaneous Fluctuations in Attention," *Cerebral Cortex* (2016): bhw029.

5. John Stachel, "'What Song the Syrens Sang': How Did Einstein Discover Special Relativity?," in *Einstein from 'B' to 'Z'*, vol. 9 (Heidelberg: Springer Science & Business Media, 2001), 157.

6. Claire Suddath, "A Brief History of: Velcro," *Time*, June 15, 2010.

7. Wilson Greatbatch, *The Making of the Pacemaker: Celebrating a Lifesaving Invention* (Amherst, New York: Prometheus Books, 2000).

第1章

1. Gyorgy Moldova, *Ballpoint: A Tale of Genius and Grit, Perilous Times,*

and the Invention That Changed the Way We Write (n.p.: New Europe Books, 2012).

2. Martha Beck, "7 Ways to Spark a Major Breakthrough in Your Life," *O Magazine*, August 2014.

3. Amanda L. Boston and Lisa Burgess, "Helo Mechanics Draw Praise for NASCAR-Inspired Windshield Coatings," *Stars and Stripes*, March 6, 2005.

4. William Rosen, *Th e Most Powerful Idea in the World: A Story of Steam, Industry and Invention* (Chicago: University of Chicago Press, 2012), 137.

5. Robin McKie, "James Watt and the Sabbath Stroll That Created the Industrial Revolution," *Guardian*, May 29, 2015.

6. Stephen S. Hall, "The Age of Electricity," in *Inventors and Discoverers: Changing Our World*, ed. Elizabeth L. Newhouse (Washington, D.C.: National Geographic Society, 1988).

7. 2016年7至9月間，作者與維多利亞‧斯帕達洛格蘭特的電子通訊內容。

8. Joe Griffin and Ivan Tyrrell, *Why We Dream: The Definitive Answer* (Hailsham, U.K.: HG Publishing, 2014).

9. Thomas Waln-Morgan Draper, *The Bemis History and Genealogy: Being an Account, in Greater Part, of the Descendants of Joseph Bemis of Watertown, Mass.* (Washington, D.C.: Library of Congress, n.d.), 15962, 1357 Joshua Bemis, FHL Microfilm 1011936 Item 2.

10. GreenerDesign Staff, "Oyster Glue Could Hold Secret to Safer Surgery," *GreenBiz*, September 22, 2010.

11. Tom D. Crouch, "On Wheels and Wings," *Inventors and Discoverers: Changing Our World.*

12. Tom Wolfe, *The Right Stuff* (New York: Farrar, Straus and Giroux, 1979).

13. 2014年1至3月間，作者與泰咪‧桑德斯的私人談話與電子通訊內容。

14. Hall, "The Age of Electricity," *Inventors and Discoverers: Changing Our World.*

15. John Stachel, "'What Song the Syrens Sang': How Did Einstein Discover Special Relativity?," in *Einstein from 'B' to 'Z'*, vol. 9 (Heidelberg: Springer Science & Business Media, 2001), 157.

16. 作者與巴尼・裴爾的私人通訊內容。

第2章

1. Stacey Anderson, "When Keith Richards Wrote '(I Can't Get No) Satisfaction' in His Sleep," *Rolling Stone*, May 9, 2011, www.rollingstone.com/music/news/when-keith-richards-wrote-i-cant-get-nosatisfaction-in-his-sleep-20110509.

2. 作者與加拿大英屬哥倫比亞大學認知神經科學思考實驗室卡麗娜・克里斯多夫的討論與訪談內容。參見：Roger E. Beaty, Mathias Benedek, Scott Barry Kaufman, and Paul J. Silvia, "Default and Executive Network Coupling Supports Creative Idea Production," *Scientific Reports* 5 (2015); Kieran C. R. Fox, R. Nathan Spreng, Melissa Ellamil, Jessica R. Andrews-Hanna, and Kalina Christoff, "The Wandering Brain: Meta-Analysis of Functional Neuroimaging Studies of Mind-Wandering and Related Spontaneous Thought Processes," *Neuroimage* 111 (2015): 611-21; Melissa Ellamil, Charles Dobson, Mark Beeman, and Kalina Christoff, "Evaluative and Generative Modes of Thought During the Creative Process," *Neuroimage* 59, no. 2 (2012): 1783-94.

3. Steven L. Bressler and Vinod Menon, "Large-Scale Brain Networks in Cognition: Emerging Methods and Principles," *Trends in Cognitive Sciences* 14 (2010), 277-90.

4. Randy L. Buckner, Jessica R. Andrews Hanna, and Daniel L. Schacter, "The Brain's Default Network," *Annals of the New York Academy of Sciences* 1124, no. 1 (2008): 1-38；作者和馬克斯・瑞可博士、強納

森・史庫勒博士（Dr. Jonathan Schooler）、約翰・庫尼奧斯博士（Dr. John Kounius）與卡麗娜・克里斯多夫博士的討論內容。

5. 2012至2016年間，作者與神經科學家馬克斯・瑞可博士的談話內容。他說：「我從未見過有人因中風而損傷這個大腦部位卻能存活。」下至老鼠，每一種哺乳類動物的大腦都有預設網絡，而且有兩條血液供給養分，這是一種備援形式，如同心臟與肝臟等重要器官。

6. H. Berger, "*Uber das Elektrenkephalogramm des Menschen*," Archiv Fur Psychiatrie Und Nervenkrankheiten 87 (1929): 527-70. 伯格也證實，人類即使在注意力分心漫遊的時候，大腦的電波依然活躍運作。

7. 2014年3月，作者與馬克斯・瑞可博士的談話內容。

8. 大腦當中還有一個部位叫作「警覺網絡」，最主要的作用是時時刻刻集中注意力，注意最引人注意的資訊。研究發現，這個網絡會將我們的注意力導向人、事實、外部事件，或是內部的狀況，幫助調節執行網絡與預設網絡。警覺網絡包含腦島內的前島（anterior insula）、背側前扣帶迴皮質（dorsal anterior cingulate cortex）、杏仁核（amygdala）、腹側紋狀體（ventral striatum），以及黑質腦區與腹側被蓋腦區（substantia nigra/ventraltegmental area）。會刺激到警覺網絡的東西包含：不尋常的事物、打破型態的事物、讓人驚訝或愉悅的事物、有利益的事物、和自己有關的事物，或是會激起情緒反應的事物。參見：Vinod Menon and Lucina Q. Uddin, "Saliency, Switching, Attention and Control: A Network Model of Insula Function," *Brain Structure and Function* 214, no. 5-6 (2010): 655-67.

9. O. T. Benfey, "August Kekule and the Birth of the Structural Theory of Organic Chemistry in 1858," *Journal of Chemical Education*, 35 (1958): 21-23. doi:10.1021/ed035p21.

10. 2014年8月，作者與亞當・切爾的談話內容。

11. Kieran C. R. Fox, Savannah Nijeboer, Elizaveta Solomonova, G. William Domhoff, and Kalina Christoff, "Dreaming as Mind Wandering: Evidence

from Functional Neuroimaging and First-Person Content Reports," *Frontiers in Human Neuroscience* 7 (2013): 412.

12. 2014年9月，作者與傑夫・霍金茲的談話內容。

第3章

1. Matt Kaplan, "Why Great Ideas Come When You Aren't Trying: Allowing the Mind to Wander Aids Creativity," *Nature*, May 22, 2012. www.nature.com/news/why-great-ideas-come-when-you-aren-ttrying-1.10678.

2. Randy L. Buckner, Jessica R. Andrews Hanna, and Daniel L. Schacter, "The Brain's Default Network," *Annals of the New York Academy of Sciences* 1124, no. 1 (2008): 1-38.

3. Kimberly D. Elsbach and Andrew B. Hargadon, "Enhancing Creativity Through 'Mindless' Work: A Framework of Workday Design," *Organization Science* 17, no. 4 (2006): 470-83.

4. R. Wilkins, D. Hodges, P. Laurienti, M. Steen, M., and J. Burdette, "Network Science and the Effects of Music Preference on Functional Brain Connectivity: From Beethoven to Eminem," *Nature Scientific Reports* (2014), doi:10.1038/srep06130.

5. 作者與卡麗娜・克里斯多夫博士根據她的研究成果進行的談話內容。也請參見「科學附錄」。

6. 史丹佛大學教育研究所博士後研究員瑪莉麗・歐裴茲（Marily Oppezzo）與教授丹尼爾・施瓦茲（Daniel L. Schwartz），針對一百七十六個人進行分組實驗研究，受試者主要為學生。他們發現，在經常被用來評量創意思考能力的測驗中，如思考常見物品的用途、對複雜概念提出原創性類比等，和持續坐著的受試者與坐在輪椅上被推著走的受試者相比，步行的受試者表現更佳。不過，根據這項研究，如果要求受試者回答只有一個答案的問題，步行者的表現就略遜於坐著的人。參見：Marily Oppezzo and Daniel L. Schwartz, "Give Your Ideas Some Legs: The Positive Effect of Walking on Creative

Thinking," *Journal of Experimental Psychology: Learning, Memory, and Cognition* 40, no. 4 (2014): 1142.

7. Dan Rubinstein, *Born to Walk: Th e Transformative Power of a Pedestrian Act* (Toronto: ECW Press, 2015).

8. Kirk I. Erickson, Michelle W. Voss, Ruchika Shaurya Prakash, Chandramallika Basak, Amanda Szabo, Laura Chaddock, Jennifer S. Kim, et al., "Exercise Training Increases Size of Hippocampus and Improves Memory," *Proceedings of the National Academy of Sciences* 108, no. 7 (2011): 3017-22.

9. Fernando Gomez-Pinilla, Zhe Ying, Roland R. Roy, Raffaella Molteni, and V. Reggie Edgerton, "Voluntary Exercise Induces a BDNF-Mediated Mechanism That Promotes Neuroplasticity," *Journal of Neurophysiology* 88, no. 5 (2002): 2187-95.

10. Oppezzo and Schwartz, "Give Your Ideas Some Legs: The Positive Effect of Walking on Creative Thinking."

11. Alex Soojung-Kim Pang, *The Distraction Addiction: Getting the Information You Need and the Communication You Want, Without Enraging Your Family, Annoying Your Colleagues, and Destroying Your Soul* (New York: Little Brown, 2013), 198-215.

12. 後文內容請參見梅森・柯瑞的著作：Mason Currey, ed., *Daily Rituals: How Artists Work* (New York: Knopf, 2013).

13. Werner Heisenberg, *Physics and Philosophy: The Revolution in Modern Science* (New York: HarperPerennial, 1958).

14. 同上。

15. Leo Babauta, "The No. 1 Habit of Highly Creative People," zen habits, May 27, 2010, zenhabits.net/creative-habit.

16. 同上。

17. Orrin E. Dunlap Jr., "Tesla Sees Evidence That Radio and Light Are Sound," *New York Times*, April 8, 1934, 9.

18. M.P.M. Kammers, Frederique de Vignemont, Lennart Verhagen, and H. Chris Dijkerman, "The Rubber Hand Illusion in Action," *Neuropsychologia* 47, no. 1 (2009): 204-11.

19. Angela K.-Y. Leung, Suntae Kim, Evan Polman, Lay See Ong, Lin Qiu, Jack A. Goncalo, and Jeffrey Sanchez-Burks, "Embodied Metaphors and Creative 'Acts,'" *Psychological Science* 23, no. 5 (2012): 502-9.

20. 引述蘋果滑鼠原設計師迪恩・荷威（Dean Hovey）在美國公共電視網紀錄片中的談話。參見：*Steve Jobs: One Last Thing* (2012: London: Pioneer Productions)。

21. 2016年7至8月間，作者與凱文・紹爾的私人通訊內容。

22. Peter Biskind, *Easy Riders, Raging Bulls* (New York: Simon & Schuster, 1998).

第4章

1. Gary Wolf, "Steve Jobs: The Next Insanely Great Thing," *Wired*, February 1, 1996.

2. W. C. Klann, "Reminiscences," Henry Ford Museum & Greenfield Village Archives, n.d.. Accession 65.

3. 無法確定槍管內壁螺旋形凹槽的靈感，是否源於在箭後端加上羽毛。但多數人認同，打仗與狩獵時的發射物都需要準確度，這是最可信的解釋。

4. John R. Scherer, "Before Cardiac MRI: Rene Laennec (1781-1826) and the Invention of the Stethoscope," *Cardiology Journal* 14, no. 5 (2007): 518-19, PMID 18651515; R.T.H. Laennec, *De l'Auscultation Mediate ou Traite du Diagnostic des Maladies des Poumons et du Coeur* (Paris: Brosson & Chaude, 1819). 這本書經常被稱為「論文集」（Treatise），書名通常翻譯為《間接聽診》（*On Mediate Auscultation*）或是《心肺疾病診斷論文集》（*Treatise on the Diagnosis of the Diseases of the Lungs and Heart*）。

5. J. K. Lee, K. A. Grace, and A. J. Taylor, "Effect of a Pharmacy Care Program on Medication Adherence and Persistence, Blood Pressure, and Low-Density Lipoprotein Cholesterol: A Randomized Controlled Trial," *Journal of the American Medical Association* 296, no. 21 (2006): 2563-71, doi:10.1001/jama.296.21.joc60162.

6. 同上。N. Col, J. E. Fanale, and P. Kronholm, "The Role of Medication Noncompliance and Adverse Drug Reactions in Hospitalizations of the Elderly," *Archives of Internal Medicine* 150 (1990):841-45; M. C. Sokol, K. A. McGuigan, R. R. Verbrugge, and R. S. Epstein, "Impact of Medication Adherence on Hospitalization Risk and Healthcare Cost," *Medical Care* 43 (2005):521-30.

7. 2015年5月，作者與提傑・帕克的訪談內容。

8. Charlie Connell, "Did Thomas Edison Invent the Tattoo Machine?," *Inked*, December 18, 2014.

9. Anna Winston, "French Designers Hack a 3D Printer to Make a Tattooing Machine," *Dezeen*, October 28, 2014.

10. Daniel E. Slotnik, "Tom Sims, Pioneer in Sport of Snowboarding, Dies at 61," *New York Times*, September 18, 2012.

11. 這項論點的提出者與相關文獻如下：Robert D. Ekelund, Robert F, Hebert, Robert D. Tollison, Gary M. Anderson, and Audrey B. Davidson, *Sacred Trust: The Medieval Church as an Economic Firm* (Oxford: Oxford University Press, 1996)。

12. William C. Taylor, "What Hospitals Can Learn from the Ritz," *Fortune*, March 2, 2011.

第5章

1. Erik Weihenmayer, *Touch the Top of the World: A Blind Man's Journey to Climb Farther Th an the Eye Can See* (New York: Plume, 2002)，此外包含其他和他相關的文章，以及一篇《時代》雜誌（*Time*）的封面人

物報導。

2.　Mandy Kendrick, "Tasting the Light: Device Lets the Blind 'See' with Their Tongues," *Scientific American*, August 13, 2009, accessed March 15, 2014, www.scientificamerican.com/article/device-lets-blind-seewith-tongues.

3.　Obituary, "Founder: Paul Bach-y-Rita," Tactile Communication and Neurorehabilitation Laboratory, Department of Biomedical Engineering, University Wisconsin-Madison, 2015, tcnl.bme.wisc.edu/laboratory/founder.

4.　Tony T. Yang, C. C. Gallen, V. S. Ramachandran, S. Cobb, B. J. Schwartz, and F. E. Bloom, "Noninvasive Detection of Cerebral Plasticity in Adult Human Somatosensory Cortex," *Neuroreport: An International Journal for the Rapid Communication of Research in Neuroscience* 5, no. 6 (1994), 701-4; Judy H. Song, Erica Skoe, Patrick C. M. Wong, and Nina Kraus, "Plasticity in the Adult Human Auditory Brainstem Following Short-term Linguistic Training," *Journal of Cognitive Neuroscience* 20, no. 10 (2008), 1892-1902.

5.　Helen Thomson, "Woman of 24 Found to Have No Cerebellum in Her Brain," *New Scientist*, September 10, 2014, www.newscientist.com/article/mg22329861-900-woman-of-24-found-to-have-no-cerebellumin-her-brain.

6.　Christina M. Karns, Mark W. Dow, and Helen J. Neville, "Altered Cross-Modal Processing in the Primary Auditory Cortex of Congenitally Deaf Adults: A Visual-Somatosensory fMRI Study with a Double Flash Illusion," *Journal of Neuroscience* 32, no. 28 (July 11, 2012), 962638; Frederic Gougoux, Robert J. Zatorre, Maryse Lassonde, Patrice Voss, and Franco Lepore, "A Functional Neuroimaging Study of Sound Localization: Visual Cortex Activity Predicts Performance in Early-Blind Individuals," *PLoS Biology* 3, no. 2 (2005): e27.

7.　Frédéric Gougoux, Robert J. Zatorre, Maryse Lassonde, Patrice Voss, and

Franco Lepore, "A Functional Neuroimaging Study of Sound Localization: Visual Cortex Activity Predicts Performance in Early-Blind Individuals," *PLoS Biology* 3, no. 2 (2005): e27.

8. Weihenmayer, *Touch the Top of the World*.

9. Bogdan Draganski, Christian Gaser, Volker Busch, Gerhard Schuierer, Ulrich Bogdahn, and Arne May, "Neuroplasticity: Changes in Grey Matter Induced by Training," *Nature* 427, no. 6972 (2004): 311-12; Arne May, Goren Hajak, S. Ganssbauer, Thomas Steffens, Berthold Langguth, Tobias Kleinjung, and Peter Eichhammer, "Structural Brain Alterations Following 5 Days of Intervention: Dynamic Aspects of Neuroplasticity," *Cerebral Cortex* 17, no. 1 (2007): 205-10.

10. 2015年1至3月間，作者與神經精神病學博士喬恩・利夫的談話內容。

11. 2015年5月，作者與阿斯特羅・泰勒的談話內容。

12. Jeffrey A. Kleim and Theresa A. Jones, "Principles of Experience-Dependent Neural Plasticity: Implications for Rehabilitation After Brain Damage," *Journal of Speech, Language, and Hearing Research 51*, no. 1 (2008): S225-39.

13. Cyrus K. Foroughi, Samuel S. Monfort, Martin Paczynski, Patrick E. McKnight, and P. M. Greenwood, "Placebo Effects in Cognitive Training," *Proceedings of the National Academy of Sciences* 113, no. 27 (2016): 7470-74; Lucinda S. Spaulding, Mark P. Mostert, and Andrea P. Beam, "Is Brain Gym® an Effective Educational Intervention?," *Exceptionality* 18, no. 1 (2010): 18-30; Jennifer Stephenson, "Best Practice? Advice Provided to Teachers About the Use of Brain Gym® in Australian Schools," *Australian Journal of Education* 53, no. 2 (2009): 109-24.

14. Sharon Eldar and Y. Bar-Haim, "Neural Plasticity in Response to Attention Training in Anxiety," *Psychological Medicine* 40, no. 04 (2010): 667-77.

15. Leo Babauta, "Focus: A Simplicity Manifesto in the Age of Distraction"

(Grand Haven, Mich.: Brilliance Audio, 2011).

16. 所有後續提及凱利・麥高尼格著作的相關內容請參見：Kelly McGonigal, PhD, *The Willpower Instinct* (New York: Avery, 2012), 42。

17. Susan Burton, "Terry Gross and the Art of Opening Up," *New York Times*, October 21, 2015.

18. Aymeric Guillot, Kevin Moschberger, and Christian Collet, "Coupling Movement with Imagery as a New Perspective for Motor Imagery Practice," *Behavioral and Brain Functions* 9, no. 1 (2013): 1.

19. 取自伊塔羅・卡爾維諾（Italo Calvino）經典著作《看不見的城市》，馬可波羅向忽必烈講述他在元帝國各地遊歷的各種奇幻城市故事。

20. "Bicycle History from the Late 19th Century," America on the Move Exhibit, National Museum of American History, Smithsonian Institution, amhistory.si.edu/onthemove/themes/story_69_3.html.

21. Jon Gertner, *Th e Idea Factory: Bell Labs and the Great Age of American Innovation* (New York: Penguin, 2012).

22. Dennis Overbye, *Einstein in Love: A Scientific Romance* (New York: Penguin, 2001).

23. 作者與納迪亞・德瑞柯瓦的私人通訊內容。

24. EarthSky editors, "Sunni Robertson on How a Kingfisher Inspired a Bullet Train," *EarthSky*, June 29, 2012.

25. Abigail Doan, "BioMimetic Architecture: Green Building in Zimbabwe Modeled After Termite Mounds," *Inhabitat*, November 29, 2012.

26. Janine M. Benyus, *Biomimicry: Innovation Inspired by Nature* (New York: William Morrow, 2002).

第6章

1. 2014年10月，作者與桑迪・潘特蘭的談話內容。

2. Stacey Anderson, "When Keith Richards Wrote '(I Can't Get No)

Satisfaction' in His Sleep," *Rolling Stone*, May 9, 2011, www.rollingstone. com/music/news/when-keith-richards-wrote-i-cant-get-nosatisfaction-in-his-sleep-20110509.

3. 2014年3月，作者與紀良育的談話內容。

第7章

1. 研究指出，思考模式偏向高度災難化思維的人，痛苦程度比較高，甚至他們的神經解剖看起來也可能異於常人。參見：Claudia M. Campbell, Kenny Witmer, Mpepera Simango, Alene Carteret, Marco L. Loggia, James N. Campbell, Jennifer A. Haythornthwaite, and Robert R. Edwards, "Catastrophizing Delays the Analgesic Effect of Distraction," *PAIN*® 149, no. 2 (2010): 202-7；另一篇新的研究報告表示：「我們的資料證據顯示，NPSR1 T對偶基因者比非T基因者更容易傾向過度解讀恐懼反應。」參見：Karolina A Raczka, Nina Gartmann, Marie-Luise Mechias, Andreas Reif, Christian Buchel, Jurgen Deckert, and Raffael Kalisch, "A Neuropeptide S Receptor Variant Associated with Overinterpretation of Fear Reactions: A Potential Neurogenetic Basis for Catastrophizing," *Molecular Psychiatry* 15, no. 11 (2010): 1067-74。

2. Rick Hanson, PhD, "Do Positive Experiences Stick to Your Ribs?," *Take in the Good*, June 1, 2015, www.rickhanson.net/take-in-the-good.

3. 2010年12月，作者與亞當・柏曼的私人通訊內容。

4. 更確切的說，我們大腦的特定部位同時司掌體驗與想像，如此具經濟效益的使用大腦，使得我們在想像時，會產生一些激發真實體驗情緒的副作用。

5. 這種作用強大到使運動員發現，他們真的可以透過想像而產生肌塊。請參見：Erin M. Shackell, Lionel G. Standing, "Mind Over Matter: Mental Training Increases Physical Strength," *North American Journal of Psychology* 9, no. 1 (2007): 189-200。

6. 關於這個主題的更多資訊，我們熱烈推薦生物學與神經學教授羅伯

特‧薩波斯基（Robert Sapolsky）的研究論述，包括他的iTunes演講「為什麼斑馬不會得胃潰瘍」（Why Zebras Don't Get Ulcers）。

7. Gretchen Cuda, "Just Breathe: Body Has a Built-in Stress Reliever," NPR, *Morning Edition*, December 6, 2010.

8. 2013年，作者與菲利浦‧高汀的私人通訊內容。

9. David Rock, "SCARF: A Brain-Based Model for Collaborating With and Influencing Others," *NeuroLeadership Journal* 1 (2008).

10. Leonardo C. De Souza, Henrique C. Guimaraes, Antonio L. Teixeira, Paulo Caramelli, Richard Levy, Bruno Dubois, and Emmanuelle Volle, "Frontal Lobe Neurology and the Creative Mind," *Frontiers in Psychology* 5 (2014); Bruce L. Miller, Kyle Boone, Jeffrey L. Cummings, Stephen L. Read, and Fred Mishkin, "Functional Correlates of Musical and Visual Ability in Frontotemporal Dementia," *British Journal of Psychiatry* 176, no. 5 (2000): 458-63; Bruce L. Miller, Marcel Ponton, D. Frank Benson, J. L. Cummings, and I. Mena, "Enhanced Artistic Creativity with Temporal Lobe Degeneration," *Lancet* 348, no. 9043 (1996): 1744-45; Bruce L. Miller, J. Cummings, F. Mishkin, K. Boone, F. Prince, M. Ponton, and C. Cotman, "Emergence of Artistic Talent in Frontotemporal Dementia," *Neurology* 51, no. 4 (1998): 978-82.

11. John Martyn Harlow, "Recovery from the Passage of an Iron Bar through the Head," *Publications of the Massachusetts Medical Society* 2, no. 3 (1868): 327-47 (Boston: David Clapp & Son, 1869, repr.).

12. "A Most Remarkable Case," *American Phrenological Journal and Repository of Science, Literature, and General Intelligence*, Fowler & Wells 13, no. 4 (April 1851): 89, col. 3.

13. P. R. Clance and S. A. Imes, "The Imposter Phenomenon in High Achieving Women: Dynamics and Therapeutic Intervention," *Psychotherapy: Theory, Research and Practice* 15, no. 3 (1978): 241-47.

14. 心理學家羅伯特‧席爾迪尼把自我形象定義為：經由回饋而形成，

對自己的個性觀點。你如果在體能運動領域成功，就可能產生自己是運動好手的自我形象。當你參加一場派對時心生焦慮，可能會強化你自認性格害羞的自我形象。我們從他人獲得的回饋意見，無論是肯定或是否定，都會被融入自我形象裡。以上內容來自2015至2016年間，作者與席爾迪尼的私人談話。

15. 微軟的冒牌者部落格請見 www.hanselman.com/blog/ImAPhonyAreYou. aspx。

16. Teresa Amabile and Steven J. Kramer, "The Power of Small Wins," *Harvard Business Review*, May 2011.

17. 腦部掃描顯示，當我們回想某件事時，大腦開啟的「電路」和事件實際發生當時大腦使用的電路相同。這項研究使用核磁共振掃描儀進行，是截至目前為止最詳細探索「回憶重溫」某個經驗和原始體驗相似程度高低的研究。這群科學家發現，實際版本和回憶版本的相似度驚人，兩者個別啟動的大腦電路有91％相同。這項研究計畫的主持人布萊德利・布赫斯鮑姆博士（Dr. Brad Buchsbaum）說：「當大腦重播我們經歷過的事件時，我們可能感覺自己像是回到當時、再度經歷事件。我們的研究證實，複雜、多面貌的記憶涉及『重複』事件發生當時的大腦整體知覺活動型態。這有助於解釋，為何生動的記憶讓人感到栩栩如生，彷彿再次實際體驗。」研究人員發現，在神經系統方面，生動的記憶和真實體驗的相似度極高，不過，兩者並非「一模一樣」的複製大腦型態。在大腦中，兩者的認知運作方式並不完全相同，因此，縱使是最生動的記憶也不會讓我們誤以為自己真的身歷其境。請參見：Bradley R. Buchsbaum, Sabrina Lemire-Rodger, Candice Fang, and Herve Abdi, "The Neural Basis of Vivid Memory Is Patterned on Perception," *Journal of Cognitive Neuroscience* 24, no. 9 (2012): 1867-83, doi: 10.1162/jocn_a_00253。

18. 作者與塔拉・布萊克的私人談話內容。

19. Ellen Langer, *Counterclockwise* (New York: Random House, 2012).

20. 2015至2016年間，作者與羅伯特・席爾迪尼的私人談話內容。

21. Charles Duhigg, *The Power of Habit* (New York: Random House, 2014).

22. 後文所有關於佛格的研究與說明，取材2015至2016年間，作者與佛格的私人談話與電子通訊內容。

23. 2009至2010年間，作者與菲利浦・高汀的私人通訊內容。

24. Martha Beck, *Finding Your Own North Star* (New York: Harmony Books, 2002).

25. Stanley Milgram, *Obedience to Authority: An Experimental View* (New York: Harper & Row, 1975); N. J. Russell, "Milgram's Obedience to Authority Experiments: Origins and Early Evolution," *British Journal of Social Psychology* 50, part 1 (2011): 140-62.

26. 貝比・魯斯被許多人視為棒球史上最佳打者，但他的打擊率只有三成四。飛人喬丹在職籃生涯投籃兩萬四千五百三十七次，其中有一萬兩千三百四十五次沒有進球，你可以說，他的失敗率和擲銅板時出現人頭反面的機率大致相當。請參見：Benjamin Morris, fivethirtyeight.com.

27. 取自湯姆・漢克的受訪內容："Kevin Pollack's Chat Show" podcast, December 13, 2013。

28. John Varrasi, "The Man Behind the Vacuum Cleaner," ASME, December 2011; Nadia Goodman, "James Dyson on Using Failure to Drive Success," *Entrepreneur*, November 5, 2012; John Seabrook, "How to Make It," *New Yorker*, September 20, 2012.

29. 關於稀有性原理，請參見羅伯特・席爾迪尼的著作《影響力》。

30. 關於社會認同原理和權威的結合作用，取自作者與席爾迪尼的私人談話與電子通訊內容。

31. Barry Schwartz, *The Paradox of Choice: Why More Is Less* (New York: Harper-Collins, 2005).

32. 同上。

33. D. R. Carney, A.J.C. Cuddy, and A. J. Yap, "Power Posing: Brief Nonverbal

Displays Affect Neuroendocrine Levels and Risk Tolerance," *Psychological Science OnlineFirst*, September 21, 2010.

34. 賀伯特‧班森是班森亨利身心醫學中心（Benson-Henry Institute for Mind Body Medicine）榮譽董事，哈佛醫學院教授。

35. 結果顯示，初學者和短程者與長程者的幾個重要基因群表現有明顯差異，已經練習靜坐冥想十年以上的長程者，基因表現變化更顯著。 請 參 見：Manoj K. Bhasin, Jeffery A. Dusek, Bei-Hung Chang, Marie G. Joseph, John W. Denninger, Gregory L. Fricchione, Herbert Benson, and Towia A. Libermann, "Relaxation Response Induces Temporal Transcriptome Changes in Energy Metabolism, Insulin Secretion and Inflammatory Pathways," *PLoS One* 8, no. 5 (2013): e62817。

36. R. A. Emmons and A. Mishra, "Why Gratitude Enhances Well-Being: What We Know, What We Need to Know," in *Designing Positive Psychology: Taking Stock and Moving Forward*, ed. K. Sheldon, T. Kashdan and M. F. Steger (New York: Oxford University Press, 2011), 248-58; R. A. Emmons, "Gratitude," in *Encyclopedia of Positive Psychology*, ed. S. J. Lopez and A. Beauchamp (New York: Oxford University Press, 2009), 442-47.

37. Robert A. Emmons, PhD, *Thanks! How Practicing Gratitude Can Make You Happier* (New York: Houghton Mifflin, 2007); Alex M. Wood, John Maltby, Raphael Gillett, P. Alex Linley, and Stephen Joseph, "The Role of Gratitude in the Development of Social Support, Stress, and Depression: Two Longitudinal Studies," *Journal of Research in Personality* 42, no. 4 (August 2008): 854-71.

38. 關於這個主題的更多資訊，參見奧麗薇亞另一本著作《魅力學》。

39. Roy F. Baumeister and Brad J. Bushman, *Social Psychology and Human Nature* (Boston: Cengage Learning, 2014), 196; P. Brickman, R. Janoff-Bulman, and D. Coates, "Lottery Winners and Accident Victims: Is Happiness Relative?" *Journal of Personality and Social Psychology* 36, no.

8 (1978), 917-27.

40. George Hill, the Story Corps Project, storycorps.org/listen/george-hill.

41. Andrew Hunt, *Pragmatic Th inking and Learning: Refactor Your Wetware* (Raleigh, N.C.: Pragmatic Bookshelf, rev. ed. 2010).

42. Cialdini, *Influence*; B. J. Sagarin, R. B. Cialdini, W. E. Rice, and S. B. Serna, "Dispelling the Illusion of Invulnerability: The Motivations and Mechanisms of Resistance to Persuasion," *Journal of Personality and Social Psychology* 83, no. 3 (2002): 526-41.

43. Hunt, *Pragmatic Th inking and Learning*.

44. Bill Bryson, *A Short History of Nearly Everything* (New York: Broadway Books, 2004), 11.

45. Darya L. Zabellina and Michael D. Robinson, "Don't Be So Hard on Yourself: Self-Compassion Facilitates Creative Originality Among Self-Judgmental Individuals," *Creativity Research Journal* 22, no. 3 (2010): 288-93.

46. 2014至2015年間，作者與喬安・達爾寇特的談話內容。

47. K. D. Neff, "Self-Compassion," in *Handbook of Individual Differences in Social Behavior*, ed. M. R. Leary and R. H. Hoyle (New York: Guilford Press, 2009), 561-73.

48. K. D. Neff, "Self-Compassion, Self-Esteem, and Well-Being," *Social and Personality Compass* 5 (2011): 1-12; K. D. Ne and P. McGeehee, "Self-Compassion and Psychological Resilience among Adolescents and Young Adults," *Self and Identity* 9 (2010): 225-40; K. D. Neff, K. Kirkpatrick, and S. S. Rude, "Self-Compassion and Its Link to Adaptive Psychological Functioning," *Journal of Research in Personality* 41 (2007): 139-54.

49. K. D. Neff, "Self-Compassion."

50. 同上。威脅系統使我們產生害怕、不安、自我保衛的感覺，自我慈悲有助於平息威脅系統，啟動寬心鎮靜系統。

51. T. Barnhofer, T. Chittka, H. Nightingale, C. Visser, and C. Crane, "State

Effects of Two Forms of Meditation on Prefrontal EEG Asymmetry in Previously Depressed Individuals," *Mindfulness* 1, no. 1 (2010): 21-27; T. Barnhofer, D. Duggan, C. Crane, S. Hepburn, M. J. Fennell, and J. M. Williams, "Effects of Meditation on Frontal Alpha-Asymmetry in Previously Suicidal Individuals," *NeuroReport* 18, no. 7 (2007): 709-12; B. R. Cahn and J. Polich, "Meditation States and Traits: EEG, ERP, and Neuroimaging Studies," *Psychological Bulletin* 132, no. 2 (2006): 180-211; G. Feldman, J. Greeson, and J. Senville, "Differential Effects of Mindful Breathing, Progressive Muscle Relaxation, and Loving-Kindness Meditation on Decentering and Negative Reactions to Repetitive Thoughts," *Behaviour Research and Therapy* 48, no. 10 (2010): 100211; A. Manna, A. Raffone, M. G. Perrucci, D. Nardo, A. Ferretti, A. Tartaro, et al., "Neural Correlates of Focused Attention and Cognitive Monitoring in Meditation," *Brain Research Bulletin* 82, nos. 1-2 (2010): 46-56.

52. Christopher K. Germer, *Th e Mindful Path to Self-Compassion* (New York: Guilford Press, 2009).

53. Paul Gilbert, Mark W. Baldwin, Chris Irons, Jodene R. Baccus, and Michelle Palmer, "Self-Criticism and Self-Warmth: An Imagery Study Exploring Their Relation to Depression," *Journal of Cognitive Psychotherapy* 20, no. 2 (2006): 183-200.

第8章

1. James J. Gross, "Emotion Regulation: Affective, Cognitive, and Social Consequences," *Psychophysiology* 39, no. 3 (May 2002): 281-9.

2. 同上，289。

3. Carol Dweck, *Mindset: The New Psychology of Success* (New York: Ballantine, 2006).

4. 2015年1月10日，馬斯克發布推文：「火箭返抵無人航太著陸船，但著陸過猛。這次非常接近，雖然還不正確，卻預示前景光明。」

5.　2014年3月，作者與阿斯特羅・泰勒的談話內容。

6.　2015年9月，作者與蒂娜・希莉格的談話內容。

7.　Randy Komisar, *The Monk and the Riddle* (Cambridge, Mass.: Harvard Business Review Press, 2000).

8.　D. J. Simons and C. F. Chabris, "Gorillas in Our Midst: Sustained Inattentional Blindness for Dynamic Events," *Perception* 28, no. 9 (1999): 1059-74.

9.　Dr. Steven C. Hayes, *Get Out of Your Mind & Into Your Life* (Oakland, Calif.: New Harbinger Publications, 2005).

10.　後文所有關於蕭恩・艾科爾博士的觀點與建議，取自2014年6至11月間，作者與艾科爾的通信內容。

11.　在我們的演化過程中，悲痛時的「拒絕接受」反應，可能具有一項重要功效：讓我們逃離危險。很多死亡導因於暴力，如戰爭、侵略、意外事故，因此，在接近危險時，當然不應該停下腳步感受悲痛，而是必須先逃離危險！所以，我們可以想像，經歷這種悲痛時拒絕接受的祖先，存活的可能性通常比其他人還要高，因為他們逃離危險後，才感受悲痛。其他人呢？唉，他們就不是我們的祖先了。有關悲痛與沮喪在人類演化中的益處，請參見：Jonathan Rottenberg, *Th e Depths* (New York: Basic Books, 2014)。

12.　數目超過四，我們就得使用反應速度較慢的另一種大腦流程，要花更多時間去記憶，而且很難正確記住。當項目少於四個的時候，我們的大腦會使用名為「數感」（subitizing）的認知流程，能快速、正確、有信心的評估。當項目超過四個時，我們認知判斷的信心與正確度就會降低，反應時間也明顯增加。請參見：Douglas Clements, "Subitizing: What Is It? Why Teach It?," *Journal of the National Council of Teachers of Mathematics* 5, no. 7 (March 1999); Ernst von Glaserfeld, "Subitizing: The Role of Figural Patterns in the Development of Numerical Concepts," *Archives de Psychologie* 50 (1982): 191-218。

13.　"Thomas Edison Quote—Tinfoil Phonograph 'Something There Was No

Doubt Of,'" Today in Science History, todayinsci.com/E/Edison_ Thomas/
EdisonThomas-TalkingPhonograph-SciAm.htm.

14. 2010年間，作者與安迪・歐德柯克的私人通訊內容。

15. Nathan Furr, "How Failure Taught Edison to Repeatedly Innovate," *Forbes*,
June 9, 2011.

16. 後文所有關於安妮・杜克的內容，取自2015至2016年間，作者與
杜克的談話與通訊內容。

17. 2013年8月，作者與馬修・布萊迪的談話內容。

第9章

1. Phillip G. Pattee, *At War in Distant Waters: British Colonial Defense in the
Great War* (Annapolis, Md.: Naval Institute Press, 2013).

2. *Bartlett's Familiar Quotations*, ed. John Bartlett and Geoffrey O'Brien
(New York: Little, Brown and Company, 2012), 707.

3. Mason Currey, ed., *Daily Rituals: How Artists Work* (New York: Knopf,
2013).

4. 後文所有關於東尼・史瓦茲的觀點與建議，取自2014至2015年
間，作者與史瓦茲的私人談話與電子通信內容。

5. 你可以在www.tinyhabits.com找到這份免費的習慣養成法。

6. Kelly McGonigal, PhD, *The Willpower Instinct* (New York: Avery, 2012).

7. M. T. Gailliot, R. F. Baumeister, C. N. DeWall, J. K. Maner, E. A. Plant, D.
M. Tice, et al., "Self-Control Relies on Glucose as a Limited Energy
Source: Willpower Is More Than a Metaphor," *Journal of Personality and
Social Psychology* 92, no. 2 (2007): 325-36.

8. R. F. Baumeister, "Ego Depletion and Self-Regulation Failure: A Resource
Model of Self-Control," *Alcoholism: Clinical and Experimental Research*
27, no. 2 (2003): 281-84.

9. Eric J. Johnson and Daniel Goldstein, "Do Defaults Save Lives?." *Science*
302, no. 5649 (2003): 1338-39.

10. L. Roemer, S. M. Orsillo, and K. Salters-Pedneault, "Efficacy of an Acceptance-Based Behavior Therapy for Generalized Anxiety Disorder: Evaluation in a Randomized Controlled Trial," *Journal of Consulting and Clinical Psychology* 76, no. 6 (December 2008): 1083-9, doi: 10.1037/a0012720. 廣泛性焦慮症（generalized anxiety disorder，縮寫為GAD）是一種慢性焦慮症，通常伴隨共病症（comorbidity）與生活品質不佳的問題。在治療後的評量中，78％的受療者不再符合GAD標準症狀，77％的受療者達到高水準最終狀態功能（high end-state functioning），這些比例長期以來保持不變，或是只有稍稍提高。

11. 2014至2015年間，作者與瑪麗・帕辛斯基的電子通訊內容。

12. Deepak Chopra, *Th e Seven Spiritual Laws of Success: A Practical Guide to the Fulfillment of Your Dreams* (San Rafael, Calif.: Amber-Allen Publishing, 2010), 20.

13. S. Harris, S. A. Sheth, and M. S. Cohen, "Functional Neuroimaging of Belief, Disbelief, and Uncertainty," *Annals of Neurolology* 63 (2008).

14. 2011年間，作者與威廉・波斯爾的私人談話。影像生成對情緒與生理狀態有相當大的影響作用，同時大幅影響大腦的運作。請參見：See A. Hackmann, "Working with Images in Clinical Psychology," in *Comprehensive Clinical Psychology*, ed. A. Bellack and M. Hersen (London: Pergamon, 1998), 301-17。

15. T. J. Kaptchuk, E. Friedlander, J. M. Kelley, M. N. Sanchez, E. Kokkotou, et al., "Placebos without Deception: A Randomized Controlled Trial in Irritable Bowel Syndrome," *PLoS ONE* 5, no. 12 (2010): e15591, doi:10.1371/journal.pone.0015591

結語

1. Nils Ringertz, "Alfred Nobel—His Life and Work". Nobelprize.org. Nobel Media AB 2014. Web. September 13, 2016, http://www.nobelprize.org/alfred_nobel/biographical/articles/life-work.

2. Steve Blank, "The Secret History of Silicon Valley," Computer History Museum. November 20, 2008.

3. 後文所有關於瑪格麗特‧羅曼博士的內容，取自2014至2015年間，作者與羅曼的私人交談、訪談與電子通訊內容。

4. Alan Mozes, "A Sense of Purpose May Benefit Your Brain," WebMD, March 19, 2015, accessed September 14, 2016, www.webmd.com/healthy-aging/news/20150319/a-sense-of-purpose-may-benefit-yourbrain.

5. 2014年間，作者與亞當‧格蘭特的談話與通訊內容。

6. 後文所有關於凱文‧史塔爾的內容，取自2012年至今，作者與史塔爾的私人談話、會議、遠端會議、電子通訊、面談、領導群策會研討、熱烈辯論以及喝咖啡聊天的交流。

7. 2015至2016年間，作者與喬許‧波克的談話與電子通訊內容。

8. 科學家發現，練習靜坐冥想八週後，構成預設網絡的大腦區域灰質增加。請參見：Britta K. Holzel, James Carmody, Mark Vangel, Christina Congleton, Sita M. Yerramsetti, Tim Gard, and Sara W. Lazar, "Mindfulness Practice Leads to Increases in Regional Brain Gray Matter Density," *Psychiatry Research* (2011), accessed September 13, 2016。

9. Eileen Luders, Florian Kurth, Emeran A. Mayer, Arthur W. Toga, Katherine L. Narr, and Christian Gaser, "The Unique Brain Anatomy of Meditation Practitioners: Alterations in Cortical Gyrification," *Frontiers in Human Neuroscience* 6 (2012): 34.

10. P. Goldin, M. Ziv, H. Jazaieri, K. Hahn, and J. J. Gross, "MBSR vs Aerobic Exercise in Social Anxiety: fMRI of Emotion Regulation of Negative Self-Beliefs," *Social Cognitive and Affective Neuroscience* 8, no. 1 (2013): 65-72.

11. F. Ferrarelli, "Experienced Mindfulness Meditators Exhibit Higher Parietal-Occipital EEG Gamma Activity during NREM Sleep," *Plos ONE* 8, no. 8 (2013): 1-9, doi:10.1371/journal.pone.0073417.

科學附錄

1. Dardo Tomasi and Nora D. Volkow, "Association Between Functional Connectivity Hubs and Brain Networks," *Cerebral Cortex* 21, no. 9 (2011): 2003-13.

2. Steven L. Bressler and Vinod Menon, "Large-scale brain networks in cognition: emerging methods and principles." *Trends in Cognitive Sciences* 14, no. 6 (2010): 277-90.

工作生活 BWL096

突破性思考
22 項實作練習、3 種超級工具，打造脫穎而出的構想
The Net and the Butterfly: The Art and Practice of Breakthrough Thinking
原書名：創意天才的蝴蝶思考術

作者 —— 艾奧莉薇亞‧福克斯‧卡本尼 Olivia Fox Cabane、
朱達‧波拉克 Judah Pollack
譯者 —— 李芳齡

總編輯 —— 吳佩穎
財經館副總監 —— 蘇鵬元
責任編輯 —— 楊逸竹（第一版）、王映茹（第二版）
封面設計 —— 鄒佳幗

出版人 —— 遠見天下文化出版股份有限公司
創辦人 —— 高希均、王力行
遠見‧天下文化 事業群榮譽董事長 —— 高希均
遠見‧天下文化 事業群董事長 —— 王力行
天下文化社長 —— 林天來
國際事務開發部兼版權中心總監 —— 潘欣
法律顧問 —— 理律法律事務所陳長文律師
著作權顧問 —— 魏啟翔律師
社址 —— 臺北市 104 松江路 93 巷 1 號
讀者服務專線 —— 02-2662-0012 | 傳真 —— 02-2662-0007；02-2662-0009
電子郵件信箱 —— cwpc@cwgv.com.tw
直接郵撥帳號 —— 1326703-6 號　遠見天下文化出版股份有限公司

電腦排版 —— 薛美惠
製版廠 —— 中原造像股份有限公司
印刷廠 —— 中原造像股份有限公司
裝訂廠 —— 中原造像股份有限公司
登記證 —— 局版台業字第 2517 號
總經銷 —— 大和書報圖書股份有限公司 | 電話 —— 02-8990-2588
出版日期 —— 2017 年 11 月 30 日第一版第一次印行
　　　　　 2023 年 08 月 31 日第二版第一次印行

國家圖書館出版品預行編目（CIP）資料

突破性思考：22 項實作練習、3 種超級工具，打造脫
穎而出的構想／奧莉薇亞‧福克斯‧卡本尼（Olivia
Fox Cabane）、朱達‧波拉克（Judah Pollack）著；
李芳齡譯 . -- 第二版 . -- 臺北市：遠見天下文化出版股
份有限公司，2023.08
384 面；14.8×21 公分 . --（工作生活；BWL096）

譯自：The Net and the Butterfly: The Art and Practice
　　　of Breakthrough Thinking.

ISBN 978-626-355-389-7（平裝）

1 .CST：創意　2. CST：創造性思考

176.4　　　　　　　　　　　　　　　　112013850

定價 —— 480 元
ISBN —— 978-626-355-389-7 | EISBN —— 9786263554030（EPUB）；9786263554047（PDF）
書號 —— BWL096
天下文化官網 —— bookzone.cwgv.com.tw

本書如有缺頁、破損、裝訂錯誤，請寄回本公司調換。
本書僅代表作者言論，不代表本社立場。

天下文化
BELIEVE IN READING